일반 형사사건으로 본 1910년대 사회상

이 저서는 2014년 대한민국 교육부와 한국학중앙연구원(한국학진흥사업단)을 통해 한국학 분야 토대연구지원사업의 지원을 받아 수행된 연구임(AKS-2014-KFR-1230010-).

동국대학교 대외교류연구원·인간과미래연구소 일제하 형사판결문 해제집 2

일반 형사사건으로 본 1910년대 사회상

초판 1쇄 발행 2020년 2월 10일

저 자 l 이홍락
펴낸이 l 윤관백
펴낸곳 l 도서출판 선인

등 록 l 제5-77호(1998.11.4)
주 소 l 서울시 마포구 마포대로 4다길 4 곶마루 B/D 1층
전 화 l 02) 718-6252 / 6257
팩 스 l 02) 718-6253
E-mail l sunin72@chol.com

정가 33,000원

ISBN 979-11-6068-349-3 94910
ISBN 979-11-6068-347-9 (세트)

· 잘못된 책은 바꿔 드립니다.

동국대학교 대외교류연구원·인간과미래연구소
일제하 형사판결문 해제집 2

일반 형사사건으로 본 1910년대 사회상

이 홍 락

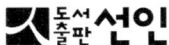

▎ 발간사 ▎

　이 책은 동국대학교 대외교류연구원이 한국학중앙연구원의 지원을 받아 3년간(2014년 9월 1일부터 2017년 8월 31일까지) 연구한 「일제강점기 형사사건기록의 수집·정리·해제·DB화」 사업의 결과물을 간행한 것이다.
　일제하 식민지 사회는 전통과 근대, 지배층과 피지배층이 교차하고 공존하는 시기로 복잡다기한 사회적 갈등이 새로운 양상으로 표출되던 공간이었다. 전통 사회의 해체과정에서 생성된 다양한 계층이 근대적 문물을 접하면서 욕망하는 개인으로 존재감을 드러내기 시작하였으나, 다른 한편 그들 모두가 일본의 핍박과 억압에 저항하거나 순응하는 피지배자의 굴레를 벗어날 수가 없는 운명공동체이기도 하였다. 이 같은 전환기 식민시대 조선인의 이중성을 인식하지 않고는 당시 상황의 본질을 이해하기가 어렵다.
　그동안 식민지 사회의 연구는 그 시기 소수의 지식인들이 집필한 저서의 분석이 주를 이루었다. 그러기에 저자들의 주관적 사상이나 현실과 유리된 지식의 울타리에 머무를 수밖에 없었다. 당연히 식민지 사회의 다수를 차지했던 일반인, 특히 하층민들의 삶과 의식에 대한 연구는 뒷전으로 밀릴 수밖에 없었다. 그런 의미에서 식민지인의 일상을 그대로 조명할 수 있는 새로운 자료의 발굴은 있는 그대로의 식민지 사회를 이해하기 위해 반드시 필요한 과제라고도 할 수 있다.

형사사건 기록은 일제강점기 다양한 계층의 일상을 민낯으로 보여주기에 식민지 사회의 이중적이고 복합적인 모습을 있는 그대로 드러낸다. 동시에 일제의 형사법 체계가 어떻게 이루어져 있고, 그것이 식민지 조선 사회에 어떤 영향을 미쳤는가를 보여준다. 나아가 식민지 시대 형사법을 계승한 해방 이후 및 현대의 형사법 체계를 이해하는 데도 도움을 준다.

이 책은 일제강점기를 크게 ① '무단통치기'(1910~1919년) ② '문화통치기'(1920~1929년) ③ '전시체제기'(1930~1945년) 등 3시기로 구분하였다. '무단통치기'는 일제에 의해 조선총독부가 설치되면서 조선에 대한 식민지배가 본격화되는 시기이다. 1910년 한일병합시기부터 1919년 3·1운동 시기까지의 다양한 민중들의 삶과 사회적 문제, 3·1운동 관련 판결문 등을 다루었다. 그런데 이 책에서는 대한제국시기『형법대전』이 만들어지고 근대적 형법체제가 형성되지만, 을사늑약 이후 통감부가 설치되면서 일제의 정치적 개입과 경제적 침략이 전개되면서 의병운동이 일어나던 시기의 관련 판결문을 포함하였다.

1920년대 '문화통치기'에는 일제의 탄압이 고도화되고 치밀해지고, 일본제국주의 독점자본이 도시와 농촌까지 장악하면서, 전통적인 삶의 양식이나 습속, 의식 등에서 '야만'과 '문명'이 충돌하게 된다. 형사사건의 유형에서도 '저항'과 '협력' 사이에서 고뇌하고 분노하는 조선인들의 이중적 모습이 각양각색으로 나타난다.

'무단통치기'와 '문화통치기'에 일제는「조선태형령(朝鮮笞刑令)」(1912년, 제령 제13호)을 폐지하고,「정치에 관한 범죄처벌의 건」(1919.4.15, 제령 제7호)을 제정하여 '집단적 독립운동의 기도'에 대해 형벌을 가중하면서 탄압을 본격화한다. 또한 1925년 5월「치안유지법(治安維持法)」을 공포하여 식민지의 독립과 해방을 추구하는 모든 행위를 이 법의 적용대상으로 삼았다. 그러기에 이 시기 조선 독립운동 사건 가운데 상당수가 살인, 강도, 사기 등 범죄 행위로 왜곡된다.

1930년대의 '전시체제기'에는 세계대공황과 함께 일제도 다른 제국주의 국가들처럼 자국의 독점자본의 위기와 공황의 타개책을 모색하였다. 1931년 만주사변과 1937년 중일전쟁의 발발은 이러한 일본제국주의 위기의 돌파구였다. 이에 일본제국주의는 식민지 조선을 대륙침략의 전진기지로 활용하면서 경제적 지배정책도 병참기지화로 선회하였다. 특히 1938년 이래 국가총동원법의 시행에 따라 '가격통제령', '미곡통제령', '국민징용령', '임금통제령', '물자통제령', '국민근로동원령' 등이 발효되면서 식민지 민중에 대한 탄압도 고도화되었다. 일제는 식민지 민중의 저항을 억압하기 위해 '조선사상범보호관찰령', '조선사상범예방구금령'을 제정하여 치안유지법 위반자 중 기소유예, 집행유예, 가출옥, 만기출옥한 자를 2년 동안 보호관찰하고, 더 나아가 계속 구금할 수 있는 법적 기반을 마련하였다. 또한 '조선임시보안령' 등을 제정하여 언론, 출판, 집회, 결사 등 기본권을 제한하였다. 이러한 탄압에도 불구하고 지속적으로 증가하는 식민지인의 일상적 저항이 판결문 및 형사기록 등에서 확인된다.

이 책은 일제 강점기 일반 형사사건의 기록물을 통해 당시 민초들의 일상적 삶을 엿보고 형사법 체계에 반영된 식민지 통치의 변화를 추적한다. 이 연구를 통해 일제강점기 형사사건 기록물과 판결문 및 이와 관련된 신문조서나 당시 발행된 신문·잡지 등의 자료 활용이 용이하게 되기를 기대한다. 더불어 보다 많은 연구자들이 이 연구에 의한 기초자료의 분석·해제와 DB를 토대로 일제시대 다양한 형사사건 자료에 자유롭게 접근하게 되길 바란다. 나아가 일제강점기 형사법의 성립과 변천 과정에 대한 세밀한 기록이 형사법 체계의 발달사에도 기여하게 되기를 기대한다.

　이 연구는 기록물을 일일이 찾아 선별하여 상호 교차 검토하고 해제한 후, 이를 교열·감수하는 지난한 작업공정으로 이루어졌다. 참여 교수들 모두가 최대한 객관적이고 정확한 해제를 하려고 노력하였음에도 불구하고, 다소의 주관적 요소나 오류가 발견된다면 연구팀 공동의 책임이다. 이 연구에는 연구책임자인 본인을 포함하여 여러 선생님들이 참여하였다. 특히 이 책이 나오기까지 대외교류연구원 고재석 원장님과 하원호 부원장님을 비롯하여 공동연구원인 서울대 규장각의 윤대원 선생님, 국사편찬위원회의 김득중 선생님, 형사사건기록 연구팀 구성원인 이홍락 선생님, 전명혁 선생님, 박정애 선생님과 연구행정과 책 집필까지 맡아 준 김항기 선생께 감사드린다.

2020년 2월
연구책임자 동국대학교 조성혜

▎머리말 ▎

    이 책은 2014년부터 2017년까지 3년 동안 한국학중앙연구원의 지원을 받아 진행한 「일제강점기 형사사건기록의 수집·정리·해제·DB화」 사업의 성과물을 간행한 총 10권 중의 하나이다. 이 사업은 기본적으로 '일제강점기'를 대상 시기로 하고 있으나 구체적으로는 일제가 통감부를 통해 조선의 사법제도에 관여하기 시작한 1907년 무렵부터 해방에 이르는 기간이다. 이 책에서 다룬 대상 시기는, 전체 대상 시기 중 1차년도 분에 해당하는 것으로 1910년 10월 이후부터 1913년까지이다. 그리고 여기서 해제 대상으로 삼은 각급 법원 판결문은 국가기록원이 소장하고 있다.
    이 책에서 다룬 사건은 총 75건인데 이를 종류별로 보면 강도 살인, 약인(略人) 등의 폭력사건이나 사기취재, 문서 및 화폐위조, 횡령, 공갈취재 등의 경제 관련 사건 외에도 아편의 제조·판매, 삼림령 및 도량형법 위반사건 그리고 방화, 도박, 강간, 간통 심지어는 분묘 발굴사건에 이르기까지 온갖 잡다한 사건들이 포함되어 있다. 그것은, 이미 상당 정도 정리 및 연구가 이루어진 독립운동사 관련 사건과 달리 이러한 일반 잡다한 형사사건들은 지금까지 연구대상으로 그다지 주목 받지 못해왔던 것이 사실인데 이들 잡다한 형사사건들을 통해 식민지 조선의 사회상을 살펴봄으로써 식민지민중의 일상성을 다소나마 복원해보고자 하는 기대를 반영한 것이며, 이는 본 연구사업의 당초 목적 중 하나이기도 하다.

아마도 인간사회에서 범죄가 없었던 때는 없었겠지만 시대에 따라 그 발현 양상은 달라지게 마련이다. 그런 의미에서 조선 전통사회에서와는 다른 새로운 유형의 범죄가 나타날 수도 있고 이전부터의 오랜 관습을 일제가 강압적으로 억누르고 바꾸려는 데 대한 저항의 형태로 드러나는 것도 있을 것이며 또 어떤 것은 어느 시대에나 늘 있어왔던 유형의 것들도 있을 것이다.

맨 처음에 등장하는 약인사건은 사람을 후려서 빼앗아 자신이나 제3자의 실력적 지배하에 둠으로써 개인의 자유를 침해하는 범죄인데 이것이 인신매매나 영리유괴와 같은 것으로 연결되는 경우에는 어떨지 몰라도 실은 이런 유형의 범죄는 그 역사가 매우 오래 되었다. 해제에서도 언급한 구약성경〈사사기〉21장의 사례는 늦게 잡아도 기원전 8세기 이전의 예이고 본건 사건의 경우도 과부를 야밤에 탈취하여 아내로 삼고자 했던 것으로 이런 행위는 우리 전통사회에서 이른바 '보쌈'이라는 이름으로 행해졌던 꽤 오래 된 범죄 유형에 속한다. 조선시대 풍습과의 관련성 그리고 이런 유형의 사건에 대한 당시 형법대전과 현행법의 시각의 차이 등 보다 면밀한 검토를 요하는 과제가 남아 있음을 확인할 수 있었다.

다음은, 도량형법 위반사건인데 이는 건수를 기준으로 볼 때 전체 사건 수(75건)의 절반을 넘는데(44건) 이는 이 사건의 건수 자체가 압도적으로 많기도 하고 그 대부분이 농민이나 영세상인들에 의한 경미한 사건들이며 또 1심으로 끝난 경우가 많아 판결문이 매우 소략하므로 사건의 경위나 전반적인 성격을 파악하는 데 한계가 있어서 되도록 유사한 사건들을 한데 모아서 함께 살펴보고자 한 때문이다.

이 사건들은 결국 상품화폐경제의 발달에 따른 국민경제로의 통합을 위한 도량형의 통일, 정비 필요성이라는 측면과 또 그것이 식민지 지배의 효율성을 기하고 식민지 경제로의 신속한 포섭과 이를 통한 식민지 민중 장악에 매우 유용한 도구로 활용될 수 있었던 측면이 있었으며 이에 대한 식민지 민중의 저항심리 또한 작용하였던 것으로 볼 수 있을 것이다.

다음은 사기취재 사건인데, 일본회사의 일본인 통관담당직원이 통관과정에서 금품을 편취한 건, 산중에 개설한 36계라는 도박현장에 가서 경찰관을 사칭하고 금품을 갈취한 건, 친족 공동소유의 묘지 즉 문중 산을 자신의 땅인 양 속여서 팔아먹은 건, 그리고 받을 돈을 못 받고 있는 사람에게 소송을 제기하면 받을 수 있다고 부추겨서 소송대리 위임을 받고 이를 이용해 금품을 편취한 건 등이다. 이들 사건을 통해서는, 아직 일본의 완전 식민지로 전락하기 전인 1908년 무렵의 재조 일본인들의 식료품 조달방식을 포함한 일상생활이나, 지금은 자취를 감춘 것으로 보이는 36계라는 도박의 실태와 일제 초기 경찰관헌에 대한 식민지 민중의 대응 내지 이미지, 그리고 근대법적 토지소유제도가 도입되면서 전통사회의 공동체적 자율 규제가 무너지는 과정, 혹은 새로운 법률 시행에 따른 변호사제도 등을 이용해 주변의 어리석고 돈 있는 자들을 후려먹는 등 시대적 변화에 편승한 새로운 수법의 범죄 양상을 살펴볼 수 있었다.

그리고 군청직원이 압류 등의 업무를 이용해 공매조서를 위조함으로써 공매에 부치지도 않은 압류품을 자신이 산 것처럼 하거나 전답을 담보로 돈을 마련하려는 자에게 서류와 인장, 직인 등을 위조해 금품 편취를 기도하거나 있지도 않은 논을 있는 것처럼 서류를 위조하고 그것을 담보로 돈을 빌리는 등의 문서위조 사건 또한 새로운 등기제도의 시행 등을 악용해 재산을 편취하려는 새로운 범죄유형의 전형적인 예에 속한다 할 것이다. 특히 마지막 건(4-3)은 조선에서 석유판매업을 하고 있던 일본인이 땅 매입을 원하는 다른 일본인을 소개함으로써 피고의 사기취재를 완성하는 데 중요한 고리 역할을 하였는데 이는 당시 조선에 진출한 일본인들의 땅 매입 열기를 활용한 범죄의 전형적인 예라 할 것이다.

단순히 어음을 위조한 사건, 위조화폐 기계를 설치해 은화를 위조한 사건, 위조엽전을 모아다가 낯모르는 곳에서 사용한 사건, 중국 길림성 화폐를 국내에서 위조해 길림성에서 시험 사용하다가 적발된 사건 등의 화폐위조 사건 또한 일제 식민지로의 전환기라고 하는 어지러운 시국을 틈타 저지른 범죄라는 점에서는 마찬가지라 할 수 있을 것이다.

아편 제조·판매사건도 1건 들어있는데, 사건 자체는 조선에 와 있던 청국인이 아편을 제조, 판매하고 자신도 아편연을 흡입하다가 적발된 일반적인 사건이지만 이를 통해 일제가 식민지 조선이나 대만, 관동주, 만주 등에서 아편정책을 어떻게 교묘하게 활용하고 있었는지에 대한 관심을 얻게 되었다.

그리고 강간사건 또한 그 역사가 오래된 유형에 속하기는 하지만 그 중에서도 특이한 사항은 이른바 '매음녀'인 경우에도 본인이나 주변 사람들이 본인의 의사를 무시하고 자는 사람의 이불을 들춘 데 대해 문제를 제기하고 있다는 점이다. 이는 어떻게든 걸어서 보상을 받으려는 의도였을 가능성을 완전히 배제할 수는 없지만 적어도 오늘날 제기되는 미투운동의 관점에서 볼 때는 매우 주목할 만한 대응이 아닌가 싶다. 한편 백주에 길가는 여인을 강제로 끌고 가 폭행을 한 사례에 대해 당시의 형법대전이 교수형에 처하도록 규정되어 있음에도 불구하고 무슨 사유인지 6등을 감해 징역 3년에 처한 것은 남성 중심 사회에서 여성의 인권유린이 어떻게 취급되고 있는지를 여실히 보여주는 예라 하겠다.

'간통 및 혼인 위반사건'으로 분류한 사건은 일제강점기와 관련한 특이점은 따로 발견되지 않으나 이들 3건 중 간통 사실이 발각되자 남편을 모살한 사건은 그렇다 치더라도 단순 혼인 위반이거나 또는 간통 및 혼인 위반사건의 경우는 1905년에 공포, 시행되고 있던 당시 형법대전에서조차 이혼에 관한 규정이 없을 정도로 이혼의 길이 막혀 있어서 아무리 싫은 결혼생활이라도 이로부터 벗어날 길이 없는 여성들의 질곡을 익히 알 수 있게 해준다.

분묘발굴 사건으로 분류된 2건 중 고분 도굴사건은 동·식물자원 약탈에서 문화재 약탈로 확산되는 서구 제국주의의 침탈수법을 답습하는 일제의 모습을 볼 수 있는 예이고 분묘 훼기사건은 원래의 양택 논리 대신 음택의 논리만 남은 풍수지리설에 의한 명당 차지하기의 비뚤어진 면모를 보여주는 예이다.

삼림령 위반사건은 앞의 도량형법 위반사건 그리고 주세령 위반사건과 함께 일제시기 형사사건 중 가장 건수가 많은 사건의 하나다. 여기서는 마을 인근 국유림에서 화전을 일구기 위해 불을 지른 삼림 방화사건과 집에 보관하고 있던 적송 통나무가 인근 국유림에서 무단 벌목한 것으로 지목되어 처벌받은 사건 등 두 건밖에 다루지 못했으나 일반적으로는 농가의 땔감이나 사료 등을 채취하는 마을공동체의 공유 관행을 부정하는 일제의 단속에 대한 저항의 의미가 포함된 경우가 많다.

치하라고 하는, 지금은 잘 알려져 있지 않은 도박을 한 혐의로 재판을 받은 도박사건은 당시 민중들 사이에서 유행하던 도박 관행뿐만 아니라 당시 적용 법률이었던 형법대전과 일본형법 간의 차이와 관련하여서도 흥미로운 점을 볼 수 있었다.

횡령사건으로 분류된 3건은 말(馬)이나 누룩 등의 매각을 주선한 뒤 그 대금을 착복한 14세 소년의 범죄와 군청 주사로 근무하면서 토지매매증명신청서 같은 서류에 붙인 수입인지 따위를 떼서 가로챈 범죄, 그리고 군(郡)의 공전영수원으로 일하기 위해 신원보증서를 위조하고 전임자로부터 받아 보관해야 할 수해구휼금을 횡령하는 등의 구차한 사건들이다. 이들 사건을 통해서는 당시 소년범죄에 대한 인식이나 식민지 권력의 말단공무원으로 일했던 사람들의 행동거지의 일면을 엿볼 수 있었다.

방화사건도 1건 포함되어 있는데 주거부정의 여인이 구걸을 하러 갔다가 거절당한 데 대한 앙갚음으로 그 집 초가지붕에 담뱃불을 던진 단순한 사건이다. 해방 후에도 상당기간 거지들이 꽤 있었는데 전통사회에서의 구휼 관행에 비춰볼 때 이 시기의 문전박대나 그에 대한 격한 반응이 일제 초기 상황과 어느 정도 연관성이 있는지 궁금하다.

공갈취재 사건으로 분류된 2건은 헌병보조원 및 순사보로 일하는 자가 그 알량한 지위를 이용하여 지역 주민을 협박하거나 또는 서울에 올라오는 시골뜨기들을 공갈하여 금품을 갈취한 사건이다. 일제 식민지로 전락한지 얼마 안 되는 시점에 이미 일제의 앞잡이 노릇을 하며 그것을 이용해 무고한 사람들을 공갈취재하는 자들이 등장하고 있음을 여실히 보여주는 예라 할 수 있다. 비단 이런 사건에 한정되는 것은 아니지만 적어도 여기서 볼 수 있는 예와 같은 기회주의적이고 시류에 편승하는 가치관의 형성이라는 점은 일제 유제 청산을 이야기할 때 매우 심각하게 고려해야 할 측면임을 다시 한 번 확인할 수 있었다.

마지막 강도살인 사건은 일종의 해적행위에 해당하는 사건이라는 점에서 특이하다. 게다가 육지(익산)에서 땔감을 사러 고군산도라는 섬으로 간다는 점도 귀에 익숙하지 않은 일이다. 지나가는 배를 습격해서 상대방 선원을 죽이고 화물을 빼앗는 일이 이전에도 더러 있었던 사건인지, 아니면 일제로의 전환 등에 따른 사회적 혼란기에 나타난 특별한 범죄인지의 여부는 이 판결문만으로는 알 수 없었다. 앞으로의 과제로 남길 수밖에 없었다.

이상에서 살펴본 바와 같이 이 책에서 다룬 사건이 실로 다기에 이르고 양이 방대하여 당초 계획을 다 이루기에는 부족한 면이 있음을 고백하지 않을 수 없다. 우선 자료 면에서는 판결문과 같이 잘 정리, 보관된 것도 있지만 신문조서나 공판조서 등의 경우는 여러 기관에 분산되고 파편화되어 있어서 이를 충분히 반영하지 못한 측면이 있다. 그리고 유명한 사건의 경우는 관련 기사도 찾기가 비교적 쉽지만 그렇지 않은 사건의 경우 관련된 기사나 자료를 찾는 작업이 충실히 이루어졌다고 하기는 어려운 게 사실이다.

그럼에도 불구하고 부족하나마 이를 책으로 내놓는 것은, 설령 그것이 이른바 '잡범'에 해당하는 사건 기록일지라도 이를 통해 당시 사회상을 그려볼 수 있고 또 그것이 오늘날 우리 사회와 어떤 연관을 지니고 있는지를 살펴볼 수 있는 귀중한 창임을 알림으로써 앞으로 보다 깊이 있는 연구로 이어지기를 바라는 마음에서이다. 그런 의미에서 이 연구가 가능하도록 지원해준 모든 이들에게 감사의 뜻을 전하고 싶다.

2020년 2월
이홍락

차 례

발간사 / 5
머리말 / 9

1. **약인(略人)사건**
   이○○ 등 6인에 대한 판결문
   (1910.04.22. 公州地方裁判所 淸州支部)   26

2. **도량형법 위반사건**
   1) 김○○ 판결문(1910.05.18. 公州地方裁判所 淸州支部)   32
   2) 김◇◇ 판결문(1910.05.18. 公州地方裁判所 淸州支部)   37
   3) 황○○ 판결문(1910.05.30. 大邱區裁判所)   39
   4) 장○○ 판결문(1910.07.06. 公州地方裁判所 淸州支部)   41
   5) 정○○ 판결문(1910.09.23. 光州地方裁判所 全州支部)   43
   6) 이○○ 판결문(1910.09.30. 京城地方裁判所)   45
   7) 임○○ 판결문(1910년 형 제501호,
      明治43年刑第501号, 京城区裁判所)   47
   8) 윤○○ 판결문(1910.10.21. 京城地方裁判所)   49
   9) 구○○ 등 판결문(1910년 형 제115호,
      明治43年刑第115号, 金泉区裁判所)   51

10) 정○○ 등 판결문(1910년 공 제66/67호,
　　　明治43年 公第66/67号, 金泉区裁判所) ··················· 53
11) 수○○ 판결문(1910년 형 제28호,
　　　明治43年 刑第28号, 洪州区裁判所) ························· 55
12) 오○○ 판결문(1910.11.30. 刑上地方裁判所) ············· 57
13) 김○○ 판결문(1911.01.20. 金泉区裁判所) ··················· 59
14) 김○○ 판결문(1911.03.29. 大邱地方裁判所) ··············· 61
15) 정○○ 판결문(1911.06.19. 京城控訴院) ······················· 63
16) 홍○○ 판결문(1911년 형 제42호,
　　　明治44年 刑第42号, 鴻山区裁判所) ························· 67
17) 성○○ 판결문(1911.06.28. 京城地方裁判所) ··············· 71
18) 이○○ 판결문(1911.06.28. 京城地方裁判所) ··············· 73
19) 이◇◇ 판결문(1911.06.28. 大邱地方裁判所) ··············· 75
20) 권○○ 판결문(1911.08.04. 大邱地方裁判所) ··············· 77
21) 최○○ 판결문(1911.08.04. 大邱地方裁判所) ··············· 80
22) 권○○ 판결문(1911.08.21. 大邱地方裁判所) ··············· 82
23) 이○○ 판결문(1911년 형공 제83호,
　　　明治44年 刑公第83号, 光州地方裁判所) ··················· 84
24) 박○○ 판결문(1911.10.06. 大邱地方裁判所) ··············· 86
25) 이○○ 판결문(1911.10.09. 京城控訴院) ······················· 89
26) 이○○ 판결문(1911년 형공 제89호,
　　　明治44年 刑公第89号, 光州地方裁判所 全州支部) ······ 92
27) 장○○ 판결문(1911.10.30. 大邱地方裁判所) ··············· 95
28) 안○○ 판결문(1911.12.13. 京城地方裁判所) ··············· 99
29) 이○○ 등 판결문(1911년 형공 제106호,

　　　　明治44年刑公第106号, 光州地方裁判所 全州支部) 　　　　101

30) 송○○ 판결문(1911년 형공 제107호,
　　　　明治44年刑公第107号, 光州地方裁判所 全州支部) 　　　　104

31) 이○○ 판결문(1912.03.22. 京城地方裁判所) 　　　　107

32) 조○○ 판결문(1912.03.29. 京城地方裁判所) 　　　　109

33) 나카야마 판결문(1913년 형항 제1호,
　　　　大正2年刑抗第1号, 高等法院) 　　　　111

34) 이○○ 판결문(1912년 형 93호,
　　　　大正1年刑第93号, 光州地方裁判所) 　　　　119

35) 민○○ 판결문(1913.01.24. 京城地方法院) 　　　　121

36) 정○○ 등 판결문(1913년 형 제17, 18호,
　　　　大正2年刑第17, 18号, 大邱地方法院) 　　　　124

37) 시○○ 판결문(1913년 형 제77호,
　　　　大正2年刑第77号, 大邱地方法院) 　　　　127

38) 김○○ 판결문(1913년 형공 제76호,
　　　　大正2年刑控第76号, 大邱覆審法院) 　　　　129

39) 박○○ 판결문(1913년 형공 제134호,
　　　　大正2年刑公第134号, 光州地方法院 全州支廳) 　　　　132

40) 최○○ 판결문(1913년 형 제18호,
　　　　大正2年刑第18号, 大邱地方法院 盈德支廳) 　　　　134

41) 우○○ 판결문(1913년 공형 제447호,
　　　　大正2年公刑第447号, 京城地方法院) 　　　　137

42) 손○○ 판결문(1913년 형 제227호,
　　　　大正2年刑第227号, 釜山地方法院 密陽支廳) 　　　　139

43) 용○○ 판결문(1913년 공형 제512호,

　　　　大正2年公刑第512号, 京城地方法院)　　　　　　　　142

　　44) 이○○ 판결문(1913.10.25. 京城地方法院)　　　　　144

3. 사기취재 사건

　　1) 히데 판결문(1910.09.30. 京城地方裁判所 仁川支部)　　148

　　2) 이○○ 판결문(1911년 형공 제44호,
　　　　明治44年刑公第44号, 光州地方裁判所 全州支部)　　　151

　　3) 최○○ 판결문(1911년 형공 제70호,
　　　　明治44年刑公第70号, 光州地方裁判所)　　　　　　　154

　　4) 장○○ 판결문(1912년 공형 제325호,
　　　　明治45年公刑第325号, 京城覆審法院)　　　　　　　156

4. 문서위조 사건

　　1) 김○○ 판결문(1910년 형상 제139호,
　　　　明治43年刑上第139号, 高等法院)　　　　　　　　　186

　　2) 유○○ 등 판결문(1910년 형상 제156호,
　　　　明治43年刑上第156号, 高等法院)　　　　　　　　　195

　　3) 조○○ 판결문(1911년 형공 제5호,
　　　　明治44年刑控第5号, 大邱控訴院)　　　　　　　　　202

5. 화폐위조 사건

　　1) 박○○ 판결문(1910년 형 제100호,
　　　　明治43年刑第100号, 京城地方裁判所 仁川支部)　　　214

　　2) 이□□ 등 판결문(1910년 형상 제152호,
　　　　明治43年刑上第152号, 高等法院)　　　　　　　　　219

3) 김○○ 판결문(1911년 형공 제163호,

   明治44年刑控第163号, 大邱控訴院)   224

   4) 변○○ 등 판결문(1913년 형상 제114호,

   大正2年刑上第114号, 高等法院)   229

6. 아편 제조 판매사건

   담○○ 판결문(1910년 형 제87호,

   明治43年刑第87号, 京城地方裁判所 仁川支部)   236

7. 강간사건

   1) 김○○ 판결문(1910년 형상 제143호,

   明治43年刑上第143号, 高等法院)   244

   2) 문○○ 판결문(1911년 형 제3호,

   明治44年刑第3号, 光州地方裁判所 木浦支部)   250

   3) 미하시 판결문(1912년 형상 제103호,

   明治45年刑上第103号, 高等法院)   253

8. 간통 및 혼인 위반사건

   1) 배○○ 등 판결문(1911년 형공 제69, 70호,

   明治44年刑公第69, 70号, 光州地方裁判所 全州支部)   264

   2) 김씨 판결문(1911년 형공 제103호,

   明治44年刑公第103号, 光州地方裁判所 全州支部)   270

   3) 황성녀 등 판결문(1912년 형상 제51호,

   明治45年刑上第51号, 高等法院)   273

9. 분묘발굴 사건

1) 황○○ 등 판결문(1910년 형 제105호,
明治43年刑第105号, 京城地方裁判所 仁川支部)   282

2) 조○○ 판결문(1913년 공형 제125호,
大正2年公刑第125号, 光州地方法院 全州支廳)   286

10. 삼림령 위반사건

1) 위○○ 판결문(1912년 형 제137호,
明治45年刑第137号, 光州地方法院)   290

2) 이○○ 판결문(1912.07.24. 京城地方裁判所)   292

11. 도박사건

이○○ 판결문(1911년 형상 제142호,
明治44年刑上第142号, 高等法院)   296

12. 횡령사건 등

1) 이○○ 판결문(1912년 형 제77호,
明治45年刑第77号, 光州地方法院 長興地庁)   314

2) 류○○ 판결문(1913년 형공 제9호,
大正2年刑控第9号, 大邱覆審法院)   319

3) 오○○ 판결문(1913년 형상 제70호,
大正2年刑上第70号, 高等法院)   324

13. 방화사건

오성녀 판결문(1913.08.21. 京城地方法院)   340

14. 공갈(협갈)취재 사건

   1) 홍○○ 판결문(1911년 형공 제208호,
      明治44年刑控第208号, 大邱控訴院)   344

   2) 최○○ 등 판결문(1913년 공형 제106호,
      大正2年公刑第106号, 京城地方法院)   348

15. 강도살인 사건

   이○○ 등 판결문(1913년 형공 제231호,
   大正2年刑控第231号, 京城覆審法院)   352

찾아보기 / 361

1
약인(略人)사건

이○○ 등 6인에 대한 판결문(1910.04.22. 公州地方裁判所 淸州支部)

이 판결문은 1910년 4월 30일 충주지방재판소 청주지부에서 작성된 이○○ 등의 약인사건에 관한 것으로 그 내용은 다음과 같다. 충청북도 충주군 엄정면 류동에 사는 이○○(41세, 농업) 등 6명에 대해 오노(小野篤次郞) 검사 간여하에 타나카(田中亨), 타케오(竹尾義鷹), 카가미(鏡誠之進) 등 3인의 판사가 심리하여 이○○, ◇◇에게는 징역 각 2년, 이□□, △△, ▽▽, 공○○에게는 각각 징역 1년에 처하는 판결을 내렸다.

피고 이○○ 및 ◇◇은 이근태라는 자로부터 제천군 서면 죽관리에 사는 권동현의 여동생 권성녀(권씨 성을 가진 여인이라는 뜻)가 과부인데 그 성격이 선량하다고 듣고, 당시 ◇◇의 처가 병사하고 혼자 있어 부자유함을 느끼고 있던 터라 상호 의기 투합하여 이 과부를 약탈하여 ◇◇의 처로 삼기로 결의하고 이들의 동생들인 피고 이□□, △△ 그리고 종형인 ▽▽과 동네 사람 공○○에게 사정을 털어놓고 원조를 부탁하자 모두들 이에 동의하므로 1910년 4월 1일 오전 1시경 전기 권동현의 집에 이르러 이□□, △△, ▽▽, 공○○는 문밖에서 대기하고 이○○, ◇◇은 바깥문 그리고 아랫방 문을 열고 들어가니 당시 그녀의 어머니 최성녀 및 형수 최성녀와 함께 자고 있는 과부 권성녀가 크게 소리를 지르며 저항함에도 불구하고 머리채를 움켜쥐고 허리를 잡고 집밖으로 약 100보가량 지점까지 끌고 나왔을 때 그 집 사람들과 동네사람 다수가 구원을 위해 모여들자 과부를 그 자리에 버리고 도망하여 끝내 목적을 달성하지 못하였다.

이 사실은 권동현의 고소장, 최성녀 외 각 사람들의 신고서, 평동 순사주재소 순사의 체포시말서, 사법경찰관 및 검사의 피고 이○○, ◇◇, ㅁㅁ, △△, ▽▽, 공○○의 각 신문조서, 제천경찰서 순사의 권소사의 청취서, 본 법정에서의 피고 등의 각 공술에 의해 그 증빙이 충분하였다.

이를 법률에 비춰보면, 피고 6명의 소위는 모두 형법대전 제605조[1] 강탈만 하고 간음에 이르지 않은 경우에 해당하고 과부이므로 1등을 감하고 미수이므로 동법 제137조에 따라 3등을 감하고 또 피고 이ㅁㅁ, △△, ▽▽, 공○○는 피고 이○○, ◇◇의 제의에 찬동한 종범이므로 동법 제135조에 의해 수범의 형에서 1등을 감해 처분하도록 하는데 각 범인 모두 정상을 참작할 사유가 있으므로 동법 제125조에 따라 이○○, ◇◇은 거기에 2등을 더 감해 통산 6등을 감하고 이ㅁㅁ, △△, ▽▽, 공○○는 거기에 다시 3등을 감해 통산 8등을 감해 이○○, ◇◇은 각각 징역 2년, 이ㅁㅁ, △△, ▽▽, 공○○는 각각 징역 1년에 처함에 상당하다고 인정하여 주문과 같이 판결하였다.

해 제

이 문서는 국가기록원에 소장되어 있는 판결문으로 문서번호 CJA0000085으로 그 안에 매겨놓은 일련번호를 기준으로 하면 0134~0137에 해당한다. 이 사건은 이○○의 형제들과 종형, 그리고 이웃 사람이 상처하고 혼자 지내는 이◇◇에게 아내를 얻어줄 요량으로 과부로 친

---

[1] 형법대전 제606조 유부녀나 미혼녀를 강탈하여 처첩으로 삼으려 하는 자는 교수형이며 강탈만 하고 간음치 아니한 자는 징역 15년에 처하되 과부의 경우에는 각 1등을 감하고 친속 혹은 家人의 처첩으로 삼거나 豪勢에 投獻한 자도 같이 논하되 남녀는 不坐한다. 단, 부녀를 姦占하기 전에 被奪한 집에서 되찾아간 경우에는 각각 2등을 감하되 그로 인해 사람을 칼로 다치게 하거나 折傷 이상에 이르게 한 자는 징역 종신에 처한다. (본문에서의 '不坐'는 연좌하여 죄를 묻지 않는다는 의미)

정에서 지내고 있는 여인을 한밤중에 탈취해오려다가 미수에 그친 건이다.

이른바 보쌈이라는 이름의 이런 행위는 그 역사가 꽤 오래 되었다. 성경 중에는 정확한 저작연대가 알려져 있지 않은 〈사사기〉라고 하는 책이 있다. 그중에 이스라엘 12지파 중의 하나인 베냐민 지파가 죄를 지어 다른 모든 지파가 모여 그들을 치고 앞으로는 그 누구도 자기 딸을 베냐민 사람들에게 아내로 주지 않겠다고 맹세한 일이 있었다. 하지만 나중에 생각해보니 베냐민 지파 중 살아남은 자라고는 전투 마지막에 광야로 도망간 용사 600명뿐인데 그들에게 아무도 딸을 아내로 주지 않겠다고 맹세하였으니 이로 인하여 한 지파가 없어지게 될 것을 염려하기에 이르렀다. 그래서 생각해낸 묘안이 이 보쌈이었다. 매년 절기에 축제를 하는 부족이 있는데 그 마을 포도밭에 숨어 있다가 젊은 여자들이 춤추러 나오거든 포도밭에서 달려나와 한 사람씩 붙잡아 데려가라는 것이다. 그렇게 하면 그들에게 딸을 주지 않겠다는 맹세를 어기지 않고도 한 지파의 소멸을 막을 수 있어 누이 좋고 매부 좋은 결과를 얻게 된다는 것이다.

아무리 늦게 잡아도 B.C. 700년보다는 더 이전의 일로 보이는 이 사례는 모두가 행복한 묘안으로 등장하지만 이 사건의 경우처럼 아무리 남편과 사별하고도 재가가 허용되지 않았던 사회라고는 해도 자다가 보쌈을 당해 누군지도 알지 못하는 사람들에게 끌려가 그의 아내가 되어야 하는 일을 당하는 당사자의 입장에서 생각하면 결코 용납될 수 없는 흉측한 범죄임에 틀림없다. 그래서 형법대전 제606조와 같이 그런 일을 한 자는 목숨을 빼앗도록 정하고 있을 것이다.

그런데 조선시대의 풍습 가운데에는 거꾸로 남편을 둘 이상 섬겨야 할 팔자의 딸을 위하여 밤에 외간 남자를 보에 싸서 잡아다가 강제로 동침시키는 일도 있었다. 처녀의 액땜을 위해 주로 양반집에서 행해진 이런 일에는 잡혀온 남자가 함구령을 어겨서 죽임을 당하는 경우도 있었다. 또 하류층의 수절과부가 노총각이나 홀아비를 같은 방식으로 납치해오는 일도 보쌈이라고 했다. 처녀를 위한 이러한 보쌈은 不更二夫라는 과부의 재가금지제도에서 나온 일종의 약탈혼이라 할 수 있는데 보쌈한 총각과 동침하면 그 처녀는 과부가 된 것과 같은 결과가 되어 과부의 액운을 면했다고 믿으며 다른 곳으로 안심하고 시집을 갈 수 있었기 때문이라고 한다.

이 과부 재가금지제도를 기준으로 해서 보면 본 사건과 같이 과부를 보쌈해가는 풍습도 사실은 이 제도와 관련이 있다. 본 사건에서는 그렇지 않았지만 과부 본인이나 과부의 부모들과 미리 내약을 하고 보쌈해가는 경우도 있었던 것이다. 물론 본인과 미리 짜고 보쌈을 하는 경우란 사전에 은밀히 정을 통해오다가 혼인을 하기 위해 이 형식을 빌리는 것인데 그렇게 하면 주변의 이목을 속이면서 소기의 목적을 달성할 수 있기 때문이다.

이와 같은 과부보쌈이나 과부들의 남성보쌈은 유교적 영향으로 不更二夫라는 유교적 질서가 고착되면서 여성의 경우 비록 남편과 사별하였더라도 재혼을 못하게 하고 수절을 강요한 결과 생긴 풍습이라 할 것이다. 과부의 재혼을 금지한 제도는 대체로 고려 말에 등장하였고 조선시대에 들어와서 더욱 강화된 것이며 조선 중기 이후에는 민간에까지 깊이 뿌리내리게 되었다. 고려 말에도 양반의 여자로서 부정한 행위를 하거나 세 번 이상 개가한 여성의 소행을 기록하여 그 자손의 관직등용을 제한한 기록이 있으며 조선시대 성종 때에는 아예『경국대전』에 재가하는 부인의 자손은 과거에 응시하지 못하도록 규정하여 과부의 공식적 재혼을 금하였다. 이 제도는 1894년부터 시작된 갑오개혁에 의해 부녀자의 재가가 허용됨으로써 일단 공식적으로는 끝난 셈이나 일반인의 관습으로는 그 이후에도 오랫동안 작동되었다.

2
도량형법 위반사건

1) 김○○ 판결문(1910.05.18. 公州地方裁判所 清州支部)

　이 판결문은 1910년 5월 18일 공주지방재판소 청주지부에서 작성된 김○○의 도량형법 위반사건에 관한 것으로 그 내용은 다음과 같다. 충청북도 청주군 남주내면 수곡리에 거주하는 김○○(57세, 사금상)에 대해 오노(小野篤次郞) 검사 간여 심리하에 다나카(田中亨), 카가미(鏡誠之進), 야마모토(山本平藏) 등 세 판사가 벌금 40원에 처하는 판결을 내렸다. 범죄에 사용된 대저울(桿秤)은 이를 몰수함.

　피고는 1909년 음력 12월 중 사금 매수용으로 검정필 대저울 하나를 매입한 이래 이를 사용하여 청주군 청주시장에서 사금을 매입해오고 있었는데 사금을 매수할 때 위에서 말한 정당한 대저울을 사용하면 나중에 판매할 때, 통상 중량이 약간 줄어드는 경향이 있어서 이익이 주는 것 때문에 1910년 음력 2월 중 이 대저울에 부착된 손잡이 등을 뜯어내 고정된 눈금을 줄여 중량을 약 5리 정도 차이가 나도록 변조하여 그해 5월 6일 같은 장소에서 사금을 매수할 때 팔자가 정당한 저울로 오신하므로 계속의 의사를 가지고 두 번에 걸쳐 이를 사용하여 부정한 이득금 20전에 상당하는 사금을 편취하였다.

　이상의 사실은 청주경찰서 순사의 고발서, 사법경찰관 대리의 피고인 신문조서, 범죄에 사용한 대저울의 현존, 본 법정에서의 피고의 진술로 증빙이 충분하다.

　이 소위를 법률에 비춰볼 때 그 검정필 대저울을 변조한 행위는 도량형법 제8조 제4호에, 계속의 의사를 가지고 두 번에 걸쳐 변조한 대저울을 사용한 행위는 같은 조 제2호에, 타인의 착오를 이용하여 부정한 이득금 20전에 상당하는 사금을 편취한 행위는 형법대전 제600조,[2] 제595조 제1호[3]에 해당하고 사기취재의 죄는 그 범죄에 이르게 된 정황을 잘 파악할 필요가 있는 것이므로 동 제125조에 의거 본형에 5등을 감해 처분할 것이고 세 가지 죄가 함께 발생한 것에 대해서는 동 제129조에 의해 무거운 저울변조죄에 따라 3년 이하의 징역형 또는 5백 원 이하의 벌금의 범위에서 피고를 벌금 40원에 처함. 범죄에 사용된 대저울은 피고의 소유에 속하고 또 사용 금지물이므로 동 제118조에 따라 이를 몰수하기에 상당하다고 인정하여 주문과 같이 판결함.

해제

이 문서는 국가기록원에 소장되어 있는 판결문으로 문서번호 CJA0000886 중 총 354쪽 가운데 104~106쪽에 수록되어 있는 것이다. 사건 자체는 사금상을 하는 김ㅇㅇ이라는 자가 사금 매입용 대저울을 변조하여 도량형법을 위반한 것으로 공주지방재판소 청주지부의 다나카(田中亨), 카가미(鏡誠之進), 야마모토(山本平蔵) 등 3명의 판사가 담당하였다. 그런데 이 중 야마모토 판사는 휴직 중이어서 판결문 서명은 재판장인 다나카 판사가 대신하였다.

이 사건은 사금상을 하는 김ㅇㅇ(57세)이 일단 검인 있는 이른바 정

---

[2] 형법대전 제600조 官私를 사기하여 財를 취하거나 타인의 재를 拐帶하는 자는 計贓하여 제595조 절도율에 준한다.
[3] 형법대전 제595조 ①踰墻穿穴 또는 潛形隱面이나 사람이 보지 않음을 인하여 재물을 절취한 자는 그 入己한 贓을 통산하여 首從의 구분 없이 다음 표에 의해 처하되 未得財한 자는 禁獄 3개월에 처한다.
 10냥 이하   금옥 6개월
 10냥 이상 50냥 미만 금옥 7개월 …

규 저울을 사긴 했는데 금을 사뒀다가 나중에 이를 팔면 얼마간 무게가 줄어드는 것을 아까워하여 이를 보전하고자 하는 욕심에 그 저울을 변조하여 사용하다가 발각된 사건이다. 고의가 인정되는 사건이다.

도량형은 일반적으로 상품화폐경제의 발달과 더불어 국민경제로의 통합이 진행되면 될수록 그것의 표준화 요구가 커지게 되는데 이를 규정하기 위해 제정 시행되는 것이 도량형법이라 할 수 있다. 하지만 우리나라의 경우 구한말을 기준으로 보면 정부가 수세 등의 필요에서 관장하는 도량형과 민간이 사용하는 도량형 사이에 일정한 괴리가 존재했고 더욱이 현재 대상으로 하고 있는 시기가 식민지기인만큼 오랜 관행으로 사용해오던 도량형을 식민지권력이 단속하고 나섬에 따라 이에 대한 반발이 만만치 않았던 측면이 있었던 것으로 보인다. 그런 점을 염두에 두면서 당시 도량형법 위반 사례를 가능한 한 많이 모아서 그 양상을 확인해보는 것은 매우 흥미로운 일일 것이다.

참고로 당시 사용하던 도량형법 조문을 덧붙여둔다. 그 대신 각 항목마다 적용되는 법조항을 따로 주로 붙이는 일은 생략해도 좋을 것이다.

도량형법(법률 제26호, 1909년 9월 20일)
제1조 매매 수수 또는 증명에 사용하는 도량형의 명칭 名位 및 도량형기에 관해서는 본법 소정에 의한다.
제2조 도량형의 명칭 및 명위는 다음과 같다.
度 : 毛=尺의 1만분의 1, 厘=尺의 1천분의 1, 分=尺의 1백분의 1, 尺, 丈=10尺, 間=6尺, 町=360尺(60간), 里=12,960尺(36町)
地積 : 勺=步의 1백분의 1, 合=步의 10분의 1, 步 또는 坪=6尺평방, 畝=30步, 段=300步, 町=3천步
量 : 勺=升의 1백분의 1, 合=升의 10분의 1, 升, 斗=10升, 石=100升
衡 : 毛=貫의 1백만분의 1, 厘=貫의 10만분의 1, 分=貫의 1만분의 1, 匁

=貫의 1천분의 1, 貫, 斤=貫의 1천분의 160(160돈) 돈
尺, 升 및 貫은 일본도량형법이 정한 바와 같다.
제1항 외에 일본도량형법이 인정하는 도량형의 명칭 명위 및 비교는 이를 적법한 것으로 함.

제3조 도량형기는 정부 외에는 제작, 수입 또는 판매할 수 없다. 단, 일본국 관청이 검정한 도량형기는 정부의 특허를 받은 자에 한해 이를 수입 판매할 수 있다.

정부가 판매하는 도량형기에는 證印을 붙인다.

제4조 도량형기의 수리는 정부 또는 정부의 특허를 받은 자가 아니면 할 수 없다. 단, 간단한 수리는 소정의 명령에 따라 누구든지 할 수 있다.

제5조 정부는 수시로 도량형기의 검정을 행한다.

전조에 정한 정부의 특허를 받은 자가 도량형기를 수리했을 때에는 검정을 받아야 한다. 단, 전조 단서에 의해 수리한 때에는 그러하지 아니하다.

검정을 받은 도량형기에는 검인을 붙인다.

제6조 다음 각 호 중 하나에 해당하는 도량형기는 사용할 수 없다.
1. 정부의 증인이 없는 것 또는 일본국 관청의 검정증인이 없는 것
2. 제5조 제2항의 검정을 받지 않은 것
3. 검정에 불합격한 것
4. 변조한 것
5. 명령으로 정한 공차(公差) 이상의 차이가 생긴 것

제7조 당해 관리는 도량형기를 단속하기 위해 점포, 공장, 기타 장소에 임검하여 단속에 필요한 처분을 할 수 있다. 당해 관리는 도량형에 관한 범죄가 있음을 인정했을 때에는 증빙물건의 집류(執留) 및 관계인의 신문을 할 수 있다.

제8조 다음 각 호 중 하나에 해당하는 자는 3년 이하의 징역 또는 500圜 이하의 벌금에 처한다.
1. 제3조 제1항, 제4조 또는 제5조 제2항에 위배되는 자

2. 제6조에 위배되는 자
   3. 도량형기를 부정하게 이용한 자
   4. 도량형기를 변조한 자
   5. 증인, 검인 또는 일본국 관청의 검정증인을 위조, 행사한 자
   6. 당해 관리의 직무 집행을 거부하거나 혹은 이를 방해하며 또는 허위의 진술을 하든지 또는 제7조의 처분에 따르지 않는 자

제9조 이 법 시행에 필요한 사항은 농상공부대신이 이를 정한다.

부칙

제10조 이 법은 토지의 상황에 따라 점차 이를 시행한다. 그 시행 지역 및 시기는 농상공부대신이 이를 정한다.

제11조 광무9(1905)년 법률 제1호 도량형법에 의해 정부에서 판매한 도량형기는 布錦尺을 제외하고는 이를 사용할 수 있다.

제12조 종래 관행적으로 사용했던 衡의 명칭 중 錢과 兩은 다음과 같은 의미로 당분간 이를 사용할 수 있다.

　　　錢－1勺, 兩－10勺

제13조 광무(1905)년 법률 제1호 도량형법은 이 법 반포일로부터 이를 폐지한다.

○조선에서의 법령의 효력에 관한 건(1910년 8월 제령 제1호)

　조선에서의 법령의 효력에 관한 1910년 칙령 제324호 제1조 및 제2조에 의해 칙재를 얻어 여기에 이를 공포한다.

　조선총독부 설치 시 조선에서 그 효력을 잃게 될 제국(일본) 법령 및 한국 법령은 당분간 조선총독이 발하는 명령에 의해 그 효력을 지닌다.

　부칙

　본 영은 공포일로부터 시행한다.

2) 김◇◇ 판결문(1910.05.18. 公州地方裁判所 淸州支部)

이 판결문은 1910년 5월 18일 공주지방재판소 청주지부에서 작성된 김성옥의 도량형법 위반사건에 관한 것으로 그 내용은 다음과 같다. 충청북도 청주군 동주내면 사양리에 거주하는 김성옥(32세, 사금상)에 대해 오노(小野篤次郎) 검사 간여 심리하에 다나카(田中 亨), 홍우기(洪祐夔), 카가미(鏡誠之進) 등 세 판사가 벌금 40원에 처하는 판결을 내렸다. 범죄에 사용된 대저울(桿秤)은 이를 몰수함. 이 판결에 대해 피고는 이의신청을 할 수 있는데 그 기한은 판결을 안 때로부터 5일.

피고는 1909년 음력 9월 중 사금 매수용으로 검정필 대저울 하나를 매입한 이래 이를 사용해 청주군 청주시장에서 사금을 매입해오고 있었는데 사금을 매수할 때 위에서 말한 정당한 대저울을 사용하면 나중에 판매할 때 이른바 눈금 감소라고 해서 저절로 중량이 얼마간 줄어들어 이익을 얻을 수 없으므로 1910년 음력 2월 중 이 대저울에 부착된 손잡이 등을 뜯어내 고정된 눈금을 줄여 중량을 약 6푼 정도 차이가 나도록 변조하여 그달부터 같은 장소에서 사금 매수를 위해 계속할 의사를 가지고 수십 차례에 걸쳐 이를 사용하였다.

이상의 사실은 청주경찰서 순사의 고발서, 사법경찰관대리의 피고인 신문조서, 범죄에 사용한 대저울의 현존으로 증빙이 충분하다.

이 소위를 법률에 비춰볼 때 그 검정필 대저울을 변조한 행위는 도량형법 제8조 제4호에, 계속의 의사를 가지고 수십 번에 걸쳐 변조한 대저울을 사용한 것은 같은 조 제2호에 해당하고 두 가지 죄가 함께 발생한 것에 대해서는 형법대전 제129조에 의해 각 죄가 동등하므로 대저울 변조죄의 1에 따라 3년 이하의 징역형 또는 5백 원 이하의 벌금의 범위에서 피고를 벌금 40원에 처하고 범죄에 사용된 대저울은 피고의 소유에 속하고 또 사용 금지물이므로 동 제118조에 따라 이를 몰수하기에 상당하다고 인정하여 민형소송규칙 제24조에 의해 주문과 같이 판결함.

해 제

이 문서는 국가기록원에 소장되어 있는 판결문으로 문서번호 CJA0000886 중 총 354쪽 가운데 107~109쪽에 수록되어 있는 것이다. 이 사건은 앞 문서의 김○○ 사건과는 별도로 진행되었으나 판결일자가 같고 피고인들의 직업도 같은 사금상이어서 함께 다뤄도 좋을 것이나 앞의 김○○ 사건은 담당판사 중 한 명인 야마모토가 휴직 중이어서 재판장이 판결문에 대신 서명한 데 대해 본 건은 그 야마모토 판사 대신에 홍우기 판사로 교체된 사정과 관련이 있는지 모르겠다.

3) 황○○ 판결문(1910.05.30. 大邱區裁判所)

  이 판결문은 1910년 5월 30일 대구구(大邱區)재판소에서 작성된 황○○의 도량형법 위반사건에 관한 것으로 그 내용은 다음과 같다. 대구군 동상면 남일동 6통 6호에 거주하는 황○○(24세, 잡화상)에 대해 요시다(吉田) 검사 입회, 심리하에 모로하시(諸橋一義) 판사가 벌금 2원에 처하는 판결을 내렸다. 압수한 철제 용기 1개는 몰수함.
  피고는 1910년 음력 2, 3월경부터 정부의 검정을 받지 않은 철제 용기를 되 대신 사용하여 석유를 판매하였다.
  위의 사실은 피고가 사법경찰관의 신문에 대한 공술에 의해 이를 인정하기에 충분하다.
  이를 법률에 비춰볼 때 피고의 소위는 형법대전 제2조에 의해 도량형법 제6조 제1 및 제8조 제2를 준용하여 처단할 것이며 따라서 벌금 5백원 이하의 범위에서 또는 몰수에 대해서는 형법대전 제118조를 적용하여 주문과 같이 판결함.

해 제

  이 문서는 국가기록원에 소장되어 있는 판결문으로 문서번호 CJA0001540 중 총 607쪽 가운데 246~247쪽에 수록되어 있는 것으로 대구에서 잡화상을 경영하는 황○○의 도량형법 위반에 대해 대구구재판소 소속 통감부 판사 모로하시(諸橋一義)가 담당하였다. 정부의 검정을 받지 않은 사제 철제용기로 판매하다가 발각된 물건은 석유인데 당시 조선에서의 석유 소비는 그 대부분이 등유에 한정되어 소비량은 소량에 불과하였다. 따라서 이 사건에 연루된 황○○ 역시 영세상인이었을 것이다.

   참고로 덧붙이면 이 사건은 일제 병탄을 기하여 1910년 칙령 315호 대사면에 의해 경감조치를 받았다.

4) 장○○ 판결문(1910.07.06. 公州地方裁判所 淸州支部)

　이 판결문은 1910년 7월 6일 공주지방재판소 청주지부에서 작성된 장○○의 도량형법 위반사건에 관한 것으로 그 내용은 다음과 같다. 충청북도 단양군 북면 안동리(安東里)에 거주하는 장○○(65세, 농업 및 목수)에 대해 오노(小野篤次郎) 검사 간여 심리하에 다나카(田中 亨), 가가미(鏡誠之進), 타카하시(高橋四郞) 등 세 판사가 징역 1개월에 처하는 판결을 내렸다. 압수된 1되짜리 위조 도량형기 1개는 이를 몰수함.

　피고는 정부의 허가를 받지 않고 1910년 음력 5월 10일 자기 집에서 판매 및 자가용의 목적으로 개정 1되짜리 도량형기 2개를 만들어 그중 하나는 같은 날 이웃 동네인 하치평(下峙坪)에서 그 동네 주민인 이수진(李守辰)에게 12전을 받고 팔고 다른 하나는 자가용으로 자신의 집에 두었다.

　이상의 사실은 제천경찰서 순사의 체포 시말서, 사법경찰관 대리의 피고인 신문조서, 매수인 이수진의 시말서, 검사의 피고인 신문조서, 본 법정에서의 피고의 공술로 증빙이 충분하다.

　이 소위를 법률에 비춰볼 때 도량형법 제8조 제1호에 해당하므로 3년 이하의 징역형 또는 5백 원 이하의 벌금의 범위에서 피고를 징역 1개월에 처하고 범죄와 관련된 1되짜리 도량형기는 사용 금지물이므로 형법대전 제118조에 따라 이를 몰수하기에 상당하다고 인정하여 주문과 같이 판결함.

해 제

이 문서는 국가기록원에 소장되어 있는 판결문으로 문서번호 CJA0000886 중 총 354쪽 가운데 125~126쪽에 수록되어 있는 것이다. 이 사건은 농사도 지으면서 목수일을 하는 피고가 검인을 받지 않은 1되짜리 되 2개를 만들어 하나는 다른 사람에게 팔고 하나는 자신이 쓸 목적으로 집에 두었다가 체포된 사건이다.

5) 정○○ 판결문(1910.09.23. 光州地方裁判所 全州支部)

이 판결문은 1910년 9월 23일 광주지방재판소 전주지부에서 작성된 정○○의 도량형법 위반사건에 관한 것으로 그 내용은 다음과 같다. 전라남도 광주군 영한면 덕산리에 거주하는 정○○(35세, 포목상)에 대해 무라카미(村上淸) 검사 입회 변론을 거쳐 마에다(前田信兆),[4] 아오(靑篤世), 카마타(鎌田三郎) 등 세 판사가 태 100에 처하는 판결을 내렸다. 영치된 변조에 사용한 곡척 하나는 이를 몰수함.

피고는 1910년 9월 8일 전라북도 임실군 조원(鳥院)시장에서, 같은 달 9일 임실읍시장에서, 같은 달 16일 남원군 동고지(東古池)시장에서 각각 포목을 판매할 때, 미리 김 모라는 자가 그 끝을 1치가량 잘라서 실제 길이를 1자 9치로 변조한 2자짜리 곡척인 줄 알면서도 이를 포목 판매용으로 사용하였다. 이상의 사실은 피고가 본 법정에서 행한 공술, 피고에 대한 검사 및 사법경찰관의 각 신문조서, 영치한 2자짜리 곡척으로 그 증빙이 충분함.

법률에 비춰볼 때 피고의 소위는 구한국 도량형법 제6조 제4호에 위배되므로 동법 제8조 제2호에 의거 3년 이하의 징역에 처할 것이나 이 범죄에 이르게 된 정황을 고려하여 형법대전 제125조에 의해 1등을 감하고 태 100에 처함. 영치한 변조에 관련되는 곡척 하나는 사용 금지물이므로 동법 제118조에 따라 이를 몰수하도록 하고 주문과 같이 판결함.

---

[4] 마에다 노부요시(前田信兆, 1861~1934). 카가한(加賀藩) 출신 사족, 재판관. 1883년 사법성 법학교 입학, 1885년 졸업하고 판사보. 1887년 판사 등용시험 합격, 판사가 된 뒤 토쿄공소원 판사, 조선총독부 판사 등 역임.

> 해 제

이 문서는 국가기록원에 소장되어 있는 판결문으로 문서번호 CJA001712 중 총 525쪽 가운데 356~358쪽에 수록되어 있는 것이다. 이 사건은 2자 짜리 곡척을 1치 정도 잘라내어 실제 길이를 1자 9치로 변조한 곡척을 사용하여 포목을 팔다가 걸린 범죄를 다루고 있다. 이 판결둔에서는 이 자를 변조한 김 아무개와 이를 포목 판매에 사용한 정○○의 관계에 관해서는 명확히 밝히고 있지 않으나 그 자가 변조된 것임을 정○○이 알고 이를 여러 차례에 걸쳐 사용한 것으로 보아 실제로는 정○○이 김 아무개에게 그 자의 변조를 부탁했거나 또는 김 아무개가 변조한 자를 정○○이 사서 사용했을 가능성이 높음에도 불구하고 이 재판 과정에서 김 아무개를 어떻게 보고 처리했는지에 관해서는 전혀 언급이 없다.

관련된 자료를 찾을 수 있다면 김 아무개와 이 사건과의 관계에 대해서도 명확히 밝힐 필요가 있을 것이다.

6) 이○○ 판결문(1910.09.30. 京城地方裁判所)

이 판결문은 1910년 9월 30일 '경성'지방재판소에서 작성된 이○○의 도량형법 위반사건에 관한 것으로 그 내용은 다음과 같다. 경성 서부 반송방 석교동 169통 12호에 거주하는 이○○(37세, 미곡상)에 대해 나진(羅璡) 검사 입회하에 츠카하라(塚原友太郎), 기토오(喜頭兵一),[5] 정구창(鄭求昌) 등 세 판사가 벌금 20원에 처하는 판결을 내렸다. 압수한 1되 5홉짜리 되 1개는 이를 관에 몰수함.

피고는 미곡상을 경영하고 있는 자인데 1910년 8월경 그 영업에 사용하는 1되 5홉짜리 되의 윗부분 철판 세 군데를 약 5푼씩 훼손하고 바닥 내부에도 풀을 발라 쌀겨가 많이 붙도록 하여 되에 담기는 양이 줄도록 변조해놓은 것을 같은 해 9월 1일부터 17일까지 사용하였다.

이 사실은 본 법정에서의 피고의 진술과 검사 및 사법경찰관이 피고에 대해 행한 각 신문조서 및 순사의 고발장 등의 기재, 그리고 압수한 증거물건의 존재에 의해 인정된다.

법률에 비춰 피고의 소위는 1909년 법률 제26호 도량형법 제6조 제4호를 위반하여 동법 제8조 제2호에 의해 벌금형을 선택하여 5백 원 이하의 범위 안에서 처단하고 압수된 1되 5홉짜리 되 1개는 범죄에 제공된 물건으로 피고의 소유이므로 형법대전 제118조에 의해 이를 관에 몰수하도록 하고 주문과 같이 판결함.

---

[5] 키토오 헤이이치(喜頭兵一, 1884~?). 1943.1.28부터 고등법원장에 취임, 일제하 마지막 고등법원장이 되었다. 저서에 『李朝の財産相續法』(朝鮮総督府中樞院調査課, 1936)이 있다.

해 제

　이 문서는 국가기록원에 소장되어 있는 판결문으로 문서번호 CJA0000085 중 총 636쪽 중 304~305쪽에 수록되어 있다(다른 연도의 것은 문서번호 CJA0000085 안에 일련번호를 매겨 분류하고 있으나 1910년분에는 그런 분류체계가 적용되지 않고 있어 불편하다). 이 사건은 미곡상을 하는 피고 이○○이 되를 속이기 위해 고의로 되를 변조하였다가 발각된 사례이다.

7) 임○○ 판결문
(1910년 형 제501호, 明治43年刑第501号, 京城区裁判所)

이 판결문은 1910년 10월 4일 경성구(京城區)재판소에서 작성한 임○○의 도량형법 위반사건에 관한 것으로 그 내용은 다음과 같다. 경성 북부 관광방(觀光坊) 벽동(碧洞) 44통 7호 임○○(48세, 석유상)에 대해 홍승근 검사 심리하에 이선종(李善鍾) 판사가 벌금 2원에 처하였다. 범죄에 제공된 '부리키'(鈇力)[6]로 만든 유사 양기 대소 각 1개는 관에 몰수한다.

피고는 1910년 5월경부터 석유상을 경영하면서 석유 판매에 사용하기 위해 1홉 들이 및 2작(勺) 들이 유사 양기(量器) 각 1개씩을 경성 중부 연판 세공 허정(許楨)에게 의뢰, 제작하여 이를 같은 달 어느 날부터 본 건 발각 때까지 사용하였다.

이 사실은 본 법정에서의 피고의 진술 및 차압 물건, 경부대리의 청취서에서 증인 허정이 공술한 것 등으로 증빙 충분함.

이를 법률에 비춰보면, 1909년 법률 제26호 도량형법 제6조 제1호 및 제8조 제2호에 해당하므로 동 제8조에 기초하여 징역형 또는 벌금형에 처할 수 있어 그중 벌금형을 선택하고 같은 금액의 범위 안에서 벌금 2원에 처하고 유사 양기 대소 각 1개는 범죄에 제공한 것이므로 형법대전 제118조에 의거 관에 몰수하도록 하고 주문과 같이 판결함.

---

[6] '鈇'만으로도 '부리키'로 읽는다. 이 글자는 일본에서만 사용하는 한자여서 한자로도 서로 통하지 않는데 얇은 철판을 주석으로 도금한 것을 일컫는다.

해 제

이 문서는 국가기록원이 소장하는 판결문으로 문서번호 CJA0000080 중의 자체 번호 569~570에 속하는 것으로 임○○의 도량형법 위반사건에 대한 것이다. 이 사건은 '경성'에서 석유상을 하는 임○○이 석유 판매에 사용할 1홉들이 및 2작들이 양기를 각각 하나씩 연판 제작업자에게 의뢰하여 만들어 사용하다가 발각된 건이다.

다른 도량형법 위반사건에 비해 본 건은, 일제하 완전 식민지가 되기 직전에 석유상을 시작한 임○○이 석유 판매에 필요한 양기를 일부러 연판 제작업자에게 맞춰서 사용하였다는 점에서 구분된다. 말하자면 관습범의 영역을 넘어선 고의적이고 지속적 범의를 가진 사건인 셈이다.

그런 점에 비하면, 유사 다른 사건의 형량과 비교할 때 비교적 가벼운 처벌을 받은 것으로 보인다.

8) 윤○○ 판결문(1910.10.21. 京城地方裁判所)

이 판결문은 1910년 10월 21일 '경성'지방재판소에서 작성된 윤○○의 도량형법 위반사건에 관한 것으로 그 내용은 다음과 같다. 경성 서부 반석방 자암동 97통 8호에 거주(경성 북부 원동 출생)하는 윤○○(49세, 미곡상)에 대해 히시타니(菱谷精吾)[7] 검사 입회하에 츠카하라(塚原友太郎), 타니(谷多喜磨),[8] 정구창(鄭求昌) 등 3인의 판사가 벌금 2원에 처하는 판결을 내렸다. 압수한 1되 5홉짜리 되 1개는 이를 관에 몰수하고 공소 사실 중 정부의 특허를 받지 않은 도량형기에 수리를 가한 행위에 대해서는 면소함.

피고는 미곡상에 종사하는 중 1910년 음력 3월(날짜 미상) 정부의 특허를 받지 않고 1되 5홉짜리 되의 네 귀퉁이에 8개의 가는 철사를 구부려 붙여 불법으로 수리한 뒤 같은 해 9월 19일까지 이를 자신의 상업을 위해 부정하게 이용해왔는데 그날 해당 지역 담당관리인 순사 우토(宇都袈裟次郎)가 도량형 검사를 위해 피고의 집에 들러 그의 점포에서 다른 상업용 되와 함께 위에서 말한 수리를 한 되가 놓여있는 것을 발견하고 피고에게 왜 이런 짓을 했는지 힐문하였더니 수리를 한 후로 그날까지 이를 사용해왔음에도 불구하고 피고는 수리한 후 한 번도 사용한 적이 없다고 거짓말을 하였다.

---

[7] 히시타니 세이고(菱谷精吾). 저서로『国際私法』(日本大学, 1912),『日独英法比較裁判所構成論』(法政大学, 1908),『裁判所構成法要義』(清水書店, 1907),『不法行為論』(清水書店, 1905),『刑法各論』(法政大学, 19─) 등이 있다.

[8] 타니 타키마(谷多喜磨). 경성부윤(1923.2.24~1925.6.15), 경남도지사(1929.11.28~1930.12.24) 등 역임.

이 사실은 본 법정에서의 피고의 진술과 당청 검사가 피고에 대해 신문한 조서, 증인 우토에 대한 청취서, 사법경찰관이 피고에 대해 행한 신문조서 및 고발장 등의 기재, 그리고 압수한 증거물건의 존재에 의해 이를 인정할 수 있다.

법률에 비춰 피고가 도량형기를 부정하게 이용한 소위는 도량형법 제8조 제3호에 해당하고 당해 관리에 대해 거짓 진술을 한 소위는 동법 제8조 제6호에 해당하여 둘 다 벌금형을 선택하고 두 가지 죄가 발생하였는데 그에 대해 과할 형이 같으므로 형법대전 제129조 후단에 의거, 그중 하나인 도량형기를 부정 이용한 행위에 따라 처단하여 벌금 2원에 처하고 차압한 1되 5홉짜리 되 1개는 범죄에 제공된 물건으로 범인의 소유에 속하므로 동법 제118조에 따라 관에 몰수하도록 하고 부정 수리를 한 행위는 1910년 8월 29일 이전에 행한 것이므로 같은 해 칙령 제325호 제1조 제68호에 의해 사면되었으므로 같은 조에 의해 면소하고 주문과 같이 판결함.

해 제

이 문서는 국가기록원에 소장되어 있는 판결문으로 문서번호 CJA0000085 중 총 636쪽 중 304~305쪽에 수록되어 있다(다른 연도의 것은 문서번호 CJA0000085 안에 일련번호를 매겨 분류하고 있으나 1910년분에는 그런 분류체계가 적용되지 않고 있어 불편하다). 이 사건은 미곡상을 하는 피고 윤ㅇㅇ이 되를 장사에 유리하게 하기 위해 변조해 쓰다가 둔 것을 도량형기 단속 나온 경관이 보고 추궁하여 입건된 사례이다.

9) 구○○ 등 판결문
(1910년 형 제115호, 明治43年刑第115号, 金泉区裁判所)

이 판결문은 1910년 10월 31일 김천구(金泉區)재판소에서 작성된 구○○, 양○○ 두 사람의 도량형법 위반사건에 관한 것으로 그 내용은 다음과 같다. 경상북도 금산군(金山郡) 읍내면 하리 구○○(45세, 농업), 같은 군 군내면 문산동 양○○(61세, 농업)에 대해 김사집(金思潗) 판사가 각각 태 100에 처하는 판결을 내렸다. 압수한 되 1개는 이를 관에 몰수함.

피고 두 사람은 공모하여 1910년 2월경부터 같은 해 10월 22일까지 이전 한국 정부의 증인 및 일본 정부의 검정증인이 없는 1되짜리 되를 계속하여 사용하였다.

이상의 사실은 피고 두 사람에 대한 김천헌병분대 육군 헌병조장 사이타(斎田與四太郎)의 신문 조서 및 본 법정에서의 피고 두 사람의 진술을 종합하여 이를 인정함.

이를 법률에 비춰볼 때 피고 두 사람의 소위는 도량형법 제6조를 위반하여 동법 제8조에 의거 처단할 것인바 같은 조가 정한 징역형을 선택하고 그 범위 안에서 징역 1개월에 처할 것이나 그 범죄에 이르게 된 정황을 참작하여야 할 점이 있어 형법대전 제125조에 의거 작량함으로써 1등을 감해 태 100에 처하고 압수한 되 1개는 본건 범죄와 관련한 물건으로 소지가 금지된 물건(應禁物)이므로 동법 제118조에 의해 관에 몰수하도록 하고 주문과 같이 판결함.

해 제

이 문서는 국가기록원에 소장되어 있는 판결문으로 문서번호 CJA0001628의 총 165쪽 중 153~154쪽에 수록되어 있다. 본 건은 김천구(金泉區)재판소에서 김사집 판사가 심리 판결한 것으로 해당 사건을 조사, 신문한 사람은 사법경찰관이 아니라 김천헌병분대 육군 헌병조장이고 검사의 역할도 조선총독부 경시(警視 谷川貞次郞)가 대신하였다. 자세한 사항이 기록되어 있지 않아서 확정적으로 말하기는 어렵지만 김천지역은 경상북도 서북지역에 위치하고 추풍령을 넘어 대전 쪽으로 연결되는 길목에 해당해, 이제 막 조선을 식민지로 장악한 시기여서 아직 조선 내에서의 의병활동도 완전하게 제압하지 못하고 있던 터라 군대가 배치된 지역이었던 점을 감안할 필요가 있을 것으로 생각된다.

그렇다고는 하더라도 농업이 직업으로 되어 있는 본 사건의 피고인 구○○, 양○○ 두 사람이 일정 기간 동안 공모하여 말하자면 부정한 도량형기를 사용한 것으로만 되어 있을 뿐 그 구체적인 정황은 기록되어 있지 않다. 따라서 단순히 농민이 자신의 수확물을 파는 데 이 도량형기를 사용하다가 적발되었을 수도 있고 아니면 직업이 농업으로 되어 있으나 당시 상황으로 볼 때 장돌뱅이처럼 약간의 농사를 지으면서 장날에는 상업에 종사하던 사람이어서 물건을 사고파는 일을 통해 상습적으로 이를 사용하다가 적발되었을 수도 있을 것이다.

이 사건 하나만으로는 아무것도 알아낼 수 없는 것이기는 하나 이 시기에 다뤄진 도량형법 위반사건들을 다수 모아서 함께 다뤄보면 당시 일제가 이 문제를 어떻게 인식하고 대처하려고 했는지, 거기에 조선의 식민지 대중은 또 어떻게 대응하였던 것인지를 조금이나마 알 수 있을지도 모른다는 기대 같은 것이 있다.

10) 정○○ 등 판결문
(1910년 공 제66/67호, 明治43年公第66/67号, 金泉区裁判所)

이 판결문은 1910년 11월 1일 김천구(金泉區)재판소에서 작성된 정○○・우에다(上田○○) 두 사람의 도량형법 위반사건에 관한 것으로 그 내용은 다음과 같다. 경상북도 금산군(金山郡) 정○○(30세, 곡물상), 같은 군 우에다(19세, 잡화곡물상)에 대해 오오타(大多尙文) 판사가 각각 벌금 5원에 처하는 판결을 내렸다. 압수한 1되짜리 되 1개는 소유자에게 돌려줄 것.

피고 우에다는 미리 피고 정○○에게 대두 매입 … 정○○이 1901년 10월 17일 대두를 매입할 때 우에다는 그 전날 16일 … 구 한국정부의 증인(證印)도 없고 일본정부의 검정증인도 없는 1되짜리 되 하나를 김학삼으로 하여금 정○○의 집에 가서 이를 정○○에게 주게 하니 정○○은 그 증인, 검정증인 없는 되를 음력 17일 금산군 구수면 신기동 손돈구 집 앞에서 장금화로부터 콩을 매입하는데 사용하였다.

이상의 사실은 각 피고 참고인 김학삼, 증인 장금화의 공술, 고발장에 의해 이를 인정함.

이를 법률에 비춰볼 때 정○○의 소위는 구한국 도량형법 제6조 제1호를 위반하여 동법 제8조 제2호에 의해, 우에다의 소위는 1909년 통감부령 제23호 제1조 1항 및 전기 도량형법 제6조 제1호를 위반하여 … 제2조 제1항에 의거 처단키로 함. 압수한 물건은 몰수하되 형법 제19조 및 형법대전 제118조에 의거함.

해 제

이 문서는 국가기록원에 소장되어 있는 판결문으로 문서번호 CJA0001628의 총 165쪽 중 157~159쪽에 수록되어 있다. 본 건은 김천구(金泉區)재판소에서 오오타(大多尙文) 판사가 심리 판결한 것으로 위의 구갑서, 양수문 건과 마찬가지로 검사의 역할을 조선총독부 경시(警視) 타니가와(谷川貞次郎)가 대신하였다. 따라서 여기서는 따로 언급이 없지만 위의 구갑서, 양수문 건으로 미뤄볼 때 사법경찰관 대신 이 피고인들의 취조한 것 역시 해당 헌병분대 헌병조장 등이 맡았을 가능성이 크다 할 것이다.

그리고 이 건에서는 일본인 잡화곡물상이 조선인 곡물상을 사주한 듯한 구조이나 일본인 우에다는 메이지 24년(1891년 6월 1일)생으로 명기되어 있으므로 특별히 오류가 없는 한 이 사건 당시인 1910년에 그는 19살이었는데 멀리 식민지 조선의 농촌에까지 와서 곡물상으로 활동하면서 자신보다 나이가 많은 조선인 곡물상을 사주하여 불법 도량형기를 사용하게 한 것은 상식적인 수준으로는 얼핏 이해하기 힘든 측면이 있다.

그럼에도 불구하고, 위의 구○○, 양○○ 건과는 달리 사건에 경위가 비교적 소상히 기술되어 있는 점으로 보아 이 우에다의 범행을 예사롭지 않게 다루고 있었음을 짐작하게 한다.

11) 수○○ 판결문
   (1910년 형 제28호, 明治43年刑第28号, 洪州区裁判所)

　이 판결문은 1910년 11월 17일 홍주구(洪州區)재판소에서 작성된 수○○의 도량형법 위반사건에 관한 것으로 그 내용은 다음과 같다. 원주소가 청국 산동성 등주부 황현 수가촌이고 현재는 충남 홍주군 주북면 성내에 거주하는 隋○○(63세, 잡화상, 청국인)에 대해 검사사무 취급 이와자키(岩崎良材) 입회하에 홍주구재판소에서 아오야기(青柳四郎) 판사가 심리, 벌금 10원에 처하는 판결을 내렸다. 단 벌금을 완납할 수 없을 때는 10일간 노역장에 유치하는 것으로 하고 압수한 물건은 이를 몰수함.

　피고는 1910년 10월 13일 오전 10시경 홍주군 성내시장에 노점을 개설하고 영업하던 중 오후 2시경에 청양군 남상면 거주 이준하의 요구에 응해 약품 금계랍(金鷄鑞) 2돈(匁)을 팔려고 구 한국정부 검인 및 일본관청 검인이 없는 자기 소유의 접시 붙은 목제 저울을 사용하다가 순사에게 발각되어 즉석에서 체포되었다.

　이상에 기재한 범죄 사실은 순사 고발서, 사법경찰관의 취조를 받은 이준하 및 피고의 의 청취서, 압수물건, 본 법정에서의 피고의 자백에 의해 이를 인정하기에 충분하다.

　피고의 행위는 이를 법률에 비춰볼 때 구 한국정부의 법률로는 1909년 법률 제26호 도량형법 제6조 제1항, 동법 제8조 제2호에 해당하고 같은 해 9월 통감부령 제23호로 도량형에 관해서는 한국의 도량형법 및 도량형법시행규칙에 의할 것으로 하고 그 제2조에서 전기 한국 법률 제26호

제8조 각호의 하나에 해당하는 것은 1년 이하의 징역 또는 2백 원 이하의 벌금에 처하도록 규정함으로써 피고의 범죄는 그 범위 안에서 처벌해야 할 것이므로 피고에 대해 벌금형을 선택하여 이를 과하도록 하였다. 하지만 피고의 범죄에 이른 정황과 작량을 형법 제66조에 의해 경감하고 동법 제15조를 적용하여 벌금 10원에 처하고 동법 제19조 제1항, 동법 제18조에 따라 주문과 같이 판결함.

해 제

이 문서는 국가기록원에 소장되어 있는 판결문으로 문서번호 CJA0001079의 총 67쪽 중 51~53쪽에 수록되어 있는 것으로 청국인 수○○의 도량형법 위반사건에 대해 홍주구재판소의 아오야기 판사가 담당하였다. 청국인인 피고 수○○은 장에서 노점상을 하는데 검인 없는 저울을 사용하다가 지나가던 순사에게 발각되어 즉석에서 체포된 사례이다.

12) 오○○ 판결문(1910.11.30. 刑上地方裁判所)

이 판결문은 1910년 11월 30일 '경성'지방재판소에서 작성된 오○○의 도량형법 위반사건에 관한 것으로 그 내용은 다음과 같다. 경성 서강방 구수철리 거주 오○○(24세, 과일상)에 대해 히시타니(菱谷精吾) 검사 입회하에 츠카하라(塚原友太郎), 하라(原正鼎), 정구창(鄭求昌) 등 3인의 판사가 징역 6개월에 처하는 판결을 내렸다. 압수한 저울 1개는 이를 몰수함.

피고는 1910년 10월 27일 오전 10시경 경성부 용산본정(龍山本町)에서 신문판매업을 하고 있는 가토(加藤五市)의 점포에서 헌 신문지를 사려고 그가 소유한 저울을 사용했는데 눈금을 변동시키기 쉽도록 그 저울의 잡는 위치를 마음대로 변조한 것을 알면서도 이를 사용하였다.

이 사실은 본 법정에서의 피고의 진술과 검사가 피고인을 신문한 조서, 육군 헌병조장의 피고 및 가토에 대한 청취서 등의 기재와 압수한 증거물건의 존재에 의해 이를 인정할 수 있다.

그 변조한 저울을 사용함으로써 도량형법 제6조 제4호를 위반하여 동법 제8조 제2호에 의거 징역형을 선택, 3년 이하의 범위 안에서 징역 6개월에 처함. 압수한 저울 1개는 범죄에 제공된 물건으로 피고의 소유이므로 형법대전 제118조에 의해 이를 관에 몰수하도록 하고 주문과 같이 판결함.

해 제

    이 문서는 국가기록원에 소장되어 있는 판결문으로 문서번호 CJA0000085 중 총 636쪽 중 304~305쪽에 수록되어 있다(다른 연도의 것은 문서번호 CJA0000085 안에 일련번호를 매겨 분류하고 있으나 1910년분에는 그런 분류체계가 적용되지 않고 있어 불편하다). 과일상을 하는 피고 오○○이 헌 신문지를 사려고 일부러 눈금을 고친 부정 저울을 사용하다가 들킨 사례이다.

13) 김○○ 판결문(1911.01.20. 金泉區裁判所)

　이 판결문은 1911년 1월 20일 김천구(金泉區)재판소에서 작성된 김○○의 도량형법 위반사건에 관한 것으로 그 내용은 다음과 같다. 경상북도 금산군(金山郡) 김천면 하신기동 거주 김○○(35세, 주막)에 대해 김사집(金思潗) 판사가 벌금 3원에 처하는 판결을 내렸다. 압수한 되 1개는 이를 관에 몰수함.
　피고는 1910년 12월 30일 오후 4시경 자기 집 앞에서 구한국정부의 증인 및 일본 정부의 검정 증인이 없는 1되짜리 되를 사용하였다.
　이상의 사실은 본 법정에서의 피고의 공술에 의해 이를 인정함.
　이를 법률에 비춰볼 때 피고의 소위는 도량형법 제6조를 위반하여 동법 제8조에 의거 처단할 것인바 같은 조가 정한 벌금형을 선택하고 그 범위 안에서 벌금 3원에 처하고 압수한 되 1개는 본건 범죄와 관련한 물건으로 소지가 금지된 물건(應禁物)이므로 형법(대전)[9] 제118조에 의해 관에 몰수하도록 하고 주문과 같이 판결함.
　검사사무 취급 조선총독부 경시 요시무라(吉村博)가 본건에 간여함.

해 제

　이 문서는 국가기록원에 소장되어 있는 문서번호 CJA0001629-0005의 판결문으로 김○○의 도량형법 위반사건에 대해 판결한 것이다. 본 건

---

[9] 판결문에는 형법 제118조로 되어 있으나 이는 형법대전의 잘못임.

은 김천구(金泉區)재판소에서 김사집 판사가 심리 판결한 것인데 이 지역에는 아직 검사가 배정되지 않았던 모양으로 검사사무를 조선총독부 경시(吉村博)가 대신 하였다. 같은 김천구재판소에서 1910년에 판결한 사건(CJA0001628-0211~2 구갑서·양수문 피고사건)에서는 피고에 대한 신문을 사법경찰관이 아니라 김천헌병분대 육군 헌병조장이 한 것으로 기록되어 있는데 본건에서는 이에 대한 언급이 없어서 그간 변화가 생겼는지 여부는 확인할 수 없었다.

피고 김○○는 김천면 하신기동에서 주막을 하는 사람으로 추측컨대 막걸리 같은 술을 파는 1되짜리 되가 증인(證印)이 없는 이른바 '불법' 되었다는 것이다. 김천은 지리적으로 추풍령을 통해 충청도로 넘어가는 고개로 진입하는 지역이고 낙동강의 지류인 감천이 있기는 하지만 강운을 이용할만한 수량이 있는 곳도 아니어서 주막이라고 해도 나루터 등지에 있는 주막에 비하면 드나드는 사람이 그리 많지 않은 그야말로 작은 주막이었을 것이다. 1910년대 초엽의 주막의 모습을 우리가 소상히 그려낼 수는 없지만 일반적으로 주막은 지나가는 나그네에게 음식을 제공하고 묵어가는 여관의 역할을 겸하던 곳이다.

적발된 되가 막걸리 등을 파는 데 사용되었을 것으로 추정한다면 오래전부터 주막에서 관행적으로 사용해오던 되였을 것이나 판결문에서도 굳이 계속의 의사 여부를 언급하지는 않았다. 그래서인지 처벌 내용도 비교적 가벼운 벌금 3원을 언도받았다.

14) 김○○ 판결문(1911.03.29. 大邱地方裁判所)

이 판결문은 1911년 3월 29일 대구지방재판소에서 작성된 김○○의 도량형법 위반사건에 관한 것으로 그 내용은 다음과 같다. 경상북도 금산군 위량면 군명동 거주 김○○(22세, 털류상)에 대해 모리시마(森島彌四郞), 야마우치(山內銀次郞), 홍순용(洪淳瑢) 등 3명의 판사가 벌금 10원에 처하는 판결을 내렸다.

피고는 1911년 3월 15일 경상북도 금산군 김천시장에서 말털을 판매하면서 구한국정부의 증인(證印)도 없고 일본정부의 검정 증인도 없는 저울을 사용하였다.

위의 사실은 체포고발조서, 피고에 대한 헌병조장 사이타(齋田與四郞)[10]의 신문조서, 압수한 저울에 의해 이를 인정함.

법에 비춰볼 때 피고의 소위는 도량형법 제6조 제1호의 규정에 위배되며 동법 제8조 제2호에 의해 처단할 것인바 주문과 같이 판결함.

검사 안도오(安藤薰)가 본건 심리에 간여하였다.

해 제

이 문서는 국가기록원에 소장되어 있는 판결문인데 문서번호 CJA0001168-0032로 김○○의 도량형법 위반사건에 대한 판결문이다. 이 사건은 말

---

[10] 앞의 "9) 1910년 형 제115호(明治43年刑第115号, 金泉区裁判所)"에서는 齋田與四太郞로 되어 있다.

털을 사고파는 일을 하는 피고 김○○이 김천시장에서 말털을 팔면서 검인 없는 저울을 쓰다가 적발되어 체포된 사례이다.

15) 정○○ 판결문(1911.06.19. 京城控訴院)

이 판결문은 1911년 6월 19일 '경성'공소원에서 작성된 정○○의 도량형법 위반사건에 관한 2심 판결문으로 그 내용은 다음과 같다. 경성 남부 한강방 28통 3호 거주 정○○(39세, 상업)에 대해 1911년 5월 16일 공주지방재판소 청주지부에서 언도된 유죄판결에 대해 동 지부 검사가 공소를 제기한 데 대해 '경성'공소원 스쿠스노키(楠常藏), 신재영(申載永), 카와무라(河村尙德) 등 3인의 판사가 이를 기각하는 판결을 내렸다.

그 이유를 보면, 피고는 소금장수로서 충청북도 충주군 살미면(乷味面) 창동(倉洞)에서 행상 중 1911년 5월 7일 오전 9시경 그곳 김계삼(金桂三)의 집 앞길에서 같은 군 남변면(南邊面) 달천리 김일수(金日壽)에게 소금 1섬을 팔 때 그곳 노선달(魯先達)이 소유하고 있던, 정부 증인이 없는 구한국 5되짜리 말을 사정을 말하고 그로부터 빌려 이를 양기(量器)로 사용하였다.

이 사실은 헌병의 체포절차서, 육군 헌병 오장의 피고 신문조서, 김계삼, 김일수의 각각의 청취서, 검사의 피고 신문조서, 원심 공판시말서, 본 법정에서의 피고의 공술에 따라 증빙이 충분함.

법에 비춰볼 때 피고의 소위는 도량형법 제8조 제2호, 제6조 제1호에 의해 벌금형을 선택하여 피고를 벌금 10원에 처하고 또 본건의 말은 범죄를 조성한 물건으로서 범죄에 관련된 것이 분명하나 법령을 위배하여 제조 또는 변조한 것이 아닐뿐더러 법령을 위배하여 소지한 것도 아니고 단지 다른 사람이 소유하고 있는 것을 빌려서 법령을 위배하여 이를 사용한 것에 불과하므로 소지해서는 안 될 물건(應禁物)이라 할 수 없어 본건 말은 몰수하지 않는다.

위와 같은 이유를 근거로 같은 처단을 한 원판결은 상당하여 검사의 공소는 이유 없으므로 민형소송규칙 제33조에 의거 주문과 같이 판결함.

이 판결에는 조선총독부 검사 후카사와(深澤新一郞)[11]가 간여하였다.

해제

이 문서는 국가기록원에 소장되어 있는 판결문인데 문서번호 CJA0000249-0014로 경성 남부 한강방 28통 3호에 주소를 두고 있는 정○○(39세, 상업)가 충청북도 청주군 사미면 창동에서 행상 중 김계삼의 집앞에서 인근 남변면 달천리 사는 김일수에게 소금 1섬을 팔다가 불법 말을 사용한 혐의로 재판을 받은 건의 복심 판결문이다. 1심 판결문은 남아있지 않으나 이 복심 판결문에 의하면 1911년 5월 16일 공주지방재판소 청주지부에서의 1심에서 유죄판결을 받았는데 이 판결에 대해 청주지부 검사가 공소를 제기함으로써 1911년 6월 19일 '경성'공소원에서 후카사와 검사 간여하에 쿠스노키(楠常藏), 신재영(申載永), 카와무라(河村尙德) 등 3인의 판사가 이를 심리하여 공소를 기각하는 판결을 내린 것이다.

1심 판결문이 없어서 원심의 판결 내용을 직접 알 수 없으나 공소원 판결 이유 중에 언급된 것으로 보면 벌금 10원에 처하고 압수당한 도량형기는 원소유자에게 되돌려 주도록 하였다.

피고 정○○는 주소지가 경성으로 되어 있는 소금장수이다. 그의 영업규모가 얼마나 큰지 알 수 있는 자료는 없다. 하지만 그가 불법 양기

---

[11] 후카사와 신이치로오(深沢新一郞). 여기서는 검사로 등장하나 1932년(1월 30일)부터 1934년(9월 1일)까지 조선 고등법원장을 역임하였다.

사용으로 입건된 것이 청주군 살미면 창동인데 이곳은 한강이나 낙동강처럼 하운을 이용한 비교적 규모가 큰 소금배가 다닐 수 있는 곳이 아니어서 우선 거래규모가 큰 상인으로 보기 어려운 면이 있다. 소금이라고 하는 상품이 대단히 무거운 것이어서 운송이 쉽지 않은데 당시 운송수단으로서는 배가 아니면 소나 말을 이용한 달구지가 그나마 어느 정도의 소금을 옮길 수 있었고 보부상들이 주로 이용하던 지게로는 많아야 불과 몇 가마 정도를 옮길 수 있는 게 고작이었다. 소나 말의 등에 직접 싣는 경우는 달구지에 비할 수는 없으나 사람이 지게로 지는 것보다는 더 많은 양의 운반이 가능하였다. 소금배의 경우 큰 것은 1천 가마 정도를 실을 수 있는 것도 없었던 것은 아니나 소금은 하류에서 상류로 싣고 올라가야 하는 상품이므로 배를 움직이는 동력도 바람이 때맞춰 잘 불어줄 때는 그나마 약간의 도움을 받을 수 있겠지만 기본적으로는 사람의 힘으로 강물을 거슬러 올라가야 하는 것이어서 물살이 지극히 완만한 조건이 아니면 운행이 불가능하였다. 피고가 입건될 때의 지역 조건과 거래량(소금 1섬)을 아울러 생각하면 운송수단은 달구지였거나 그도 아니면 소를 여러 마리 몰고 다니는 정도였을 것으로 추정할 수 있을 것 같으나 불법 사용으로 문제가 되었던 양기조차 현지의 다른 사람에게서 빌렸던 점으로 미루어보면 영세규모를 넘어선 것으로 보기에는 한계가 있다 할 것이다.

  아무튼 피고 정○○는 그 운반수단이 무엇이었든지 간에 소금을 가지고 다니는 행상이었던 것으로 추정할 수 있는데 남에게서 빌린 양기로 소금을 팔다가 적발되어 벌금형(10원)을 받은 데 대해 해당 검사가 공소하였고 복심에서 이것이 기각되었다. 판결문에는 청주지부 검사가 공소한 이유에 대한 구체적인 언급이 없으나 통상 검사가 항소하는 것은 형량이 지나치게 가볍다는 취지일 것임을 감안하면 이를 기각한 복심법원의 판결은 현장에서 남의 양기를 빌린 영세상이었던 점이 고려된 것으로 보아도 좋을 듯하다.

16) 홍○○ 판결문
(1911년 형 제42호, 明治44年刑第42号, 鴻山区裁判所)

이 판결문은 1911년 6월 27일 홍산구(鴻山區)재판소에서 작성된 홍○○의 도량형법 위반사건에 관한 것으로 그 내용은 다음과 같다. 충청남도 석성군 병촌면 대중리 거주 홍○○(57세, 농업, 면장)에 대해 타카다(高田慶次朗) 판사가 벌금 5원에 처하는 판결을 내렸다. 압수한 권형(權衡)은 이를 몰수함.

피고는 1911년 5월 26일 오전 10시 충청남도 도산군 상동면 삼천리 이장 서무선(徐武善)의 집 앞에서 한국정부의 증인 또는 일본국 관청의 검정증인이 없는 25관짜리 도량형기로 미곡 47섬을 운반할 때 운반자에게 그 중량을 증명하기 위해 이를 사용하였다.

이상의 범죄 사실은 순사의 피고 신문조서, 본 법정에서의 피고의 공술 및 압수한 형기에 의해 증빙이 충분함.

법에 비춰볼 때 도량형법 제1조, 동 제6조 제1호, 제8조를 적용하여 처단할 것인바 주문과 같이 판결함.

이 판결에는 검사 직무취급 조선총독부 경부 마츠모토(松本重寿)가 간여하였다.

해 제

이 문서는 국가기록원에 소장되어 있는 판결문인데 문서번호 CJA0001084-0006으로 홍○○의 도량형법 위반사건에 대한 판결문이다.

이 사건의 피고 홍○○은 충남 석성군 병촌면 대중리에 거주하는 농민인 동시에 면장이었다. 그가 자신이 거주하는 지역의 면장이었는지는 알 수 없지만 홍산구재판소가 있던 홍산군이나 석성군은 다 지금의 부여군 지역이다. 지금의 부여읍을 중심으로 보면 홍산군은 서쪽이고 그의 거주지인 석성군은 동쪽이다. 석성군은 지금의 부여군 석성면과 논산시 성동면 지역을 포괄하는 지역이었고 병촌면이 있던 지역을 짐작할 수 있는 지명은 논산시 성동면 병촌리이다. 그리고 그가 쌀을 거래하다가 불법 도량형기 사용으로 적발된 곳은 도산군 상동면이다. 도산군은 그 흔적을 찾기가 쉽지 않은데 지금의 벌곡면이 도산군에 속해 있었던 것만 확인된다. 요컨대 도산군은 지금의 논산시에서도 동쪽에 있는 지역으로 당시로서는 꽤 멀리 떨어진 곳이라 할 수 있다. 참고를 위해 그의 거주지로 추정되는 병촌리에서 벌곡면사무소까지의 직선거리를 재어 보니 22km(55리) 남짓하고 걸어서 5시간 반이 걸리는 것으로 나온다. 당시 들판이나 산길을 따라 꼬불꼬불한 길을 걸었다면 7, 8시간은 족히 걸릴 거리이다.

그리고 불법 도량형기 사용으로 적발될 때의 상황을 보면 미곡 47섬을 운반하기 위해 누군가에게 이를 부탁하였고 그 운반량을 측정하기 위해 불법 도량형기를 사용한 것이다. 이 미곡 47섬이 매매에 의한 것인지 아니면 홍○○이 그 지역에 논을 가진 지주여서 소작미를 받은 것인지 따위의 여부를 알 수 있는 근거는 없다.

또 불법사용으로 적발된 도량형기가 어떤 것인지에 대해서도 언급이 없으나 25관짜리라고 하는 것으로 보아 당시 쌀가마 따위의 무게를 달던 대형 대저울일 가능성이 크다. 이것도 최종적으로 몰수 처분을 받은 것으로 보아 홍○○ 본인 소유였다고 해도 좋을 것이다.

한 가지 더 추정을 보탠다면, 적발된 장소가 도산군 상동면 삼천리 이장 서무선의 집 앞이었다고 하는데 이것이 홍○○이 옮기려고 하던 미곡을 서무선이 보관하고 있었다는 의미는 아닐까? 만약 그렇다면 홍○○이 이 마을에 거주하는 것은 아니라는 의미에서 부재지주에 해당하고 서무선은 그의 논을 소작하거나 마름 역할을 맡은 관계였을 가능성이 있다.

아무튼, 홍○○이 옮기려던 쌀이 매매에 의한 것이든 아니면 자신의 소작미를 옮기려 한 것이든 그 양이 제법 많고 나락을 다는 대형 대저울을 소유하고 있었던 점, 그리고 그가 인근 지역 면장이기도 하였던 것으로 보아 어느 정도는 해당 지역에서 영향력을 행사하던 유지였을 것으로 추정되는데 당시 비교적 규모가 큰 농가나 지주가 오래 전부터 사용해왔던 대저울을 이유로 기소되어 재판까지 받게 한 것으로 보면 당시 조선총독부의 불법 도량형기 사용을 어느 정도 강하게 단속하였는지 짐작할 수 있다 할 것이다.

한편, 피고 홍○○이 이상에서 추정한 바와 같이 만약 지주였다면 그가 옮기려던 미곡은 쌀값이 비싼 이른바 춘궁기에 이를 출하하기 위한 것일 가능성이 크다. 때가 5월 26이니 춘궁기가 가장 심한 시기였다. 만약 그렇다고 한다면 곡가가 비싼 때를 기다려 그간 보관했던 미곡을 모두 매각하는 것이 보통이다. 그렇다면 홍○○이 이날 옮기려던 미곡의 양으로 보아 설령 그가 지주였다고 하더라도 소유규모가 큰 지주는 아니었을 것으로 추정할 만하다.

또 여기서 옮기려던 것이 그냥 미곡이라고만 표기되어 있어서 그것이 도정한 쌀인지 아니면 나락 상태였는지도 분명하지 않다. 일제하 1930년대에 오면 산미증식계획 등 일본의 조선에 대한 식량공급기지화 정책의 진전으로 대부분의 미곡이 나락인 채로 군산이나 목포 등지로 운송되어 대형 정미공장에서 도정하여 일본으로 이출되었던 것이나 이 때는 아직 1910년대 초였으므로 홍○○이 옮기려던 미곡이 일본으로 이출될 것이었을 가능성은 크지 않았을 것이고 아직 원동기 형태의 도정기조차 보급되기 이전이었을 것이므로 나락의 상태로 판매될 가능성이 크다 할 것이다.

17) 성○○ 판결문(1911.06.28. 京城地方裁判所)

이 판결문은 1911년 6월 28일 '경성'지방재판소에서 작성된 성○○의 도량형법 위반사건에 관한 것으로 그 내용은 다음과 같다. 경성부 두모면 수철리 거주 성○○(62세, 솥장사)에 대해 호리에(堀江幸市), 하라(原正鼎),[12] 정구창(鄭求昌) 등 3인의 판사가 징역 1개월에 처하는 판결을 내렸다. 압수한 도량형기는 몰수함.

피고는 수십 년간 철물업을 영위해온 자로서 당시 경성 및 광주군 지방에서 도량형법이 실시되고 있음을 알면서도 1911년 5월 18일경 광주군 중대면 송파진시장에서 관청의 증인(證印)이 없는 자기소유의 사제 도량형기(領 제1호)로 영업을 하였다.

위의 사실은 위에서 말한 날짜와 장소에서 전기한 도량형기를 가지고 영업을 했다는 취지의 피고 공술, 검사가 작성한 피고 신문조서, 광주군 지방에서 1911년 4월부터 도량형법이 실시되고 있어도 자신은 돈이 없어 관제 도량형을 살 수 없었다는 취지의 피고 공술의 기재 및 압수된 증거물에 의해 이를 증빙하기에 충분하다.

피고의 소위는 1910년 8월 제령 제1호 도량형법 제6조 제1호, 제8조 제2호, 제10조, 1911년 3월 조선총독부령 제23호, 1909년 9월 통감부령 제23호 제1조, 제2조에 해당되어 법정형 중 징역형을 선택하여 처단하기로 하고 압수한 도량형기는 범죄와 관련된 물건이므로 형법 제8조, 제19조 제1호에 따라 처분하는 것으로 하고 주문과 같이 판결함.

---

[12] 하라(原正鼎) 판사는 1939년(4월 17일)부터 1943년(1월 28일)까지 조선총독부 고등법원장을 역임하였다.

해 제

　이 문서는 국가기록원에 소장되어 있는 판결문으로 문서번호 CJA0000088의 총 918쪽 중 888~890쪽에 수록되어 있다.
　이 사건은 경성부 두모면 수철리에서 수십 년 동안 철물상을 하고 있는 62세의 성○○이 1911년 1월 18일 경기도 광주군 송파진시장에서 관의 소인이 없는 이른바 '불법 사제' 도량형기를 사용하여 장사를 하다가 걸린 사례이다. 어떤 형태의 도량형기를 사용하여 어떤 물건을 매매하다가 걸린 것인지 범죄행위의 구체적인 기술이 없어서 자세히 알 수는 없으나 철물상이어서 불법 도량형기를 제작해주다가 걸린 것으로 생각할 여지가 없는 것은 아니나 적어도 판결문의 표현으로 보아서는 제작을 한 것이 아니라 자신이 소유하고 있던 도량형기로 영업을 하였고 그 도량형기는 증거물로 압수되었다고 하므로 이는 해당 도량형기를 이용하여 무언가의 상품을 팔았던 것으로 보는 것이 더 실태에 가까워 보인다.
　다시 말하면 이 경우도 영세상인이 시장에서 장사를 하는 데 '불법' 도량형기를 사용하였던 예에 속한다고 보아야 할 것이다.

18) 이○○ 판결문(1911.06.28. 京城地方裁判所)

 이 판결문은 1911년 6월 28일 '경성'지방재판소에서 작성된 이○○의 도량형법 위반사건에 관한 것으로 그 내용은 다음과 같다. 경기도 경성부 두모면 수철리 거주 이○○(40세, 철물상)에 대해 호리에(堀江幸市), 하라(原正鼎), 정구창(鄭求昌) 등 3인의 판사가 징역 1개월에 처하는 판결을 내렸다. 압수한 도량형기 2개는 몰수함.
 피고는 십몇 년간 철물상을 영위해오고 있는 자로서 당시 경성부 및 광주군 지방에서 도량형법이 실시되고 있음을 알면서도 1911년 5월 18일 관청의 증인이 없는 피소 소유의 사제 도량형기를 사용하여 광주군 중대면 송파진시장에서 영업을 하였다.
 위의 사실은 앞에서 말한 날짜, 장소에서 전기의 도량형기를 사용하여 영업을 하였다는 피고의 공술, 검사가 작성한 피고 신문조서, 광주지방에서 1911년 4월 1일부터 도량형법이 실시되고 있음을 피고가 알고 있었다는 피고의 공술 기재, 압수한 증거물 등에 의해 인정됨.
 법률에 비춰볼 때 피고의 소위는 1910년 8월 제령 제1호 도량형법 제6조 제1호, 제8조 제2호, 제10조, 1911년 3월 조선총독부령 제23호, 1909년 9월 통감부령 제23호 제1조, 제2조에 해당되어 법정형 중 징역형을 선택하여 처단하기로 하고 압수한 도량형기는 범죄와 관련된 물건이므로 형법 제8조, 제19조 제1호에 따라 처분하는 것으로 하고 주문과 같이 판결함.

해 제

이 문서는 국가기록원에 소장되어 있는 판결문으로 문서번호 CJA0000088의 총 918쪽 중 891~893쪽에 수록되어 있다. 이 사건은 십몇 년 동안 철물상을 해오고 있는 경기도 경성부 두모면 수철리에 거주 이○○가 광주군 중대면 송파진시장에서 관인이 없는 도량형기로 영업을 하다가 적발된 사례로 앞의 성○○ 사건과 매우 유사하다. 적발된 날과 장소도, 경성지방재판소에서 판결을 받은 날짜도 같다.

이 사건 역시 성○○ 사건과 마찬가지로 어떤 불법 도량형기로 어떤 물건을 사거나 팔았는지는 알 수 없다. 같은 송파진시장에서 철물상이라고 하는 같은 내용의 장사를 하는 영세상인이 관제 도량형기를 사용하지 않았다는 죄목으로 재판을 받은 것이다.

19) 이◇◇ 판결문(1911.06.28. 大邱地方裁判所)

이 판결문은 1911년 6월 28일 대구지방재판소에서 작성된 이◇◇의 도량형법 위반사건에 관한 것으로 그 내용은 다음과 같다. 경상북도 개녕군 부곡면 구교동 거주 이◇◇(44세, 농업, 구명 李◎◎)에 대해 모리시마(森島彌四郞), 야마우치(山內銀次郞), 홍순용(洪淳瑢) 등 3인의 판사가 징역 2개월에 처하는 판결을 내렸다. 압수한 200돈짜리 대저울 1개는 이를 관에 몰수함.

피고는 1911년 음력 2월 중에 사용할 목적으로 경상북도 개녕군 부곡면 구교동 자택에서 골재(骨材) 200돈짜리 대저울 1개에 부속된 추에 연철을 붙여 무게를 변조하였다.

위의 사실은 선산경찰서에서 조선총독부 경부 고바야시(小林增太郞)가 작성한 체포고발조서 및 피고 신문조서, 대구지방재판소 검사국에서 조선총독부 재판소 서기 테라다(寺田克己)가 작성한 보고서, 검사가 작성한 피고 신문조서, 본 법정에서의 피고 공술 등에 의해 이를 인정함.

이를 법률에 비춰볼 때 피고의 소위는 도량형법 제8조 제4호에 의해 징역 2개월에 처하고 압수한 200돈짜리 대저울 1개는 소지금지물이므로 형법대전 제118조에 의해 처분하도록 하고 주문과 같이 판결함.

조선총독부 검사 김상섭(金商燮)이 본건에 간여함.

해 제

이 문서는 국가기록원에 소장되어 있는 판결문으로 문서번호 CJA0001171-

0047인데 이◇◇의 도량형법 위반사건에 대해 김상섭 검사 간여하에 모리시마(森島彌四郎), 야마우치(山內銀次郞), 홍순용(洪淳瑢) 등 3명의 판사가 징역 2개월이라는 비교적 무거운 판결을 내렸다. 직업이 농업인 이◇◇이 200돈짜리 대저울 추에다가 연철을 붙여서 추의 무게를 늘이는 도량형기 변조의 범죄를 저질렀다는 것이다. 따라서 적용법도 도량형법 제8조 제4호의 '도량형기를 변조한 자'이다. 하지만 농업이 직업인 피고가 이 저울을 어떤 용도로 쓰려고 했는지는 언급이 없으므로 이 판결문만으로는 알 수 없다. 뿐만 아니라 농업을 주업으로 하는 것으로 되어 있는 피고의 농업경영 규모도 농업 경영형태도 알 수 없다. 단지 무엇에 쓸 계획이었는지는 알 수 없지만 대저울을 변조하여 계속해서 이를 사용할 의사를 가지고 있었던 점을 중시하고 그에 대해 비교적 무거운 판결을 내렸다는 점만 확인할 수 있을 뿐이다.

20) 권○○ 판결문(1911.08.04. 大邱地方裁判所)

이 판결문은 1911년 8월 4일 대구지방재판소에서 작성된 권○○의 도량형법 위반사건에 관한 것으로 그 내용은 다음과 같다. 경상북도 의성군 북부면 후죽동(帿竹洞) 거주 권○○(36세, 명주실장수)에 대해 모리시마(森島彌四郞), 야마우치(山內銀次郞), 니시야마(西山久二郞) 등 3명의 판사가 벌금 5원에 처하는 판결을 내렸다. 압수된 저울은 이를 관에 몰수함.

피고는 1911년 6월 27일 경상북도 의성군 읍내시장에서 200돈짜리 저울추의 끈을 니켈 사슬로 변조하였다.

이상의 사실은 피고의 본 법정에서의 공술, 피고에 대한 검사의 신문조서 및 순사의 보고서에 의해 이를 인정함.

이를 법률에 비춰보면, 피고의 소위는 도량형법 제8조 제4호에 해당하므로 거기에 정해진 형 중 주문의 벌금형에 처하기에 상당하다고 인정되고 압수한 물건은 소지금지물에 해당하므로 형법대전 제118조에 따라 처분하도록 하고 주문과 같이 판결함.

조선총독부 검사 스기무라(杉村逸樓)가 본건 심리에 간여하였다.

해 제

이 문서는 국가기록원에 소장되어 있는 판결문으로 문서번호는 CJA0001169-0023이며 권○○의 도량형법 위반사건에 관한 것이다. 본 판결문에서는 압수된 도량형기에 대해, 200돈짜리 저울추의 끈을 통상보다 무게가 더 나가는 것으로 추정되는 니켈이라는 금속으로 된 사슬로 변조하였다고 소상하게 기술하고 있다. 이 기술로 보면 피고인 권○○의 범죄 사실은 단지 저울을 변조한 것만이라고 해야겠지만 그의 직업이 명주실 장수이니 그렇게 변조한 저울을 사용하여 명주실을 매매하려 했을 수도 있을 텐데 그 점은 이 판결문만으로는 알 수 없는 일이다. 또 거래를 시도하거나 또는 거래 중이었는지의 여부에 대한 언급이 없다는 것은 권○○의 명주실 장수로서의 영업의 규모나 성격 등을 추정할 수 있는 여지도 없음을 의미한다. 그래도 저울을 몰수한 것으로 보아 저울은 피고인 소유였음을 알 수 있지만 그것으로 그의 영업규모를 짐작하기는 어렵다. 왜냐하면 200돈짜리 저울이라는 것이 겨우 750그램을 달 수 있는 작은 대저울에 불과하기 때문이다.

도량형법 제8조가 정하고 있는 처벌 내용을 보면 부정한 도량형기를 사용한 것이나 도량형기를 변조한 것에 형량의 차이를 두고 있지는 않다. 그에게 적용된 법률이 이 제8조 제4항, 즉 '도량형기를 변조한 자'이고 그에 따라 내린 처분이 벌금 5원이라고 하는 비교적 가벼운 형이었던 점으로 미루어보아 그의 범죄는 영세 명주실 장수가 자신이 가지고 있던 대저울의 끈을 조금 더 무게가 나가는 니켈 사슬로 바꾼 단순범죄로 보았던 것이라 할 것이다.

한편 피고 권○○이 소지하고 있던 저울이 원문에는 '200目' 저울이라고 표기되어 있는데 이는 직역하면 '200돈짜리 저울'이 된다. 여기서 말하는 '돈'은 일본에서 사용되던'匁'('몬메'라고 읽음)라는 단위가 1909년 일본식 도량형법 시행과 더불어 '貫'과 함께 들어온 척관법(尺貫法) 상의 질량의 단위로 3.75그램에 해당한다. 10돈이 1냥(兩원), 160돈이 1근(斤)이고 1,000돈이 1관(貫)이다.13) 원래는 '錢'이었고 지금도 중국어권에서는 이를 사용하고 있는데 '匁'이라는 글자는 '錢'의 이체자이다. 일본에서는 이 두 글자가 병용되다가 메이지시기에 들어와서 보조화폐의 단위로 '錢'을 사용하게 되면서 질량의 단위로서는 '匁'을 공식적으로 채용하게 되었다고 한다.

---

13) 여기서 말하는 도량형법은 1909년 법률 제26호 제정된 것인데 그 부칙 제12조에서도 '종래 관행적으로 사용했던 衡의 명칭 중 錢과 兩은 다음과 같은 의미로 당분간 이를 사용할 수 있다. 錢=1匁, 兩=10匁'라고 규정하고 있다.

21) 최○○ 판결문(1911.08.04. 大邱地方裁判所)

이 판결문은 1911년 8월 4일 대구지방재판소에서 작성된 최○○의 도량형법 위반사건에 관한 것으로 그 내용은 다음과 같다. 경상북도 의성군 남부면 도북동 거주 최○○(41세, 명주실장수)에 대해 모리시마(森島彌四郎), 야마우치(山內銀次郎), 니시야마(西山久二郎) 등 3명의 판사가 벌금 15원에 처하는 판결을 내렸다. 압수된 저울은 이를 관에 몰수함.

피고는 1911년 7월 2일 경상북도 의성군 읍내시장에서 200돈짜리 저울추의 끈을 놋쇠 사슬로 연결함으로써 이를 변조하였다.

이상의 사실은 피고의 본 법정에서의 공술, 순사의 보고서 및 피고에 대한 경부대리의 신문조서에 의해 이를 인정함.

이를 법률에 비춰보면, 피고의 소위는 도량형법 제8조 제4호에 해당하므로 거기에 정해진 형 중 주문의 벌금형에 처하기에 상당하다고 인정되고 압수한 물건은 소지금지물에 해당하므로 형법대전 제118조에 따라 처분하도록 하고 주문과 같이 판결함.

조선총독부 검사 안도오(安藤薰)가 본건에 간여하였다.

해 제

이 문서는 국가기록원에 소장되어 있는 판결문으로 문서번호는 CJA0001169-0024이며 최○○의 도량형법 위반사건에 관한 것이다. 이 사건은 앞의 권○○ 사건과 거의 똑 같다. 판결 이유 중 압수된 도량형기에 대한 설명이 약간 다를 뿐이다. 즉 권○○ 사건의 경우는 200돈짜리 저울추의 끈을 니켈 사슬로 변조하였다고 한 데 비해 이 사건은 같은 200돈짜리 저울추의 끈을 놋쇠 사슬로 이어서 변조했다고 한 부분만 다르다. 담당한 판사 3인도 같다. 굳이 앞의 사건과 다른 점을 덧붙인다면 신문조서를 작성한 자(다시 말하면 피고인 신문을 맡은 사람)와 담당 검사가 다르다. 전자는 검사의 신문조서로 되어 있음에 반해 후자는 경부대리의 신문조서로 되어 있는 것이다. 담당 검사는 전자가 스기무라(杉村逸樓)인 데 반해 후자는 안도오(安藤薰)이다. 이것만으로 스기무라 검사는 직접 피고인 신문을 했는데 안도오 검사는 경부대리를 시켜서 했다고 단정하기는 힘들다. 문제는 판결 내용에 보기에 따라서는 제법 크다 할 만한 차이가 생긴 것이다. 전자는 벌금 5원이었는데 후자는 벌금 15원이었다. 위에서 든 몇 가지 차이가 판결 결과에 어떤 영향을 미쳤는지도 분석해내기 힘들다.

앞의 사건에서 추정해본 것들을 전제로 생각하면 이 두 피고인은 같은 지역에서 같은 명주실 장수를 하고 있었고 200돈짜리, 다시 말해 750그램을 달 수 있는 작은 대저울에 걸 추의 끈을 한 사람은 니켈로 변조하고 또 한 사람은 놋쇠로 변조한 죄로 한 사람은 5원의 벌금형을 받았고 또 한 사람은 15원의 벌금형을 받았다. 담당 판사도 똑같은 세 사람이 맡았다. 단지 다른 것은 사는 마을이 다르고 담당한 검사가 다를 뿐이다. 왜 이런 다른 판결이 나왔을까?

대답은 현재로서는 모른다. 관련 자료가 좀 더 발굴된다면 혹시 밝혀질 수 있을지도 모른다. 식민지 민중의 억울함이 이런 데서도 존재하고 있는지도 모른다.

22) 권○○ 판결문(1911.08.21. 大邱地方裁判所)

 이 판결문은 1911년 8월 21일 대구지방재판소에서 작성된 권○○의 도량형법 위반사건에 관한 것으로 그 내용은 다음과 같다. 경상북도 안동군 부내면 삼우정동 거주 권○○(37세, 포목상)에 대해 고미(五味逸平), 타치카와(立川二郞), 홍순용(洪淳瑢) 등 3명의 판사가 벌금 5원에 처하는 판결을 내렸다. 압수된 도기(度器, 자)는 관에 몰수함.
 피고는 1911년 1월경부터 같은 해 6월 27일 사이에 계속의 의사를 가지고 관청의 검정 증인(證印)이 없고 또 구한국 정부의 증인도 없는 도기를 경상북도 안동군 부내면 삼우정동 자기 집에서 그의 영업인 포목 판매용으로 사용하였다.
 이상의 사실은 본 법정에서의 피고의 공술, 경부대리 후쿠다(福田千代吉)의 피고에 대한 신문조서, 경부 정필화의 보고서 및 압수한 도기에 의해 그 증빙이 충분하고, 구 융희 3(1909)년 법률 제26호 도량형법 제6조 제1호에 위배되어 동법 제8조에 해당하는 범죄가 되므로 같은 조에 의거하고 압수한 도기에 관해서는 위의 범죄와 관련된 물건이고 피고 소유의 것이므로 형법대전 제118조에 따라 주문과 같이 판결함.
 조선총독부 검사 안도오(安藤薰)가 본건 심리에 간여하였다.

해 제

 이 문서는 국가기록원에 소장되어 있는 판결문으로 문서번호는 CJA0001169-0033이며 권○○의 도량형법 위반사건에 관한 것이다. 이 사건은 포목상인 권○○이 구한국 정부의 증인(證印)이나 일본 정부의 검정 증인이 없는 자를 이용하여 계속의 의사를 가지고 포목을 팔다가 적발된 것이다. 그런 의미에서는 상습적인 불법행위에 해당한다는 것인데 판결처분은 비교적 가벼운 벌금 5원이었다.

23) 이○○ 판결문
(1911년 형공 제83호, 明治44年刑公第83号, 光州地方裁判所)

이 판결문은 1911년 9월 27일 광주지방재판소 전주지부에서 작성한 이○○의 도량형법 위반사건에 관한 것으로 그 내용은 다음과 같다. 전라북도 김제군 대촌면 연동리 거주 이○○(34세, 말총장수)에 대해 조선총독부 검사 무라카미(村上淸) 입회, 심리하에 마에다(前田'言兆), 아오(靑 篤世), 하타(畑義三) 등 3명의 판사가 벌금 3원에 처하는 판결을 내렸다. 압수된 형기(衡器: 추를 포함한 저울)는 이를 관에 몰수함.

피고는 영업에 사용하기 위해 미리부터 적법한 200돈짜리 저울 1개를 소유하고 있었는데 1911년 음력 6월 15일 그 저울에 딸려 있는 추를 잃어버리자 자기 집에 있던 이미 사용할 수 없게 된 조선제 추에다가 동전과 엽전을 붙여서 5푼의 차이가 나는 것을 만들어 이를 대용할 목적으로 제멋대로 그 저울을 수리하였다.

이상의 사실은 본 법정에서의 피고의 공술, 검사 및 헌병 군조(軍曹)의 피고에 대한 각 신문조서, 그리고 압수한 형기로 그 증빙이 충분함.

이를 법률에 비춰보면 피고의 소위는 하고, 융희 3(1909)년 9월 법률 제26호 도량형법 제4조에 위배되어 제8조 제1호에 의거하여 처벌할 것인바 같은 조에 정해진 징역 및 벌금형의 범위 안에서 피고를 벌금 3원에 처하고 압수한 형기는 범죄행위를 조성한 피고 소유의 물건이므로 형법대전 제118조에 의해 이를 몰수하는 것으로 하고 주문과 같이 판결함.

해 제

이 문서는 국가기록원에 소장되어 있는 판결문으로 문서번호는 CJA0001715-0072이며 이○○의 도량형법 위반사건에 관해 판결한 것이다. 이 사건은 말총장수인 이○○이 말총 매매에 필요한 200돈짜리 대저울을, 도량형법 실시에 따라 적법한 것으로 구입해 사용하고 있었는데 어느 날 그 저울에 부속된 추를 잃어버리자 이전에 사용하던, 도량형법 실시로 사용할 수 없게 된 추를 꺼내어 여기에다 동전이니 엽전 같은 것들을 덧붙여서 잃어버린 추 대신 사용하다가 적발된 사례이다.

피고 이○○의 거래규모나 재정 상황 등을 짐작할만한 자료가 전무하므로 가늠할 길이 없지만 일반적으로 말총장수라고 하는 것이 장돌뱅이처럼 여기저기 돌아다니며 말총을 사다가 갓이나 망건, 아니면 체 같은 것을 만드는 사람에게 파는 매우 영세한 상인이 보통이다. 따라서 일단 적법한 저울을 매입하여 사용하다가 추를 잃어버리자 다시 사기가 아까웠던 가난한 장돌뱅이의 처지에서 비스하게 생긴 이전 추를 변조하여 사용하려 했던 정황은 충분히 짐작할만하다 할 것이다.

말총장수를 하고 있었으므로 그의 부정한 도량형기 사용이 상습적이었다고 판단할 수 있을 것임에도 불구하고 판결처분이 비교적 가벼운 벌금 3원이었던 것은 그런 정황을 참작하였기 때문이 아닐까 싶다.

24) 박○○ 판결문(1911.10.06. 大邱地方裁判所)

이 판결문은 1911년 10월 6일 대구지방재판소에서 작성된 박○○의 도량형법 위반사건에 관한 것으로 그 내용은 다음과 같다. 경상북도 경주군 현곡면 웅암리 거주 박○○(53세, 광산업)에 대해 모리시마(森島彌四郎), 야마우치(山內銀次郎), 홍순용(洪淳瑢) 등 3명의 판사가 벌금 10원에 처하는 판결을 내렸다. 압수된 형기 2개는 모두 관에 몰수함.

피고는 경상북도 대구부 남산리 서상돈이 소유하는 경북 경주군 현곡면 웅암리 금광사무소에 고용되어 있으면서 1911년 음력 6월 20일경 계속할 범의를 가지고 그 사무소 안에서 제멋대로 200돈짜리 형기 2개를, 접시의 꼭지에 붙어있는 갈고리를 떼어내어 변조해 사용하였다.

위의 사실은 경주경찰서에서 경부대리순사 스즈키(鈴木鶴次郎)가 작성한 피고에 대한 심문조서, 본 법정에서의 피고의 공술 및 압수한 형기 2개로 이를 인정함.

법률에 비춰볼 때 피고의 소위는 도량형법 제8조 제4호에 의해 벌금형에 처하고 압수한 형기 2개는 다 소지금지품에 해당하므로 형법대전 제118조에 따라 처분하도록 하여 주문과 같이 판결함.

조선총독부 검사 스기무라(杉村逸樓)가 본건 심리에 간여하였다.

해 제

이 문서는 국가기록원에 소장되어 있는 판결문으로 문서번호는 CJA0001172-0034이며 박○○의 도량형법 위반사건에 관해 판결한 것이다. 이 사건은 대구 거주 서상돈이 소유하는 경북 경주군 현곡면 웅암리 금광사무소에 고용된 직원인 박○○이 저울을 변조하여 계속해서 사용하다가 적발된 사례이다.

형기(衡器)란 무게를 다는 도량형기를 말하고 금광이므로 생산한 금을 계량하여 팔기 위해 사용하는 것이므로 가능한 한 금을 실제보다 적게 달 수 있도록 변조하려 하였을 것이다. 이 판결문의 표현으로 보면 저울 접시에 달린 갈고리를 떼어내어 변조하였다고 하는데 이는 금을 담을 접시 쪽의 무게를 더 무겁게 해야 거기에 담을 금의 양을 줄일 수 있는 것이므로 갈고리를 떼어내고 보다 무거운 것을 붙이든지 달았다는 것이 될 것이다.

거래 품목이 금이라고 하는, 부피에 비해 매우 고가의 것이라는 점, 그리고 상습적으로 속여 팔기 위해 적극적으로 변조하였던 점, 저울도 2개였던 점 등으로 미루어 보아 벌금 10원 형을 선고한 것은 다른 사건과 비교할 때 보다 상대적으로 가벼운 판결인 것 같다는 느낌이 없지 않다. 간결한 판결문만으로 그러한 사정을 알아내는 것은 가능하지 않다.

다만 피고 박○○이 금광에 고용된 직원이고 그 사무실에서 저울을 변조하여 상시 이를 사용하였다면 당연히 고용주인 금광 주인 서상돈이 어떤 형태로든 이 범죄와 관련이 있다고 보는 것이 상식일 것 같은데 이 판결에서는 그 점에 대한 언급이 전혀 없다. 기소한 검사 측의 직무유기가 문제될 수도 있는 부분이다. 적어도 그 점에 대한 문제제기는 했어야 마땅하고 이 형기 변조 및 변조된 형기 사용에 관해서는 전적으로 고용된 직원인 박○○의 단독행위였을 뿐 고용주는 전혀 모르고 있었던 사실임을 밝히는 과정이 필요하였을 것으로 생각된다. 만약 그 결과 박○○의 단독범행이었음이 밝혀진다면 그로 인해 발생한 부당이득

역시 박○○이 혼자 편취하였을 것이므로 이는 또 다른 범죄를 구성하게 될 것이다. 이 점이 지적조차 없이 넘어갔다는 점은 심각한 문제를 내포한 판결로 보인다.

25) 이○○ 판결문(1911.10.09. 京城控訴院)

이 판결문은 1911년 10월 9일 '경성'공소원에서 작성된 이○○의 도량형법 위반 및 추포인 구타사건에 관한 것으로 그 내용은 다음과 같다. 충청남도 남포군 심전면 평장리 거주 이○○(48세, 농업)가 1911년 9월 15일 공주지방재판소에서 자신에게 언도된 유죄판결에 대해 공소를 제기한 데 대해 '경성'공소원 스즈키(鈴木伍三郎), 야마구치(山口貞昌), 박기준(朴基駿) 등 3인의 판사가 이를 기각하는 판결을 내렸다.

피고는 충청남도 남포군 심전면 자라리(者羅里)에서 솥점을 열고 가마솥의 주물을 판매하는데 관의 검정 증인이 없는 사제 구형기(舊衡器)를 사용하다가 1911년 7월 24일(음력 6월 29일) 같은 장소에서 헌병보조원 김녕삼(金寧三)에게 발각되어 본인의 승낙을 받고 동행 중 피고는 같은 면 평장리 자택 앞 논에 상기 보조원을 밀쳐 넘어뜨림으로써 그 추포에 저항하고 손으로 구타하였다.

이상의 사실은 육군 헌병 오장의 피고 및 황두현, 이중석, 김옥진에 대한 각 신문조서, 검사의 피고 및 황두현, 김녕삼에 대한 각 신문조서에 따라 이를 인정함.

법에 비춰볼 때 피고의 검정 증인이 없는 형기를 사용한 소위는 도량형법 제6조 제1호, 동 제8조 제2호에 해당하는바 징역형을 선정하고 추포인 구타 소위는 형법대전 제2조에 의하되 동법 제301조를 참조(引律比附)하여 3등을 더하여 징역 6개월에 처함이 가하고 압수한 사제 구 형기는 범죄에 관한 물건이고 피고의 소유에 속하므로 동법 제118조에 의거 관에 몰수토록 함. 위와 같은 이유에 근거하여 동일처단을 원판결은 상당하고 피고의 공소는 이유가 없으므로 민형소송규칙 제33조를 적용하여 주문과 같이 판결함.

이 판결에는 조선총독부 검사 테라다(寺田恒太郞)가 간여하였다.

> **해 제**

이 문서는 국가기록원에 소장되어 있는 판결문으로 문서번호 CJA0000207-0033으로 충청남도 남포군 심전면 평장리에 사는 이○○가 1911년 9월 15일 공주지방재판소에서 자신에게 언도된 유죄판결에 대해 공소를 제기하여 '경성'공소원에서 스즈키(鈴木伍三郞), 야마구치(山口貴昌), 박기준(朴基駿) 등 3인의 판사가 이를 심리한 결과 기각하는 판결을 내린 것이다.

1심 판결문이 없어서 판결 내용을 직접 알 수는 없으나 공소원 판결 이유 중에 언급된 것으로 보면 징역 6개월에 압수당한 도량형기는 몰수하였다.

피고 이○○는 직업이 농업으로 되어 있고 집은 충남 남포군 심전면 평장리이면서 같은 면 자라리에 솥점을 운영하고 있었다. 이 지역은 1914년 행정제도 개편으로 보령군에 속하게 된 곳인데 지금으로 보면 보령시 청라면에 속하고 평장리는 청전저수지의 동편에 해당하며 솥점이 있던 자라리는 거기서 조금 더 동쪽 골짜기로 들어가 있다. 이○○가 살던 마을이 오히려 더 개활지이고 거기서 대천천을 따라 서남쪽으로 내려오면 나중에 장항선 철도가 개설되면서 대천역이 들어서는 그 지역 중심지로 나오게 된다. 다시 말하면 솥점이 있던 자라리는 솥을 파는 장터 같은 곳이 아니라 솥을 굽는 말 그대로 솥점이었던 셈이다.

따라서 이○○가 사용한 사제 구형기라고 하는 것이 구체적으로 무엇인지 또 무엇을 거래하다가 적발되었는지에 관한 기술이 이 판결문에는 나와 있지 않으나 솥점에서 만든 솥을 팔거나 할 때 솥의 무게를 다는 저울 같은 것이었을 가능성이 높다 할 것이다. 당시로서는 상당히 오지에 속했던 이곳에서 오랫동안 솥을 구워 생계를 이어온 솥점에서 어쩌면 전통적으로 사용해오던 저울 같은 것에까지, 도량형법을 시행한 이후 단속 대상을 넓혀가는 과정에서 단속의 손길이 미친 것으로 이해된다.

시골 오지에서 솥점을 운영하는, 가난한 자가 오죽했으면 항소(공소)까지 했을까 하는 점도 그렇게 보면 이해할 수 있지 않을까.

또 이○○의 직업이 농업으로 되어 있으면서 한편으로 솥점을 운영하고 있었던 점도 당시 많은 영세농들이 농사로 부족한 부분을 솥점, 한지를 만드는 지통 등을 운영하거나 장돌뱅이로 보완하였던 점을 상기하면 이해하기 쉬울 것이다.

26) 이○○ 판결문(1911년 형공 제89호, 明治44年刑公第89号, 光州地方裁判所 全州支部)

이 판결문은 1911년 10월 25일 광주지방재판소 전주지부에서 작성한 이○○의 도량형법 위반사건에 관한 것으로 그 내용은 다음과 같다. 전라북도 순창군 풍남면 월명동 거주 이○○(42세, 망건장수)에 대해 조선총독부 검사 무라카미(村上清) 입회, 심리하에 마에다(前田信兆), 아오(青 篤世), 타루미(垂水宰吉) 등 3명의 판사가 벌금 1원에 처하는 판결을 내렸다. 영치된 형기 1개는 제출인에게 돌려줌.

피고는 영업용으로 사용하려고 1911년 9월 22일 전라북도 순창군 읍내 하전리의 신창우로부터 200돈짜리 법정 대저울 1개를 빌려서 같은 달 26일 전라남도 영광군 사창시장에 가지고 갔는데 그 저울 접시가 더럽혀져 있는 것을 발견하고 이를 닦으려고 하다가 잘못하여 접시 꼭지 두 개의 끝에 붙어있는 금속부분을 끊어버림으로써 이를 자기 마음대로 말총으로 수리하였다.

이상의 사실은 본 법정에서의 피고의 공술, 피고에 대한 사법경찰관의 신문조서, 체포절차서 및 영치된 형기로 그 증빙이 충분함.

이를 법률에 비춰보면 피고의 상기 소위는 구한국 융희 3(1909)년 9월 법률 제26호 도량형법 제4조에 위배되어 동법 제8조 제1호에 정한 3년 이하의 징역 또는 5백 원 이하의 벌금에 처할 것인바 그 범위 안에서 피고를 벌금 1원에 처하고 영치된 형기는 범죄행위를 조성한 것이기는 하나 피고에게 속한 물건이 아니므로 원소유자에게 돌려주는 것으로 하고 주문과 같이 판결함.

해제

이 문서는 국가기록원에 소장되어 있는 판결문으로 문서번호는 CJA0001715-0078이며 이○○의 도량형법 위반사건에 관해 판결한 것이다. 이 사건은 망건장수인 이○○이 영업에 사용하기 위해 200돈짜리 법정 대저울을 다른 사람에게서 빌렸는데 장사하러 간 시장에서 이를 꺼내보니 저울 접시가 더럽혀져 있어서 이를 닦으려다가 잘못해서 접시 꼭지 끝에 금속으로 연결된 부분이 끊어지자 이를 말총으로 이은 것이 허가 받지 아니한 자가 도량형기를 수리한 것에 해당되어 처벌받은 사안이다.

이미 위에서 본 바 있는 CJA0001715-0072 이판금 사건(1911년 9월 27일)의 경우와 마찬가지로 이 건의 피고 이○○도 망건장수라고 하는 가난한 장돌뱅이로 추정되는 자의 도량형법 위반 사례이다. 장사에 쓸 조그만 저울 하나를 살 여력도 없었던 것인지 남의 저울을 빌려서 자신이 살고 있는 순창군에서 상당히 멀리 떨어져 있는 전남 영광군 사창시장까지[14] 갔는데 막상 장사를 하려고 빌려온 저울을 꺼내봤더니 저울 접

---

[14] 당시는 사창시장이 영광군에 속해 있었는지 모르겠으나 현재는 장성군 삼계면 사창리로 되어 있다. 이○○이 사는 전라북도 순창군 월명마을에서 이 장성 사창시장까지는 직선거리로 43킬로미터이고 도보로 11시간 가까이 걸리는 것으로 계산된다. 당시 산길을 포함하여 꼬불꼬불한 길을 따라 걷는다고 하면 빈손으로 걸어도 15시간 이상은 걸릴 것이고 그가 팔러 다니던 망건이 무게는 가볍다 하더라도 부피가 커서 이를 지게에 지고 걸었을 것으로 생각하면 이보다 훨씬 더 많은 시간이 걸렸을 것이다. 또 망건뿐만 아니라 망건을 만드는 재료로 사용될 말총을 구입하기도 하였던 것으로 추정되는데 말총은 무게 또한 상당히 나갔을 것이다. 따라서 당시 장돌뱅이들의 행동거지를 추측해볼 때 하루에 이 거리를 걸었다기보다는 몇 군데 다닐 장을 정하고 장날을 따라 순차적으로 이동하였을 것으로 보는 것이 자연스러울 것 같다. 당시는 5일장이었으므로, 그것도 대부분의 장돌뱅이들이 닷새 중 하루쯤은 장을 보지 않고 작게나마 짓고 있는 농사일을 하고 나머지 날들을 순차적으로 움직이기 쉬운 장을 미리 정해 그 순서대로 움직였던 것이 상례였기 때문이다.

시가 더럽혀져 있었다는 것이다. 망건장수가 망건을 파는 데 저울이 필요할까 싶기도 하지만 아마도 만들어진 망건을 파는 것과 동시에 망건을 만드는 재료인 말총을 사는 일도 하고 있었던 것으로 보이고 이 저울은 그런 용도로 쓰려고 했던 것으로 이해될 수 있다. 상식적으로 망건장수가 저울 접시의 줄이 끊어졌다면 그날 말총을 사들이는 일은 포기하고 저울 수리 특허 받은 자를 수소문해서 시간 들여 찾아가 수리할 것을 기대하기는 어려울 터이다. 일단 자기 수중에 있는 말총으로 저울 접시를 이어서 우선 급한 대로 쓰고 제대로 된 수리는 나중에 하리라 생각했을 수도 있는 일이겠다.

무미건조하고 인간미라고는 찾아보기 어려운 게 판결문이라는 일반적 이미지가 있기는 하지만 어떤 점은 참작하고 어떤 점은 엄중하게 다스리기로 해서 이런 판결을 내렸는지를 알 수 있도록 작성하는 방식이나 자세도 변화를 꾀해봄직 하다는 생각이 든다. 아무튼 이 판결은 그런 정상을 참작한 것인지 관련 사건 중에서는 가장 경미한 벌금 1원을 선고하였다.

27) 장○○ 판결문(1911.10.30. 大邱地方裁判所)

　이 판결문은 1911년 10월 30일 대구지방재판소에서 작성된 장○○의 도량형법 위반사건에 관한 것으로 그 내용은 다음과 같다. 경상북도 금산군 김천면 하신기동 거주 장○○(24세, 농업)에 대해 모리시마(森島彌四郞), 야마우치(山內銀次郞), 홍순용(洪淳瑢) 등 3명의 판사가 벌금 2원에 처하는 판결을 내렸다. 압수된 저울 1개는 이를 관에 몰수함.
　피고는 1911년 10월 4일 자택에서 피고가 사는 동네 주민이 쇠고기를 분배할 때 각자에게 균등하게 쇠고기를 나눌 수 있도록 하기 위해 자기가 가지고 있던 구 한국정부의 증인 또는 일본국 관청의 검정 증인이 없는 저울을 사용하여 이를 분배하였다.
　이상의 사실은 본 법정에서의 피고의 자백, 고발서 및 압수한 저울로 이를 인정함.
　이를 법률에 비춰보면 피고의 소위는 구한국 도량형법 제6조 제1호에 위배되어 동법 제8조 제2호에 해당하므로 그 정한 형 중 벌금형으로 처단하기에 상당하고 압수한 저울은 형법대전 제118조에 따라 이를 관에 몰수하도록 하여 주문과 같이 판결함.
　조선총독부 검사 스기무라(杉村逸樓)가 본건 심리에 간여하였다.

해 제

　이 문서는 국가기록원에 소장되어 있는 판결문으로 문서번호는 CJA0001172-0053이며 장○○의 도량형법 위반사건에 관해 판결한 것이다. 이 사건은 피고 장○○이 살고 있는 마을(경상북도 금산군 김천면 하신기동) 주민이 동네사람들에게 쇠고기를 분배하는데 그 양을 균등하게 하기 위하여 자신이 가지고 있던 저울을 꺼내다가 사용하였다는 죄목이다.

동네 주민이 동네 사람들에게 쇠고기를 나눈 목적이 무엇인지에 대해서는 이 판결문에 언급이 없어 알 수 없다. 생각건대, 마을사람 중 누군가가 잡은 쇠고기를 동네사람들과 나눠먹기 위해 (무상으로) 분배하였거나 아니면 공동으로 비용을 부담하든가 해서 함께 잡은 고기를 나누는 등 판매 목적이 아닐 경우, 즉 단순 소지 내지 사용만으로도 그것이 도량형법 위반이 되느냐의 여부에 대해서는 생각해 볼 여지가 있다.

해당 시기에 적용되는 도량형법은 1909년 법률 제26호로 공포된 것인데 이에 의하면 '매매 수수 또는 증명에 사용하는 도량형의 명칭, 명위(名位) 및 도량형기에 관해' 정하는 것이 이 법의 목적이라 하였다(제1조). 그리고 이 법을 위반한 경우에 대한 처벌조항(제8조)에 의하면 3년 이하의 징역 또는 5백 원(실제 조문에는 '圜'으로 되어 있다) 이하의 벌금에 처하는 경우로는, ①정부 이외의 자가 도량형기를 제작, 수입 또는 판매하는 경우(제3조 제1항)와 정부 내지 정부의 특허를 받지 아니한 자가 도량형기를 수리한 경우(제4조) 그리고 정부의 특허를 받은 자가 도량형기를 수리하고도 검정을 받지 않은 경우(제5조 제2항) ②동법 제6조에 정한 5가지 항목을 이유로 사용이 금지된 도량형기를 사용한 경우 ③도량형기를 부정하게 이용한 경우 ④도량형기를 변조한 경우 ⑤증인 검인 또는 일본국 관청의 검정증인을 위조 행사한 경우 ⑥당해관리의 직무집행을 거부하거나 이를 방해하며 허위의 진술을 하든지 또는 제7조의 처분에 따르지 않는 경우 등이다. ⑥에서 말하는 제7조의 처분이란 당해관리가 도량형기를 단속하기 위해 점포, 공장 기타 장소에 임검하여 단속에 필요한 처분을 할 수 있도록 정하고 있는데 이 경우 당해 관리가 도량형에 관한 범죄가 있다고 인정할 때 증빙물건의 압류 내지 관계인을 신문하는 것을 말한다.

이상의 처벌조항을 다시 간략히 정리하면, 자격이 없는 자가 도량형기를 제작, 수입, 판매하거나 이를 수리하는 행위, 그리고 특허를 받아 수리하고도 검정을 받지 않는 경우, 사용이 금지된 도량형기를 사용한 경우, 도량형기를 변조하거나 증인을 위조 행사한 경우, 관련 관리의 직무집행을 거부하거나 방해한 경우 등이다.

요컨대 설령 그것이 정부가 인정하지 않는 이른바 '불법' 도량형기라 할지라도 사용하지 않고 단순히 소지하고 있는 경우는 처벌대상이 아니라고 보아야 할 것이다. 만의 하나 소지하는 행위 자체가 이 법을 위반한 것이라고 확대해석하려는 시도가 있다면, 오랫동안 집안에서 사용해오던 저울을 어느 날 법률이 시행되었다고 해서 다 폐기해야 하는지, 저울로서가 아니라 다른 용도로 쓸 가능성을 생각해서 보관할 수도 있고 심지어는 오랫동안 사용해오던 도구에 대한 애착이나 미래의 골동품적 가치를 생각해서 보관하려 하는 경우 등을 생각해보면 좋을 것이다.

본건의 경우는, 피고 장○○이 구 한국정부의 증인이나 일본국 관청의 검정 증인이 없는 저울을 꺼내다가 쇠고기를 다는 데 일단 사용하였다. 따라서 동법 제8조 제2호를 위반한 것으로 볼 수 있는 여지가 생겼다.

하지만 문제는 그 사용이 도량형기로서의 사용에 해당하느냐, 아니면 단순히 동네주민들이 분배받는 양을 일정하게 하기 위한 도구에 불과하냐이다. 후자의 경우에 대해 좀 더 생각해보면, 그것이 하필 이전에 관행적으로 써오던 저울이었으니까 문제가 된 것이지 단순히 쇠고기를 균등하게 나누는 도구로서는 저울이 아니라 바가지여도 같은 기능을 수행할 수 있을 것임을 생각하면 이는 도량형기로서의 사용이 아니라는 해석을 내릴 여지가 없지 않다.

아무튼 본 판결문에서는 이상에서 제기한 여러 가지 문제들에 대한 언급은 없지만 그래도 내면적으로는 어느 정도나마 의식해서인지 실제 판결은 벌금 2원으로 다른 사건에 비해 상당히 가벼운 것이었다.

28) 안○○ 판결문(1911.12.13. 京城地方裁判所)

이 판결문은 1911년 12월 13일 '경성'지방재판소에서 작성된 안○○의 도량형법 위반사건에 관한 것으로 그 내용은 다음과 같다. 경기도 죽산군 동면 왕하리(往下里) 거주 안○○(23세, 농업)에 대해 나진(羅瑨) 검사 간여하에 츠카하라(塚原友太郎), 사이토오(齊藤宗四郎), 하라(原 正鼎) 등 3인의 판사가 징역 1개월에 처하는 판결을 내렸다. 압수한 사제 5되짜리 말은 관에서 몰수함.

피고는 그의 주소지인 경기도 죽산군에서 1909년 11월 1일부터 융희 3년 법률 제26호 도량형법이 시행되었음에도 불구하고 1911년 음력 8월경 엄 아무개로부터, 같은 해 음력 11월경 김만서로부터 전게 자택에서 소작미를 받을 때 계속의 의사를 가지고 3년 전에 사제로 만든, 전기 도량형법 소정의 정부 증인이 없는 닷 되들이 말을 사용하였다.

이상의 사실은 본 법정에서의 피고의 공술, 사법경찰관이 작성한 피고에 대한 신문조서, 김만서의 고소장, 압수물건의 존재에 의해 이를 증빙하기에 충분하다.

법률에 비춰볼 때 피고의 소위는 융희 3년 법률 제26호 도량형법 제8조 제2호, 제6조 제1호에 해당되어 법정형 중 징역형을 선택하여 처단하고 압수물건은 소지금지품으로 범죄와 관련이 있는 물건이므로 형법대전 제118조에 의해 처분하는 것으로 하고 주문과 같이 판결함.

해 제

이 문서는 국가기록원에 소장되어 있는 판결문으로 문서번호 CJA0000067의 총 821쪽 중 729~731쪽에 수록되어 있다. 이 사건은 경기도 죽산군 동면 왕하리에 거주하는 안○○이 소작인들로부터 소작미를 거둬들일 때 미리 만들어둔 사제 닷되들이 말을 상습적으로 사용한 것이다. 사제 말이 어떤 불법적인 내용을 지닌 것인지에 대한 기록은 없으나 소작미를 받을 때 사용한 것으로 보아 실제로는 나락이 더 많이 들어가도록 만든 것이겠지만 그것을 누가 어떤 형태로 만들었는지는 이 판결문만으로는 알 수 없다. 피고의 나이가 아직 23살인 것으로 보아 하여 양반지주의 아들로서 가업을 이어받았거나 분가를 한 경우일 가능성이 크다고 하겠으나 일제하 소작료가 날이 갈수록 높아졌던 점을 감안하면 가난한 소작농으로부터 거둬들이는 소작미를 부정한 방법까지 동원하고 있다는 점에서 매우 악랄한 예에 속한다 할 것이다.

29) 이○○ 등 판결문(1911년 형공 제106호, 明治44年刑公第106号, 光州地方裁判所 全州支部)

이 판결문은 1911년 12월 13일 광주지방재판소 전주지부에서 작성한 이○○, 이◇◇의 도량형법 위반사건에 관한 것으로 그 내용은 다음과 같다. 전라북도 여산군 서면 을음곡(乙音谷) 거주 이○○(57세, 제지상) 및 같은 군 이남면 석막리 거주 이◇◇(24세, 농업)에 대해 조선총독부 검사 이시카와(石川信重) 입회, 변론을 거쳐 마에다(前田信兆), 하타(畑義三), 정섭조(鄭燮朝) 등 3명의 판사가 심리하여 각각 벌금 2원에 처하는 판결을 내렸다. 차압한 형기는 관에 몰수함.

피고 이○○는 1911년 음력 10월 초에 전라북도 여산군 서내면(?) 외교리 황석주(黃錫疇)로부터 닥 31근(3원 80전)을 매입하고 또 같은 면 신리 이화삼(李化三)으로부터 닥 1관 40근(10원 40전)을 매입하였는데 두 번 다 자기가 소유하고 있던 정부 증인이 없는 저울을 사용함.

피고 이◇◇은 같은 해 10월 초 자기 집에서 닥 1채(2원 40전)를 피고 이○○에게 매도할 때 자기 소유의 정부 증인 없는 저울을 사용함.

위의 사실은 피고 두 사람의 본 법정에서의 공술, 헌병 오장의 피고 이○○, 이◇◇, 조경운(趙京云)에 관한 각 신문조서, 유석의(柳錫義)에 관한 청취서, 증인 황석주, 노인서(盧仁西)에 관한 각 신문조서, 검사의 피고 2명에 관한 각 신문조서 및 증거물 등으로 그 증빙이 충분함.

이를 법률에 비춰보면 피고 2명의 소위는 각각 도량형법 제6조 제1항에 위배되고 동법 제8조 말단에 의하여 벌금형을 선택하여 5백 원 이하의 벌금형의 범위 내에서 처단하고 차압한 정부의 증인 없는 형기 2개는 피고 2명의 각 소유에 속하여 범죄행위를 조성한 것이므로 형법대전 제118조에 의거, 이를 관에 몰수하는 것으로 하고 주문과 같이 판결함.

해 제

이 문서는 국가기록원에 소장되어 있는 판결문으로 문서번호는 CJA0001715-0098이며 이○○, 이◇◇ 두 사람의 도량형법 위반사건에 관해 판결한 것이다. 이 사건은 전라북도 여산군에 거주하는 이○○가 두 차례에 걸쳐 닥을 매입하면서 '부정' 저울을 사용하였고 이◇◇은 자기 집에서 이○○에게 닥을 팔면서 자신이 가지고 있던 정부 증인 없는 저울을 사용한 건이다. 이○○는 직업이 제지상이므로 여기저기 돌아다니면서 한지의 원료인 닥을 사 모았을 텐데 전기 황석주나 이화삼의 경우와 달리 이◇◇의 경우는 이○○의 저울이 아니라 이◇◇이 가지고 있던 저울을 사용함으로써 황석주나 이화삼과 달리 자신까지도 '부정' 저울 사용죄에 걸린 것이다. 닥은 보통 하천부지나 잡종지로 분류되는 산자락 등에서 자라는 것을 베어다 썼던 것이 당시로서는 일반적이었고 이를 따로 경작지에 재배하는 일은 드물었다. 따라서 여기저기 그런 닥을 베어다 놓았다는 소문을 듣고 이○○ 같은 제지상이 가서 매입하는 것이었다.

그렇게 보면 제지상인 이○○의 경우는, 도량형법 위반행위를 단속하는 입장에서 보면 닥을 매입하는 일이 한지를 만들기 위해서는 늘 있는 일이고 거기에 사용하는 저울이 정부의 증인이 없는 이른바 '부정' 저울이었으므로 그에 대해서는 '계속의 의사가 있는' 상습범이라 할 수 있고 농업이 직업으로 되어 있는 이◇◇의 경우는 자신이 그렇게 베어다놓은 닥을 제지상에게 파는 데 마침 이○○가 저울을 가져오지 않았기 때문인지 자신의 집에 있는 저울을 꺼내다가 달다가 적발된 경우이므로, 오랫동안의 관행을 하루아침에 단속이라는 행정행위를 통해 근절하려는 식민지 권력의 강압성이나 부당함은 차치하고 현행법으로서의 도량형법 안에서도 형평성의 문제는 있는 것으로 보아야 하지 않을까 싶다.

그리고 판결문 중에 '헌병 조장의 피고 이○○·이◇◇·조경운(趙京云)에 관한 각 신문조서, 유석의(柳錫義)에 관한 청취서, 증인 황석주·노인서(盧仁西)에 관한 각 신문조서' 운운하는 부분이 있는데 이 중의 조경운, 유석의, 노인서 등은 이 사건과 어떤 관계에 있는 자들인지 전혀 설명이 없다. 판결문의 불비라고 보기에는 이해하기 어려운 점이 아닐 수 없다.

또 위의 인용문을 보면 헌병조장이 피고 등을 신문하여 조서를 작성한 것으로 되어 있는데 이는 명백한 불법이라 하지 않을 수 없다. 민간인의 도량형법 위반 여부를 다투는 문제에, 그것도 엄정한 법집행을 생명으로 하여야 할 재판과정에 군이 개입하게 한 것은 아무리 식민지 상황이라고 하더라도 결코 눈감고 넘어가서는 안 될 사안이라 생각된다. 참고로 이와 같은 사례는 경상북도 김천지역 사건에서도 볼 수 있었는데 김천 지역과 마찬가지로 여산이라고 하는 지역도 전라북도 북쪽 산악지역으로 충청도와 연결되는 요충지라 할 수 있고 당시 의병에 대한 대응 등의 필요에 의해 군부대가 배치되었던 지역이었던 점과 일정한 관계가 있었다고 보아야 할 것이다.[15]

---

[15] 일제 강점기 군사적 필요에 의해 조성된 시설 등을 활용하기 위한 것이었는지 아니면 지형상 적합한 조건을 갖춘 지역이어서인지 모르지만 지금도 여산 부근에는 육군하사관학교나 유격장, 훈련장 등이 있었던 것으로 기억하고 있다.

30) 송○○ 판결문(1911년 형공 제107호, 明治44年刑公第107号, 光州地方裁判所 全州支部)

이 판결문은 1911년 12월 15일 광주지방재판소 전주지부에서 작성한 송○○의 도량형법 위반사건에 관한 것으로 그 내용은 다음과 같다. 전라북도 전주군 부북면 삼리 거주 송○○(66세, 농업, 일명 송◎◎)에 대해 조선총독부 검사 이시카와(石川信重) 입회, 심리하에 마에다(前田信兆), 하타(畑義三), 정섭조(鄭燮朝) 등 3명의 판사가 벌금 2원에 처하는 판결을 내렸다. 압수된 형기 1개는 이를 관에 몰수함.

피고는 1911년 12월 12일 전라북도 전주군 남문밖시장에서 이름을 알 수 없는 자의 실면(實綿)의 매매중개를 하면서 정부의 증인 없는 피고 소유의 부정 형기를 사용하였다.

위의 사실은 본 법정에서의 피고의 공술, 피고에 대한 검사 및 사법경찰관의 신문조서 등으로 그 증빙이 충분함.

이를 법률에 비춰보면 피고의 소위는 구한국 융희 3(1909)년 법률 제26호 도량형법 제6조 제1호 정부의 증인 없는 것을 사용한 것에 해당하므로 동법 제8조 제2호에 따라 3년 이하의 징역 또는 5백 원 이하의 벌금에 처할 것이나 그중 벌금형을 선택하여 벌금 2원에 처하고 압수된 형기 1개는 범죄행위를 조성한 것이고 피고의 소유에 속한 물건이므로 형법대전 제118조에 의거, 이를 관에 몰수하는 것으로 하고 주문과 같이 판결함.

해 제

이 문서는 국가기록원에 소장되어 있는 판결문으로 문서번호는 CJA0001715-0096이며 송○○의 도량형법 위반사건에 관해 판결한 것이다. 이 사건은 전주에 거주하는 송○○이 전주 남문앞 시장에서 거간꾼 노릇을 하면서 장에 팔러온 목화의 매매를 중개할 때 정부의 증인 없는 저울을 사용하다가 적발된 건이다.

송○○은 판결문에 직업이 농업으로 되어 있는데 이는 당시 거의 모든 사람들이 기본적으로는 적든 많든 농사를 지으면서 장돌뱅이나 농한기를 이용해 한지를 만들거나 하였던 상황을 반영한 것으로 이해할 수 있는 부분이다. 하지만 전주 같은 큰 장의 거간꾼 노릇을 하는 송○○ 같은 사람도 농업으로 분류되는 것은 의외라 할 수도 있다. 전주 같은 큰 장은 거래량도 많고 객주나 또는 자본력이 있는 큰 장사치들도 꽤 있어서 그런 큰 장에서의 거간꾼 정도이면 어느 정도 안정적인 직업일 수도 있을 것이라는 일반적인 이미지가 있기 때문이다. 그만큼 거간꾼들의 경제적 지위가 낮았음을 말해주는 것이기도 할 것이다.

그리고 송○○이 거간을 하다가 걸린 실면(實綿)이라고 하는 것은, 목화에서 따서 아직 씨가 붙은 채로 있는 것을 말한다. 여기서 씨를 제거한 것이 원면이다. 목화는 인도 등지가 원산지로 알려져 있는데 우리나라에는 잘 알려진 대로 고려 공민왕 때 문익점이 원나라에서 가지고 들어왔다. 이는 아시아면 계통이고 우리나라에 미국의 육지면이 도입된 것은 일본의 보호국이 된 1905년 이후 부족한 일본의 원면 공급지로서의 역할을 강화하기 위해 일본이 도입, 장려하면서부터이다. 일제는 식민지 조선에 1911년부터 제1기 면작장려 6개년계획을 개시하였다. 주로 남부지역에서 재래면 대신 육지면 재배를 확대하는 데 중점을 둔 것이었다. 이 계획은 1년 연장하여 1918년에 완료하였는데 그 결과 육지면 재배면적은 목표치 10만 정보에 약간 못 미치는 정도의 성과를 거두었다. 이후 1919년부터 제2기 면작확장 10개년계획이 다시 실시되었는데 아무튼 당시 전주는 그런 일본의 육지면 확대정책의 한복판에 있던 지역이고 이 사건에서의 피고 송○○이 취급하였던 실면 역시 그런 상황에서 거래되었던 품목이었던 것이다.

어떻든 피고 송○○이 받은 판결은 벌금 2원으로, 피고의 경제력으로는 과중하였을지 몰라도 당시의 다른 판결과 비교할 때는 상대적으로 다소 가벼운 형을 받은 것이라 할 수 있다.

하지만 도량형법 위반사건을 정리하다가 문득 깨달은 사실 중의 하나는 이 사건에서는 여타의 다른 사건에서 자주 볼 수 있는 형법대전 제125조에 의한 정상을 참작할 만한 여지가 있다고 하는 조항을 적용한 예가 극히 적다는 사실이다. 이는 일제가 식민지 조선을 장악하는 과정에서 식민지 민중들의 실생활에 없어서는 안 될 도량형 같은 것들을 통한 통제가 그들을 실질적으로 압박하고 그들의 손아귀에 움켜쥐는 데 얼마나 유용한 도구였는지를 생각할 때 비로소 이해할 수 있는 일이다. 식민지 지배정책의 일환으로서 정책적으로 단속대상으로 삼았던 분야였기 때문에 일선 판사가 보기에 설령 매우 억울하고 과도한 처벌이라는 생각이 들었다 할지라도 이에 대해 정상을 참작하는 조항을 적용하기는 어려웠던 사정이 그 배후에 깔려 있었던 것이라고 보아야 할 것이다.

31) 이○○ 판결문(1912.03.22. 京城地方裁判所)

이 판결문은 1912년 3월 22일 경성지방재판소에서 작성한 이○○의 도량형법 위반사건에 관한 것으로 그 내용은 다음과 같다. 경성 서부 반석방(盤石坊) 약고개(藥峴) 251통 7호 거주 이○○(21세, 목수)에 대해 나진(羅瑨) 검사 입회, 심리하에 츠카하라(塚原友太郎), 사이토(齋藤宗四郎), 하라(原正鼎) 등 3명의 판사가 징역 1개월에 처하는 판결을 내렸다. 압수된 물건은 모두 다 이를 몰수함.

피고 이○○은 1912년 2월 날짜 미상일에 자기 집에서 원목을 재료로 하여 이를 압수 제7호의 톱, 제3호의 대패, 제4호의 칼 등을 사용하여 자르거나 또는 깎아서 이를 제5호의 철사로 눈금을 긋고 제2호, 제9호의 줄로 갈고 다시 제6호의 염료로 물을 들여 계속할 의사를 가지고 몇 차례에 걸쳐 포백척(布帛尺) 수십 개를 만들어서 자기 집 기타 등지에서 몇 차례에 걸쳐 팔았다.

위의 사실은 본 법정에서의 피고의 공술, 검사 및 사법경찰관의 피고에 대한 신문조서, 사법경찰관의 김성녀·정성녀에 대한 청취서의 각 기재, 압수한 물건 등에 의해 증빙은 충분하다.

이를 법률에 비춰보면 포백척 제작, 판매 등의 소위는 모두 도량형법 제3조를 위반한 것으로서 동법 제8조 제1호에 의해 처단하되 그 소정형 중 징역형을 선택하여 징역 1개월에 처하고 두 가지 죄가 구발한 것이므로 형법대전 제129조 후단의 규정에 근거하여 그중 하나인 판매의 죄에 과하여 처단하기로 하고 압수 물건은 피고의 소유이므로 동법 제118조에 의해 모두 관에 몰수하는 것으로 하고 주문과 같이 판결하였다.

해 제

이 문서는 국가기록원에 소장되어 있는 판결문으로 문서번호는 CJA0000070-0097이며 이○○의 도량형법 위반사건에 관해 판결한 것이다. 이 사건은 서울 서부 반송방 약고개에 사는 이○○이 자기 집에서 원목을 재료로 하여 포백척을 수십 개 만들어서 이를 자기 집과 다른 곳에서 몇 차례에 걸쳐 팔다가 적발된 건이다. 도량형법 위반사건이 대부분 벌금형에 그친 데 비해 이○○은 징역 1개월에 처해져 상대적으로 상당히 무거운 벌을 받았다. 도량형법이 금지하고 있는 도량형기를 다수 제작하여 이를 판매함으로써 의도적으로 이 법률을 위반하였고 또 그 범의가 지속적이었다는 점에서, 이 법률 자체가 지니고 있는 의도와는 별도로, 이 법률 내에서만 한정할 때 그 형량은 납득할 수 있는 것이라 할 것이다.

32) 조○○ 판결문(1912.03.29. 京城地方裁判所)

이 판결문은 1912년 3월 29일 경성지방재판소에서 작성한 조○○의 도량형법 위반사건에 관한 것으로 그 내용은 다음과 같다. 경성 동부 왕십리 거주 조○○(31세, 고철상)에 대해 나진(羅瑨) 검사 입회, 심리하에 츠카하라(塚原友太郎), 하라(原正鼎), 요시다(吉田平治郎) 등 3명의 판사가 징역 1개월에 처하는 판결을 내렸다. 압수된 형기는 관에 몰수함.

피고는 고철상을 하면서 1912년 2월 28일(음력 1월 11일)경부터 같은 해 3월 15일경까지의 사이에 경성 내 각지에서 고철류를 사들일 때 계속의 의사를 몇 차례에 걸쳐 정부의 증인 없는 형기를 사용하였다.

이상의 사실은 본 법정에서의 피고의 공술, 검사 및 사법경찰관의 피고에 대한 각 신문조서, 기사의 형기검정보고서의 기재 등에 의해 증빙이 충분하다.

이를 법률에 비춰보면 피고의 행위는 도량형법 제6조 제1호, 제8조 제2호에 해당하며 그 소정형 중 징역형을 선택하여 처단하고 압수한 형기는 범죄에 관련되는 물건으로 소지금지물이므로 형법대전 제118조에 의해 처분하는 것으로 하고 주문과 같이 판결하였다.

해 제

이 문서는 국가기록원에 소장되어 있는 판결문으로 문서번호는 CJA0000070-0105이며 조○○의 도량형법 위반사건에 관해 판결한 것이다. 이 사건은 서울 동부 왕십리에 사는 조○○이 서울 내 여기저기를 돌아다니며 고철류를 사들일 때 정부의 증인 없는 저울을 사용하다가 적발된 건이다. 이 건은 앞의 이○○ 사건과 비교할 때 재판부 3명 중 한 사람이 다를 뿐 거의 같은 구성으로 재판이 진행되었는데 이 건 역시 다른 사건이 대부분 벌금형에 그친 데 비해 이○○ 사건과 마찬가지로 징역 1개월에 처해졌다. 고물상을 하는 피고가 여기저리를 돌아다니며 고물을 수집하면서 종래부터 써오던 저울을 사용하였던 점이 법률상으로 보면 상습범으로 보이게 되어 있으나 실제에 있어서는 지금까지의 관행을 바꾸지 못한 측면이 있는 것이라는 점에서 과도하고 가혹한 처벌이라 할 만하다.

33) 나카야마 판결문
   (1913년 형항 제1호, 大正2年刑抗第1号, 高等法院)

이 판결문은 1912년 12월 7일 대구복심법원, 그리고 1913년 1월 9일 고등법원에서 작성한 나카야마(中山ㅇㅇㅇ)의 사기 및 도량형법 위반사건에 관한 것으로 그 내용은 다음과 같다.

2심인 대구복심법원에서는 1912년 12월 7일, 부산지방법원 마산지청에서 1912년 10월 12일에 선고한 유죄판결에 대해 피고가 항소함으로써 조선충독부 검사 오카모토(岡本至德) 입회, 심리하에 나가누마(永沼直方), 사이토오(齋藤庄三郞), 고미(五味逸平) 등 3명의 판사가 원심을 취소하고 징역 5월에 처하는 판결을 내렸다(원심 형량은 미상). 압수된 물건 중 1되짜리 양기 1개는 관에 몰수하고 다른 것은 제출인에게 돌려주도록 하였다.

이에 대해 피고 나카야마는 같은 달 9일 상고를 신청하였으나 법정기한 내에 상고취의서를 제출하지 않아 대구복심법원 형사부 상기 3명의 판사가 조선형사령 제33조 및 형사소송법 제274조에 따라 상고를 기각하였다. 단 이 결정에 대해서는 3일내에 항고할 수 있다고 하였다(같은 달 19일).

그리고 피고 나카야마가 위의 대구복심법원의 상고기각 결정에 대해 다시 항고함으로써 1913년 1월 9일 고등법원에서 아사미(淺見倫太郞), 마키야마(牧山榮樹), 이시카와(石川正), 히라지마(平島直太郞), 아오야마(靑山暢性) 등 5명의 판사가 코쿠부(国分三亥)[16] 검사의 의견을 들어

---
[16] 코쿠부 산가이(国分三亥, 1864~1962). 사법관, 교육가. 한국통감부 고등법원 검사장

항고를 기각하는 판결을 내렸다.

  2심 판결문을 바탕으로 사건의 내용을 요약해보면, 피그는 1911년 9월 이후부터 상기 거주지(마산)에서 백미 판매를 업으로 해왔는데 1912년 5월 어느 날 그 동네 고물상 모리시게(森重覺三朗)르부터 영업에 사용할 목적으로 검정 받은 사각형의 1되짜리 양기를 양수받았는데 이후 그 양기의 바닥을 뜯어내고 거기에 면한 각 변을 깎아낸 뒤 바닥판을 다시 붙여 변조함으로써 정규 양기에 비해 부피가 약 4작(勺) 모자라는 줄 알면서도 같은 해 5월 말경부터 8월 12일까지 자신의 점포에서 백미를 팔 때 이를 사용하였다.

  이상의 사실에 대하여 피고는 영업에 사용할 목적으로 1912년 5월 어느 날 모리시게로부터 영업에 사용할 목적으로 1되짜리 되를 양수받은 것까지는 맞지만 그것이 정규 1되짜리 양기에 비해 용량이 모자란다는 것을 받은 다음 달 말경에 아내에게서 듣고 그 이후에는 이를 사용하지 않았다고 변명하고 있으나 순사 토미나가(富永忠助)의 보고서에, 나카야마의 가게에서 부정 양기를 사용하고 있다는 투서가 있어서 1912년 8월 12일 그 집에 가서 조사해본 결과 투서한 대로 부정양기를 발견하였다고 기재하고 있고 지헌이(池憲伊)에 대한 예심조서에서 자신은 피고의 가게에 고용된 사람인데 주인 부부가 증 제6호의 1의 양기로 백미 소매를 해왔고 자신도 그 되로 한 번 쌀을 판 적이 있으나 따로 주인이 이의 사용을 금지하거나 한 적은 없다. 그런데 순사에게 이 되를 압수

을 거쳐 일제하 1910년에 조선총독부 고등법원 검사장. 1913년 10월부터 사법부장관 겸임(1919년 8월부터 조선총독부 법무국장으로 직명 변경). 1920년 퇴관 후 궁중 고문관, 마루노우치(丸の內)은행장. 1927년에 니쇼오학사(二松学舍) 이사장, 명예교수 역임.

당한 뒤 주인으로부터 이 되는 사용하지 않았다고 말해줄 것을 부탁받았기 때문에 경찰관 심문에 대해서는 그 부탁받은 대로 말했다고 하는 사실과 판매에 사용한 것이 틀림없다는 취지의 공술 기재, 니시다(西田喜惣一)의 감정서에 증 제6호의 1의 1되짜리 양기는 검정필 1되짜리 양기에 비해 용량이 4작 부족한데 네 변의 길이는 차이가 없음에도 불구하고 깊이가 안쪽 1푼, 바깥쪽 1푼 5리 부족하다는 기재가 있고, 압수한 증 제6호의 1의 1되짜리 양기를 보면 그 바깥쪽에 검증필의 검인이 있는데도 밑바닥 판을 뜯어내고 거기에 접하는 네 변을 깎아내고 다시 바닥판을 교묘하게 박아서 붙인 흔적이 있음을 종합하면 위의 사실을 인정하기에 충분하다.

이를 법률에 비춰보면 피고의 행위는 구한국 도량형법 제8조 제2호, 제6조 제4호, 1909년 통감부령 제23호 제2조 제1항, 형법 제55조에 해당하므로 피고를 징역 5월에 처하고 압수물건 중 증 제6호의 1의 1되짜리 양기는 형법 제19조 제1항 제1호, 제2항에 의거 몰수하고 그밖의 것은 형사소송법 제202조에 따라 제출인에게 돌려주며 재판비용은 동법 제201조에 의해 피고가 부담하는 것으로 하였다.

그리고 피고가 앞에서 말한 변조한 1되짜리 양기를 사용하여 이익을 얻었다고 하는 점은 이를 확인할 증빙이 충분하지 않으나 이 점과 변조한 양기 사용 소위와의 사이에 수단, 결과의 관계가 있어 형법 제54조 제1항[17]의 견련죄를 구성하는 일부분에 지나지 않으므로 특별히 주문에서 무죄를 언도하지 않았다.

그런데 원판결은 첫째, 압수한 증 제6호의 1 양기는 공차(公差) 이상

---

[17] 형법 제54조 ①1개의 행위로 몇 개의 죄명에 저촉되거나 또는 범죄의 수단 혹은 결과인 행위가 다른 죄명에 저촉될 때는 그중 가장 무거운 죄로 처단한다.

의 차이가 있음을 지적하는 데 그치고 특별히 변조한 것이 아니라고 사실을 오인하여 그 결과 법률을 부당하게 적용하였고 둘째, 위 변조한 양기를 사용하여 이익을 얻은 증빙이 충분하다고 인정하여 사기죄를 묻는 등의 실수가 있으므로 피고의 공소는 이유가 있다고 보아 형사소송법 제261조에 의거 주문과 같이 판결하였다.

이상이 2심인 대구복심법원의 판결문을 기초로 하여 살펴본 내용이다.

해 제

이 문서는 국가기록원에 소장되어 있는 판결문으로 나카야마의 사기 취재 및 도량형법 위반사건에 대한 것인데 문서번호는 대구복심법원의 2심이 CJA0000704-0010이고 3심인 고등법원의 것이 CJA0000468-0004이다. 1912년 10월 12일 부산지방법원 마산지청에서 행해진 1심 판결문은 찾을 수 없었다.

이 사건은 일본 오카야마(岡山) 출신으로 경남 진해에서 미곡상을 하는 나카야마가 그 동네에 사는 고물상에게서 정규 양기(1되들이)를 사서 이를 변조하여 미곡을 팔 때 사용하다가 투서를 받고 출동한 경찰이 변조한 양기를 찾아냄으로써 성립된 건이다.

도량형법 위반사건의 피고가 대부분 조선인들인데 비해 이 사건의 피고가 일본인이라는 점에서도 그렇지만 대부분의 조선인 피고인들이 오랜 관행으로 써오던 도량형기를 그대로 쓰다가 적발된 영세 상인이거나 농민들이어서 상고는 고사하고 항소조차 할 엄두를 내지 못한 경우가 많은데 이 일본인 사건은 고등법원에까지 상고하였다는 점에서도 특이하다 할 것이다.

판결문에서 이미 살펴보았듯이 이 사건의 피고인 나카야마의 범죄행위는 매우 상세하게 묘사되어 있다. 즉 고물상으로부터 정규 됫박을 사서 그 밑바닥 판을 뜯고 변을 잘라낸 뒤 다시 밑바닥을 붙여 정규 양기에 비해 4작 정도 적게 들어가는 되로 변조하였다는 것이다. 하지만 이는 압수된 되를 감정한 결과로 추정한 것일 뿐이고 피고인 당사자는 고물상으로부터 받았을 당시는 몰랐다가 나중에야 그 사실을 알고 이후로는 사용하지 않았다고 주장하였다. 피고의 이 주장에 대해서는 결국 주인 부부가 이 되를 이용해서 쌀을 팔았고 자신도 한 번 이를 이용한 적이 있으며 경찰에 변조된 되를 압수당한 뒤 주인이 그에게 이 되는 사용한 적이 없다고 말해달라는 부탁을 받았다는 점원의 증언이 중요한 판결의 근거가 되었다.

그런데 대구복심법원의 판결문을 보면 1심에서는 피고가 변조한 양기가 공차(公差) 이상의 차이가 있음을 지적하는 데 그치고 특별히 변조한 것이 아니라고 한 점과 변조한 되를 사용하여 이득을 취한 증빙이 충분하다고 인정하여 사기죄를 물은 것은 잘못된 것이라고 지적하고 있다. 즉 1심에 대한 2심의 판단은 두 가지를 지적하고 있는데 첫째 피고 나카야마가 해당 양기를 변조하였느냐의 여부에 대하여 그리고 둘째, 변조된 되의 사용과 그것에 의해 이득을 취한 것과의 관계에 관한 것이다.

첫 번째 점에 대해서는 1심이 변조는 아니라고 본 데 대해 2심에서는 이를 변조라고 보았는데 그 유일한 근거는 니시다(西田喜惣一)의 감정서이다. 이 점에 대해서는 보다 명확한 판단과 그 근거를 제시할 필요가 있었다. 왜냐하면 감정서는 변조되었다는 것을 확인한 것일 뿐 그 주체가 누구인지를 밝혀주는 것은 아니기 때문이다.

두 번째 점에는 다시 두 가지 논점이 있다. ①2심 재판부 스스로가 판결문에서 밝히고 있는 바와 같이 '변조한 1되짜리 양기를 사용하여 이익을 얻었다고 하는 점은 이를 확인할 증빙이 충분하지 않'다고 하였는데 이 말 자체는 변조된 양기를 사용했느냐의 여부에 관한 것일 수도 있고 사용은 했는데 그 결과 이익을 얻었는지의 여부에 관한 것일 수도 있지만 아무튼 그것을 확인할 증빙이 충분하지 않다는 것이다. 증빙이 충분하지 않다면 그 점에 대해서는 무죄이다. 그런데 2심 재판부는 이를 무죄로 결론짓지 않고 다음 ②의 견련죄에 해당하기 때문에 특별히 무죄를 언도하지 않는다고 하는 것으로 마무리하였다. 따라서 2심 재판부는 일단 변조된 양기를 사용한 쪽으로 판단한 것으로 봐야 하는데 그 이유는 그래야 견련죄가 성립되기 때문이다. 변조된 양기의 사용 여부에 대해서는 아래에서 따로 따져보기로 하자.

②이른바 견련죄에 관한 문제이다. 견련죄란 범죄의 수단 또는 결과인 행위가 다른 죄명에 저촉되는 것을 말한다(형법 제54조 제1항 후단). 견련죄는, 범죄의 수단 또는 결과 사이에 밀접한 인과관계가 있어야 하며 범인이 현실에서 범한 두 죄가 우연히 수단, 결과의 관계에 있는 것만으로는 성립하지 않는 것으로 보지만 이 경우는 피고 나카야마가 되를 변조했든 아니든 그 되가 정상 되에 비해 차이가 나는 부당한 것임을 알고도 이를 사용하여 장사를 한 행위가 결과적으로 부당한 이득을 취하는 결과를 낳았다고 보아 2심은 이를 견련죄에 해당한다고 보았다.

이를 견련범에 해당한다고 볼 경우에도 그것이 형법 제54조 제1항 전단, 즉 하나의 행위로 두 개 이상의 죄명에 저촉된다고 볼 것인지 아니면 후단, 즉 수단-결과의 관계에 있다고 보아야 할 것인지도 검토할 여지가 남아 있다.

어떻든 2심 재판부는 이를 견련죄에 해당한다고 보았다. 견련죄로 보는 이상은 해당 조에 규정한 대로 그중 무거운 형으로 처단해야 하는데 도량형법 제8조는 3년 이하의 징역 또는 500원 이하의 벌금에 처하도록 하고 있고 형법 246조[18]의 사기죄는 10년 이하의 징역에 처하도록 하고 있으므로 본 판결에서처럼 '견련죄의 일부분에 지나지 않으므로 특별히 주문에서 무죄를 언도하지 않았다'는 것으로 끝내는 것은 문제가 있다.

이상에서 본 바와 같이 1심 판결과 2심 판결 사이에는 몇 가지 논점이 있었다. 하지만 3심인 고등법원에서의 판결은 단순하였다.

앞에서도 간단히 말한 바와 같이 이 사건은 피고 나카야마가 2심 판결에 불복하여 상고 의사를 밝혔음에도 불구하고 법정 기한 내에 상고취의서를 제출하지 않아 대구복심법원이 상고를 기각한 바 있고 이에 대해 피고가 다시 항고함으로써 고등법원이 이를 심리하였다. 여기서의 심리는, 이 건의 기록을 조사해보니 피고가 제출한 1912년 12월 9일 자 상고신청서는 원판결 전부에 대해 불복하여 상고를 신청한다고만 되어 있을 뿐 따로 취의서를 제출하지 않았는데 조선형사령 제31조 제1항의 규정에 의하면 상고를 하기 위해서는 그 신청서를 원 재판소에 내고 또 그것을 신청한 날로부터 5일 이내에 취의서를 제출하도록 되어 있으며 이를 제출하지 않은 상고는 부적법을 면하기 어렵다. 그러므로 원 법원이 조선형사령 제33조 및 형사소송법 제274조에 의해 상고를 기각한 결정은 상당하므로 본건 항고는 이유 없으므로 형사소송법 제297조 및 제300조 말단의 규정에 따라 이를 기각한다는 것이다. 다시 말하면 피고가 상고한 이유에 대한 심리가 아니라 정해진 기한 내에 상고취의서를 내지 않았기 때문에 대구복심법원이 상고를 기각한 것이 타당하다는 것이다. 그래서 상고심이 아니라 항고심이다.

한편 피고 나카야마가 애당초 제기한 상고이유는, 원판결에서 증거

---

[18] 형법 제246조 ①사람을 기망하여 재물을 편취한 자는 10년 이하의 징역에 처한다. ②전항의 방법으로 재산상 불법 이익을 얻거나 다른 사람으로 하여금 이를 얻게 한 자도 같다.

채용이 지나치게 가혹하여 본건 단죄의 자료로서는 피고가 사용한 한 조선인(池憲伊)의 증언밖에 없다는 점, 그리고 이 사건은 사실상 동업자 간의 질시의 결과인데 밀고자조차 실재 인물이 아니라는 점을 들고 있다. 후자에 관해서는 판결문에서 따로 언급된 것이 없어서 더 이상 해석이 어렵지만 전자의 경우는 보다 분명한 논지를 제시할 필요가 있었다. 왜냐하면 점원 지헌이의 증언은 그대로 신뢰하기 어려운 약점이 없지 않기 때문이다. 다시 말하면 애당초 경찰관 심문 때의 이야기와 이후의 증언이 달라진 경위가 있기 때문에 번복의 가능성이 있는 점원의 증언이 이번에는 확실하다는 점을 보다 분명하게 제시할 필요가 있었다. 물론 실제 재판에서는 이 부분은 피고 측 변호사가 적극 입증해야 할 사안이었을지도 모르지만.

결국 이 사건은 앞서도 언급한 바와 같이 피고가 일본인이라는 점도 작용하였을지 모르지만 범죄 자체의 성립 여부를 두고 다툼이 있고 따라서 적용 법률도 다기에 걸친 복잡한 사건이었다. 3심은 적극적인 심리를 피했기 때문에 특별히 논의할 사안이 별로 없지만 2심의 경우는 스스로 증거불충분을 이야기하면서도 그 점에 대해 확실한 판단을 내리지 않고 비켜가는 방식으로 결정을 내린 점은 지적해두지 않을 수 없다. 그럼에도 불구하고 이 사건은 징역 5월이라는 비교적 무거운 처벌을 받았다.

34) 이○○ 판결문
(1912년 형 93호, 大正1年刑第93号, 光州地方裁判所)

이 판결문은 1912년 12월 12일 광주지방재판소 장흥지청에서 작성한 이○○의 도량형법 위반사건에 관한 것으로 그 내용은 다음과 같다. 전라남도 강진군 대곡면 장항리 거주 이○○(58세, 상업)에 대해 검사사무취급 조선총독부 경시 이마무라(今村嘉之助) 입회, 심리하에 기동연(畸東衍) 판사가 벌금 3원에 처하는 판결을 내렸다. 압수된 양기(量器)는 이를 관에 몰수함.

피고는 1912년 11월 20일 오후 3시경 전라남도 장흥시장에서 강진군 고군내면 삼인리 방진상에 대해 정부의 증인 없는 양기(압수1호)를 사용하여 밤을 판매하였다.

위의 사실은 본 법정에서의 피고의 공술 및 압수한 양기의 현존에 의해 이를 인정함.

이를 법률에 비춰보면 피고의 소위는 도량형법 제6조 제1호에 의거, 동법 제8조의 벌금형을 선택하여 피고를 벌금 3원에 처함에 상당하고 압수된 양기는 범죄행위에 관련된 물건이므로 형법대전 제118조에 의거, 이를 관에 몰수하는 것으로 하고 주문과 같이 판결함.

해 제

이 문서는 국가기록원에 소장되어 있는 판결문으로 문서번호는 CJA0002042-0169이며 이○○의 도량형법 위반사건에 관해 판결한 것이다. 이 사건은 전남 강진 장항마을에 사는 이○○이 인근 장흥시장에서 밤을 파는 데 정부의 증인이 없는 이른바 '부정' 됫박을 사용하다가 적발된 건이다. 이○○이 사는 마을이 당시 판결문에는 강진군 대곡면 장항리로 되어 있는데 추정컨대 지금의 군동면 장산리 장항마을인 듯하고 거기서 장흥장까지는 7km 정도여서 이○○으로서는 거의 빠짐없이 장날이면 가서 장사를 하는 곳이었을 터이다. 직업란이 흔히 볼 수 있는 농업이 아니라 아예 상업으로 되어 있는 것으로 보아 그나마 약간의 전답도 없는 거나 마찬가지의 장돌뱅이였던 것으로 생각된다.

그렇다면 그가 적발된 정부 증인 없는 양기(量器)는 법률상으로는 상습적으로 사용한 것으로 간주될 가능성이 커 이○○ 같은 영세 장돌뱅이로서는 상당히 무거운 벌금 3원에 처해졌다. 전해인 1911년에 비해 도량형법 위반사건이 거의 없고 그것도 장흥지청에서는 유일한 건이라 어떤 의미에서는 시범케이스로 엄벌에 처해진 것으로 볼 수도 있을 것 같다.

35) 민○○ 판결문(1913.01.24. 京城地方法院)

 이 판결문은 1913년 1월 24일 '경성'지방법원에서 작성된 민○○의 도량형법 위반사건에 관한 것으로 그 내용은 다음과 같다. 경성부 용산면 유화동 거주 민○○(25세, 행상)에 대해 조선총독부 검사 나진의 간여, 심리하에 카마다(鎌田 裕) 판사가 곤장 90대에 처하는 판결을 내리고 압수한 말(枡)은 이를 몰수하였다.

 피고는 1911년 3월경부터 백미행상을 하고 있었는데 동업자 송여장이라는 자가 '부정' 되를 사용하여 불법 이익을 챙긴다는 것을 듣고 송여장에게 부탁하여 자기 소유의 1되짜리 되의 내부에 얇은 판을 붙여서 되에 담기는 양을 줄여 이익을 취하고자 하여 같은 해 8월 29일경 용산 모토마치(元町 4丁目) 과자상 이부카(井深嘉吉) 집에서 백미 1말을 팔았는데 앞서 말한 부정 되를 사용하여 백미를 이부카에게 주고 아직 대금을 받기 전에 이부카가 부정 양기임을 발견하자 피고는 곧바로 도주함으로써 소기의 목적을 달성하지 못했다.

 이를 법률에 비춰보면 피고의 도량형기 변조 행위는 도령형법 제8조 제4호에 해당하여 징역형을 선택하고 형사령 제42조[19])에 의해 3년 이하

---

[19]) 조선형사령 제42조 본령 시행 후에도 효력을 지닌 구한국법규의 형은 다음의 예에 따라 본령의 형명으로 바꾼다. 단, 형의 기간 또는 금액은 다음에 한하지 않는다.

구한국법규의 형	본령의 형
사형	사형
종신역형	무기징역
종신유형(流刑)	무기금고
15년 이하의 역형	유기징역
15년 이하의 유형 또는 금옥(禁獄)	유기금고

의 징역형에 처하고 사기취재미수의 건은 형법 제246조 제1항,[20] 제43조[21]에 해당하는데, 이상의 두 소위는 수단, 결과의 관계에 있으므로 동법 제54조 제1항,[22] 제10조 제2항[23]에 의해 그중 가장 무거운 사기취재미수죄에 대한 형을 적용, 피고를 징역 3개월에 처할 것이나 정상에 의해 조선태형령 제1조, 제4조에 따라 피고를 태 90에 처하고 압수한 되는 형법 제19조 제1항, 제2항에 따라 처분하도록 하고 주문과 같이 판결하였다.

해제

이 문서는 국가기록원에 소장되어 있는 판결문으로 문서번호는 CJA0000062-0052이며 민○○의 도량형법 위반사건에 관해 판결한 것이다. 이 사건은 서울에서 미곡행상을 하는 민○○이라는 자가 동업자가 부정 양기를 이용하여 불법 이득을 챙기는 것을 보고 자신의 되도 그에게 부탁하여 되 안에다가 얇은 판을 대어 이익을 볼 요량으로 용산 거주 과자점 주인에게 쌀 1말을 팔았는데 쌀을 산 사람이 되를 속인 것을

벌금	벌금
구류	구류
과료	과료
몰입	몰수
태형	20일 이하의 구류 또는 과료

[20] 형법 제246조 ①사람을 기망하여 재물을 편취한 자는 10년 이하의 징역에 처한다.
[21] 형법 제43조 범죄의 실행에 착수하고 이를 수행하지 못한 자는 그 형을 경감할 수 있다. 단, 자기의 의사에 의해 이를 정지한 때는 그 형을 경감 또는 면제한다.
[22] 형법 제54조 ①1개의 행위로 몇 개의 죄명에 저촉되거나 또는 범죄의 수단 혹은 결과인 행위가 다른 죄명에 저촉될 때는 그중 가장 무거운 죄로 처단한다.
[23] 형법 제10조 ②동종의 형은 장기 중의 긴 쪽 또는 다액 중의 많은 쪽을 구거운 것이라 하고 장기 또는 다액 중의 같은 것이란 그 단기 중의 긴 쪽 또는 과액(寡額) 중의 많은 쪽을 무거운 것이라 한다.

눈치 채자 돈도 못 받고 도망친 건이다.

따라서 이 사건의 피고인 민○○의 행위는 도량형법 위반과 사기취재미수라는 두 개의 범죄를 구성하였다. 이는 형법 제54조 제1항에 해당하는 것으로 이른바 견련범에 관한 것이다. 견련죄에 관해서는 이 책 12. 횡령사건 중 3) 1913년 형상 제70호(大正2年刑上第70号, 高等法院)의 해제를 참조하기 바란다.

36) 정○○ 등 판결문
(1913년 형 제17, 18호, 大正2年刑第17, 18号, 大邱地方法院)

이 판결문은 1913년 1월 31일 대구지방법원에서 작성된 정○○, 김□□, 최△△의 도량형법 위반사건에 관한 것으로 그 내용은 다음과 같다. 경북 영천군 내동면 조교동에 사는 정○○(37세, 농업), 김□□(56세, 농업 겸 주막업), 최△△(49세, 주막업)에 대해 조선총독부 검사 야마다(山田俊平)의 간여하에 타치카와(立川二郎) 판사가 각각 곤장 6)대에 처하는 판결을 내리고 압수한 구 말(枡) 2개는 몰수하였다.

피고 정○○는 1912년 12월 10일 밤 같은 동네에 사는 최△△의 집에서 권인술로부터 나락 9말을 사면서 정부의 증인이 없고 또 검정도 받지 않은 김□□ 소유의 구(舊) 1말짜리 양기를 사용하였다.

피고 김□□은 같은 날 밤 정○○가 나락을 매입하는 데 사용할 것을 알면서 자기 소유의 전기 구 1말짜리 양기를 빌려줌으로써 그 범죄를 방조하였다.

피고 최△△은 같은 달 14일 밤 자기 집에서 권인술로부터 백미 7되를 사면서 정부의 증인도 없고 검정도 받지 않은 자기 소유의 구 1말짜리 양기를 사용하였다.

위의 피고 정○○, 최△△의 소위는 도량형법 제6조를 위반하고 동법 제8조에 해당하는 범죄이고 피고 김□□의 소위는 상기 2개조 및 형법 제62조 제63조에 해당하는 범죄이므로 각각 조선형사령 제42조를 적용하여 역형을 징역형으로 변경하고 김□□에 대해서는 형법 제68조에 따라 형기, 금액의 2분의 1을 감하고 징역형을 선택하여 각 피고에게 징역

2월에 처해야 할 것이나 정상을 참작하여 조선태형령 제1조, 제4조를 적용, 각각 주문의 형을 과하고 압수품 중 구 1말짜리 양기는 죄에 사용된 물건이고 각 피고의 소유에 속하는 물건이므로 형법 제19조에 따라 몰수하기에 상당하다고 판결하였다.

해 제

이 문서는 국가기록원에 소장되어 있는 판결문으로 문서번호는 CJA0001188-0042이며 정○○, 김□□, 최△△ 등 세 사람의 도량형법 위반사건에 관해 판결한 것이다. 이 사건은 경상북도 영천군 내동면 조교동에 사는 정○○와 최△△이 그 동네에서 주막을 하는 최△△의 집에서 권인술로부터 나락 또는 백미를 샀는데 이때 그전부터 써오던 말, 즉 정부의 증인이 없고 검정도 받지 않은 이른바 부정 양기를 사용하였다는 내용이다. 또 피고 김□□은 정○○가 나락을 살 때 자기 소유의 말을 빌려줌으로써 도량형법 위반죄를 방조한 혐의이다.

이들에게 나락이나 백미를 판 권인술에 대해서는 판결문에 기재된 것이 없으므로 확실히는 알 수 없으나 적어도 그가 이를 파는 일을 업으로 하는 상인은 아니었을 것으로 보아도 좋지 않을까 싶다. 왜냐하면 그것을 업으로 하는 사람이라면 그 가게에서 나락이나 백미를 파는 것이 일반적일 것이고 또 거기에 사용하는 양기 또한 상인이 가지고 있었을 것이기 때문이다.

그렇게 본다면, 농업을 하고 있는 정○○가 왜 나락을 사야 했는지는 알 수 없으나 이들 피고나 그들에게 나락이나 백미를 판 권인술이나 또 말을 빌려준 김□□ 모두 한 동네에 사는 주민들이고 주민들 사이에서 양식으로 쓸 나락 내지 쌀을 조금씩 사고파는 일에 지금까지 늘 써왔던 말을 사용한 것이 사건의 발단이 되었다는 점에서 도량형법 시행이 지니는 특별한 의미가 있다 할 것이다. 다시 말하면 한 나라의 상품화폐경제의 발달에 따른 국민경제의 통합 과정에서 요구되는 도량형의 통일, 정비의 필요성은 말할 필요도 없겠지만 식민지 지배의 효율성을 기하고 식민지 경제의 신속한 포섭과 이를 통해 식민지 민중들을 장악하는 데 도량형법이 매우 유용한 도구로 활용되었다는 점에서.

37) 시○○ 판결문
   (1913년 형 제77호, 大正2年刑第77号, 大邱地方法院)

 이 판결문은 1913년 2월 17일 대구지방법원에서 작성된 시○○의 도량형법 위반 및 사기사건에 관한 것으로 그 내용은 다음과 같다. 경북 고령군 우하면 야정동에 사는 시○○(34세, 농업)에 대해 조선총독부 카와무라(河村靜水)의 간여하에 타치카와(立川二郞) 판사가 징역 7월에 처하는 판결을 내리고 압수한 형기는 몰수하였다.

 피고는 1913년 1월 20일 고령군 고령시장에서 자기 소유의 형기에 검정솜을 끼워 넣어 이를 변조하여 물건을 팔 때 양을 속여 부정한 이익을 얻을 수 있도록 하고 계속의 의사를 가지고 그날 그 시장에서 두 번에 걸쳐 이를 사용하여 이름을 알지 못하는 두 사람에 대해 각각 솜 10근을 1원씩에 팖으로써 그 대금을 편취하였다.

 이상의 사실은 피고의 본 법정에서의 자백에 의해 재판부가 이를 인정하였다.

 위의 형기 변조 행위는 도량형법 제8조 제4호에 해당하고 변조 형기를 사용한 소위는 형법 제55조, 도량형법 제6조 제4호를 위반하고 동법 제8조 제2호에 해당하며 사기취재의 소위는 형법 제55조, 동법 제246조 제1항에 해당하는 범죄로서 각각 수단, 결과의 관계에 있는 견련죄가 되므로 조선형사령 제42조, 형법 제54조, 제10조를 적용하되 무거운 사기의 형에 따라 피고에게 주문의 형을 과하고 변조되어 범죄에 제공된 피고 소유의 형기는 형법 제19조에 의해 몰수하는 것으로 하였다.

해 제

이 문서는 국가기록원에 소장되어 있는 판결문으로 문서번호는 CJA0001190-0069이며 시○○의 도량형법 위반사건에 관해 판결한 것이다. 이 사건은 경상북도 고령군 우하면 야정동에 사는 시○○이 1913년 1월 20일 고령시장에서 자신의 저울을 변조하여 당일 그 시장에서 두 사람에게 솜을 팔면서 이 변조한 저울을 사용한 건이다.

이 사건은 다른 유사한 사건에 비해 징역 7월이라는 상당히 무거운 형을 언도받았다. 자신이 소유하고 있던 정규 형기를 스스로 변조하여 장사에 사용하였다는 점에서 적극적인 범의가 있고 또 계속의 의사가 있다고 판단되었기 때문일 것이다.

그렇다고 해서 그 점 때문에 가중처벌을 받은 것은 아니고 법정형(도량형법 제8조는 3년 이하의 징역 또는 500원 이하의 벌금, 형법 제246조의 사기죄는 10년 이하의 징역)을 기준으로 보면 비교적 낮은 형에 해당하므로 형량에 대해 이의를 제기할 수준은 물론 아니다. 그리고 이 사건에서도 형법 제54조의 이른바 견련죄가 적용되었고 도량형법 위반죄와 사기죄 중 무거운 쪽인 사기죄에 따라 처벌되었다.

시○○은 직업이 농업으로 되어 있으나 장에서 솜을 팔다가 적발된 것으로 보아 당시 흔히 볼 수 있었던 반농반상의 장돌뱅이였을 것으로 추정된다. 이 건은 대구지방법원에서 같은 날 판결을 받았다가 항소한 CJA0000704-0052 사건과 매우 유사하다. 이와 비교할 때, 본건의 경우는 명시적 기술은 없으나 아마도 현장에서 적발된 건으로 보이고 그래서 달리 벗어날 길이 없어서였는지 모르지만 상당히 과중한 처벌에도 불구하고 항고하지 못하였다. 영세한 장돌뱅이의 경제 형편으로는 엄두도 못 낼 일이어서였을까?

38) 김○○ 판결문
(1913년 형공 제76호, 大正2年刑控第76号, 大邱覆審法院)

이 사건의 1심 판결문은 1913년 2월 17일 대구지방법원에서 작성된 김○○의 사기 및 도량형법 위반사건에 관한 것으로 그 내용은 다음과 같다. 이 재판은 경상남도 창녕군 오야면 봉곡동 거주 김○○(40세, 상업)에 대해 아카이(赤井定義) 검사 간여하에 타치카와 판사가 징역 7월에 처하는 판결을 내리고 압수한 형기는 몰수하였다.

피고는 부정한 이익을 얻을 목적으로 1913년 1월 20일 경상북도 고령시장에서 자신이 가지고 있던 형기에 직경 1푼 크기의 나무조각을 끼워 넣어 변조함으로써 정량 13근짜리가 14근 40돈의 눈금을 가진 것으로 만들어 계속의 의사를 가지고 같은 날 같은 시장에서 두 번에 걸쳐 이를 사용, 이름을 알 수 없는 두 사람에게 각각 실면 13근을 대금 1원씩에 팔아 그 대금을 편취하였다.

이상의 사실은 피고의 자백에 의해 이를 인정하였다.

이를 법률에 비춰보면, 위의 형기를 변조한 소위는 도량형법 제8조 제4호에 해당하고, 변조한 형기를 사용한 소위는 동법 제6조 제4호를 위배하여 동법 제8조 제2호에 해당하여 형법 제55조를 적용하여 1죄로 처단하고 사기취재의 소위는 형법 제246조 제1항, 제55조에 해당하고 위 도량형 변조, 동 사용 및 사기는 수단, 결과의 관계가 있는 견련죄가 되므로 조선형사령 제42조, 형법 제54조 제1항, 제10조를 적용하여 그중 무거운 사기의 형에 따라 피고에게 주문과 같이 징역 7월에 처하는 것으로 하고 변조에 관련되고 또 범죄에 제공된 피고 소유의 형기는 형법

제19조에 따라 몰수하는 것으로 하였다.

이상의 1심 판결에 대해 피고가 이에 불복하여 항소함으로써 1913년 3월 4일 대구복심법원에서 오카모토(岡本至德) 검사 간여하에 나가누마(永沼直方), 사이토오(齋藤庄三郎), 김의균(金宜均) 등 3명의 판사가 심리하여 원 판결에서도 같은 취지로 언도한 것은 상당하다고 보아 피고의 공소는 이유 없다고 하여 이를 기각하는 판결을 내린 것이다.

해제

이 문서는 국가기록원에 소장되어 있는 판결문으로 문서번호는 대구지방법원 CJA0001191-0010, 대구복심법원 CJA0000704-0052이며 경상남도 창녕군 오야면 봉곡동 거주 김○○에 대해 대구지방법원 및 대구복심법원이 내린 판결문이다. 이 사건은 피고 김○○이 거주지인 창녕으로부터 상당히 멀리 떨어진 고령시장에서 자신이 가지고 있던 정규 형기를 변조하여 그 자리에서 실면(實綿)을 거래하면서 그 변조한 저울을 사용한 건으로 1심에서 징역 7월을 언도받고 항소하였으나 2심에서 기각되었다. 그가 받은 판결은 다른 유사사건에 비해 그 형이 꽤 무거운 편인데 이는 자신이 가진 형기를 직접 변조하였고 그 변조한 형기로 계속의 의사를 가지고 영업을 하려고 했던 점이 고려된 것으로 볼 수 있을 것이다. 그리고 여기서도 형법 제54조의 이른바 견련죄를 적용하였고 도량형법 위반죄와 사기죄 중 무거운 쪽인 사기죄에 따라 처벌되었다.

이 사건은 1심에서 같은 날 대구지방법원에서 판결을 받은 CJA0001190-0069 시○○ 사건과 매우 유사하다. 자신이 가지고 있던 정규 형기를 스스로 변조하였고 이를 자신의 영업에 사용하여 계속의 의사를 가진 범행으로 인정된 점, 그리고 판결문에 명시된 것은 아니지만 장에서의 거래에 변조한 형기를 사용하다가 적발된 것으로 보이고 비교적 무거운 형량인 징역 7월을 받은 점에서도 그렇다. 하지만 본건의 피고가 앞의 시○○과 다른 점은 그의 직업이 그냥 상업으로 되어 있으나 거래하다 적발된 품목이 실면이고 또 자기 집에서 꽤 멀리 떨어진 곳까지 장을 보러 다니는 것으로 보아 어느 정도 규모가 커 보인다는 점이다. 다른 사건에 비해 무거운 처벌을 받았기도 하려니와 조선인 피고들 중에서는 흔하지 않은 항소를 제기할 수 있었던 것은 그의 상업규모와 어느 정도 관련이 있지 않을까.

 그럼에도 불구하고 분명히 인식해두어야 할 점은, 이 사건의 경우는 일단 정규 형기를 소유하고 있으면서 이를 변조한 점에서 일반적인 관습범의 사례와 구분할 필요가 있다는 점이다. 앞의 시○○ 사건도 그 점에 있어서는 마찬가지다.

39) 박○○ 판결문(1913년 형공 제134호, 大正2年刑公第134号, 光州地方法院 全州支廳)

이 판결문은 1913년 3월 27일 광주지방법원 전주지청에서 작성된 박○○의 도량형법 위반사건에 관한 것으로 그 내용은 다음과 같다. 전라북도 금구군 남면 신덕리에 사는 박○○(37세, 농업)에 대해 조선총독부 검사 타나카(田中信助) 간여하에 정섭조 판사가 벌금 10원에 처하는 판결을 내리고 이 벌금을 완납할 수 없을 때는 6일간 노역장에 유치할 것을 명하였다.

피고 박○○은 1913년 3월 16일 전라북도 금구군 초처면 신주평리 김정로(金正老)의 집에 도착하여 그로부터 징수를 위해 빌려준 나락을 돌려받으면서 고의로 같은 동네 사는 신량선(申良善) 소유의 폐기한 옛 말을 사용하여 나락 8말 2되를 수령하였다.

위의 사실은 고발서, 사법경찰관의 피고에 대한 신문조서, 김정로·신량선에 대한 청취서 및 검사의 피고에 대한 신문조서에 판시한 것과 같은 취지의 기재 등으로 증빙이 충분하다.

이를 법률에 비춰보면 피고의 소위는 도량형법 제6조 제1호, 제8조 제2호에 해당하므로 벌금형을 선택하고 형법시행법 제20조, 즈선형사령 제42조에 의하여 벌금 20원에 처할 것이나 정상을 참작할 점이 있으므로 동법 제66조, 제71조, 제68조 제4호에 따라 감경 처단하는 것으로 하고 벌금을 완납하지 못할 경우에는 동법 제18조 제1항에 의하여 6일간 노역장에 유치하는 것으로 하여 주문과 같이 판결하였다.

> 해 제

　이 문서는 국가기록원에 소장되어 있는 판결문으로 문서번호는 CJA0001722-0133이며 박○○의 도량형법 위반사건에 관해 판결한 것이다. 이 사건은 전라북도 금구군 남면 신덕리에 사는 박○○이 다른 사람에게 빌려줬던 나락을 받으면서 굳이 그 동네 사람이 가지고 있던 옛 말을 사용하여 양을 늘려 받았다고 고발을 당한 건이다.

　이전부터 관행적으로 써왔던 도량형기를 지금까지의 관행대로 사용하다가 적발되어 처벌을 받은 많은 다른 사례와 비교할 때 이 사건은 좀 다르다. 다시 말하면, 피고인 박○○은 자기 마을에서 얼마나 떨어진 마을인지 확실하지 않으나 아무튼 다른 마을에 가서 빌려줬던 나락(貸籾)을 받는데 굳이 이미 폐기한 옛 말을 빌려다가 그것으로 나락을 되어 받았다는 것이다. 그리고 나락을 받은 박○○과 이를 갚은 김정로가 어떤 관계인지도 명시되어 있지 않아 알 수 없지만 이 사건에서는 이로 인해 손해를 입은 김정로가 이를 당국(일제)에 고발하였다는 것이다.

　현장에서 이의를 제기할 수 없는 관계였기 때문일까? 지주와 소작관계이거나 아니면 그 지역사회에서 행패깨나 부리는 자였을까? 실상을 지금 와서 알아내기는 어렵겠지만 도량형법 시행으로 인해 조선의 농촌사회 내부에서도 이를 고발과 소송으로 해결하려는 새로운 관계가 이미 형성되기 시작한 것으로 볼 수는 없을까? 지주 소작관계와 같이 경제적 불평등관계 혹은 신분적 종속관계로 인해 오랜 세월 일방적으로 착취당해오던 관계를 새롭게 정립하기 위한 시도라면 좋겠지만 서로 믿고 사용해오던 도량형기가 시비의 원인이 되고 그것이 법률에 호소하는 삭막한 관계로 변질되는 형태의 것이라면 그것은 또 다른 형태의 문제를 내포하기 시작하는 것일 터이므로.

40) 최○○ 판결문
(1913년 형 제18호, 大正2年刑第18号, 大邱地方法院 盈德支廳)

 이 판결문은 1913년 4월 5일 대구지방법원 영덕지청에서 작성된 최○○의 도량형법 위반사건에 관한 것으로 그 내용은 다음과 같다. 경북 영해군 북이면 백륙동에 사는 최○○(53세, 제염업)에 대해 검사사무 취급 조선총독부 경부 요시이(吉井瀅)의 간여하에 호리오(堀尾文太郎) 판사가 벌금 20원에 처하는 판결을 내리고 벌금을 완납할 수 없을 때는 20일간 노역장에 유치하며 영치물건은 제출인에게 돌려주고 공소비용은 피고가 부담하라고 하였다.
 피고 최○○는 누나 모씨가 영해군 북이면 백륙동에서 염전 소작을 하고 있어서 이를 보좌함과 동시에 제염에 종사하던 중 1913년 3월 19일 그 소금을 판매하려는데 정부의 증인이 있는 새 양기를 넣어둔 소금 창고의 열쇠를 찾지 못하여 이를 꺼낼 수 없었기 때문에 종래 제염소 창고에서 두고 쓰던 정부에서 파는 것이 아닌, 증인 없는 되를 사용하여 정뇌영(鄭賴永) 외 1명에게 소금 1섬 9되를 되어서 팔았다.
 이를 법률에 비춰보면 피고의 행위는 1909년 법률 제6호 도량형법 제6조 제1호를 위반하여 정부의 증인 없는 양기를 사용한 것으로 동법 제8조에 의해 3년 이하의 역형 또는 5백 원 이하의 벌금에 처하는 것으로 하고 또 구한국 법규를 적용함에 있어서 조선형사령 제42조에 의해 그 형명을 변경하여 벌금형을 선택하고 그 범위 안에서 벌금 20원에 처하였다. 그리고 그 벌금을 완납하지 못할 때의 노역장 유치기간은 형법 제18조에 의해 20일간으로 정하고 영치물건은 피고의 소유에 속하므로 형사소송법 제202조에 의해 제출인에게 돌려주며 소송비용은 동법 제201조에 따라 주문과 같이 판결하였다.

해 제

이 문서는 국가기록원에 소장되어 있는 판결문으로 문서번호는 CJA0001585-0010이며 최○○의 도량형법 위반사건에 관해 판결한 것이다. 이 사건은 경상북도 영해군 북이면 백륙동에 사는 최○○가 자신이 일하던 제염장에서 소금을 팔려고 하는데 하필 정부 증인이 있는 새 양기를 넣어둔 소금창고의 열쇠를 찾을 수 없어서 종래부터 제염소 창고에서 써왔던 증인 없는 양기를 사용하여 두 사람에게 소금을 판 건이다.

최○○는 자신의 누나가 경영하는 염전소작을 도우며 제염에 종사하는 자로서 1913년 3월 19일 소금을 팔려고 하는데 정부 증인이 있는 양기를 넣어둔 소금창고의 열쇠를 찾지 못해 종래부터 사용해오던 증인 없는 양기를 사용하여 두 사람에게 소금을 판 죄로 재판을 받은 것이다.

이 판결에서는 일단 정부 증인이 있는 새 양기를 가지고 있었다는 점, 그리고 소금을 팔려고 할 때 하필 그것을 넣어둔 창고 열쇠를 찾지 못해 우선 종전부터 쓰던 증인 없는 양기를 사용한 점 등에서 이 불법 양기를 사용할 계속의 의사가 있었던 것으로는 재판부가 보지 않았던 것으로 보인다. 또 압수되었던 불법 양기도 피고 최○○가 비록 염전소작을 경영하는 이의 동생이기는 하나 일단 고용인의 신분일 것이고 따라서 그의 소유가 아닌 것으로 보아 이의 몰수를 명하지는 않았다.

이 사건을 통해서는 염전소작의 관행 사례를 확인할 수 있고 염전의 입지로 보아 비교적 벽지에 속하는 지역이었을 것임에도 불구하고 단속의 손길이 어김없이 미치고 있음을 알 수 있는 동시에 당시 일제 식민

당국이 도량형법 단속을 통해 조선을 장악하는 데 얼마나 힘을 쏟고 있었는지를 알 수 있는 자료이기도 하다.

41) 우○○ 판결문
(1913년 공형 제447호, 大正2年公刑第447号, 京城地方法院)

이 판결문은 1913년 6월 2일 '경성'지방법원에서 작성된 우○○의 도량형법 위반사건에 관한 것으로 그 내용은 다음과 같다. 경성부 인창면 전농리 거주 우○○(38세, 농업)에 대해 조선총독부 검사 나가야(長屋戒三) 간여, 심리하에 하타(畑義三) 판사가 곤장 60대에 처하는 판결을 내렸다.

피고는 1913년 5월 11일 경기도 가평군 군내면 객사리 6통 9호 정태홍(鄭太弘) 소유의 검인 없는 되를 빌려와 같은 날 같은 마을에 사는 문 아무개 집에서 빌려온 되로 이름 미상의 자에게 고추 5말가량을 팔았다. 피고가 정부의 검인이 없는 되를 사용한 행위는 도량형법 제6조 제1호, 제8조 제2호, 형사령 제42조에 해당하여 3년 이하의 징역형을 선택하고 그 형기 내에서 피고에게 징역 2개월에 처할 것이나 정상을 참작하여 조선태형령 제1조 및 제4조에 따라 피고에게 태형에 처함. 또 압수물건은 몰수에 해당하지 않아 형사소송법 제202조에 따라 이를 소유자에게 돌려주도록 하였다. 이에 주문과 같이 판결함.

해 제

이 문서는 국가기록원에 소장되어 있는 판결문으로 문서번호는 CJA0000047-0004이며 나가야 검사 심리하에 하타 판사의 단독심으로 판결이 이루어졌다. 피고 우○○은 자신이 농사지은 고추를 파는데 이웃

집의 되를 빌려서 사용하였는데 그게 검인 없는 부정한 양기라 하여 적발된 사례이다.

42) 손○○ 판결문(1913년 형 제227호, 大正2年刑第227号, 釜山地方法院 密陽支廳)

이 판결문은 1913년 6월 14일 부산지방법원 밀양지청에서 작성한 손○○의 사기 및 도량형법 위반사건에 관한 것으로 그 내용은 다음과 같다. 경상남도 밀양군 부내면 남부리에 사는 중국인 손○○(27세, 곡물소매상)에 대해 검사사무 취급 조선총독부 재판부 서기 스에이시(末石毅) 간여, 심리하에 무로(室喜一郞) 판사가 징역 2월에 처하는 판결을 내리고 압수물건은 소유자에게 돌려주게 하였다.

피고는 미곡을 소매하면서 그 양을 줄여 부정하게 금전을 편취할 의사를 연속적으로 가지고 첫째, 1913년 5월 27일 오전 9시경 경상남도 밀양군 부내면 남부리 곽태형의 집에서 그 사람이 소유하고 있던 1905년 법률 제1호 도량형법에 의거하여 제작된 1되짜리 양기의 밑바닥에 얇은 판을 덧붙여 용량이 4.3작(勺) 줄어들도록 변조하였다.

둘째, 같은 날 같은 시장에서 쌀을 소매할 때 위의 변조한 양기를 합법적인 양기인 양 가장하여 이를 사용, 주소 씨명을 알 수 없는 수십 명의 사람에게 총 1섬 4말의 쌀을 팔아 부정한 방법으로 86전 6리를 편취하였다.

셋째, 같은 해 6월 1일 같은 시장에서 상기 변조한 양기를 사용하여 같은 방법으로 주소 씨명 미상의 자 수십 명에게 1섬 2말의 쌀을 팔아 부정하게 74전 3리를 편취하였다.

이상의 사실은 피고의 자백, 진정인의 진정서, 차압한 양기 등으로 이를 인정할 수 있었다.

이를 법률에 비춰보면, 상기 제1의 소위는 1910년 제령 제1호, 1909년 법률 제26호 도량형법 제11조, 제8조 제4호에 해당하므로 형사령 제42조를 적용하여 징역형을 선택하여 처단하고 제2, 제3의 소위 증 변조 형기 사용의 소위는 동 도량형법 제6조 제4호, 제8조 제2호, 형법 제55조, 시행령 제42조를 적용하여 징역형을 선택하여 처단하며 사기의 소위는 형법 제246조, 제55조를 적용하여 처단하고 양기변조 및 그 사용이 행위는 사기의 수단이므로 형법 제54조 제1항, 제10조 제2항을 적용하여 그중 무거운 사기에 대해 처단하며 압수물건은 형사소송법 제202조에 따라 소유자에게 돌려주도록 하고 주문과 같이 판결함.

해제

이 문서는 국가기록원에 소장되어 있는 판결문으로 문서번호는 CJA0001680-0054이며 손○○의 사기 및 도량형법 위반사건에 대해 판결한 건이다. 이 사건은 경상남도 밀양군 부내면 남부리에 사는 중국인 손○○이 1913년 5월 27일 밀양시장에 있는 곽태형의 집에서 곽태형 소유의 정규 양기를 변조하여 되가 적게 들어가도록 한 뒤 이틀 이용하여 그날, 그리고 6월 10일 같은 시장에서 두 차례 모두 수십 명의 사람에게 쌀을 팔아 부당이득을 편취한 건이다.

이에 대해 양기를 변조한 행위 및 이를 사용한 행위에 대해 각각 도량형법 위반과 사기죄를 적용하고 특히 변조된 양기를 합법적인 양기인 양 속여서 이를 사용함으로써 부당한 이득을 편취한 점에 대해 형법 제54조의 견련죄를 적용하였으며 비슷한 사례들 중 가장 무거운 편에 속하는 것은 아니지만 징역 2월이라는 비교적 무거운 형을 선고받았다. 적극적으로 양기를 변조한 행위, 그리고 그것을 이용하여 지속적으로 상당히 많은 사람들에게 쌀을 판 행위를 고려하였을 것이다.

그런데 변조한 양기는 손○○ 본인 소유가 아니기 때문에 소유자에게 돌려주라는 판결을 내렸다. 다시 말하면 그것을 단순히 소유하는 것만으로는 범죄행위를 구성하지 않는다는 뜻이다.

43) 용○○ 판결문
(1913년 공형 제512호, 大正2年公刑第512号, 京城地方法院)

이 판결문은 1913년 7월 7일 '경성'지방법원에서 작성한 용○○의 도량형법 위반사건에 관한 것으로 그 내용은 다음과 같다. 경기도 가평군 외서면 상감천 3통 4호 용○○(39세, 농업)에 대해 조선총독부 검사 가키하라(柿原琢郞) 간여, 심리하에 하타(畑義三) 판사는 벌금 10원에 처하는 판결을 내렸다.

피고는 1913년 5월 20일 오전 10시경 상기 주소의 자택에서 경기도 가평군 외서면 청평천에 거주하는 이원식(李元植)에게 대두를 팔았는데 정부의 증인 및 검정이 없는 도량형기를 사용하였다.

위의 사실은 본 법정에서의 같은 취지의 공술 및 압수한 도량형기로 증빙이 충분하다.

이를 법률에 비춰보면, 피고의 상기 행위는 도량형법 제6조 제1호, 제8조 제2호에 해당하므로 벌금을 선택하고 또 형사령 제42조를 적용하여 그 소정 금액 내에서 피고에게 벌금 10원에 처하되 상기 벌금을 완납할 수 없을 때에는 형법 제18조 제1항에 의해 피고에게 10일간 노역장에 유치하고 또 압수물건은 범죄에 사용한 것으로 피고의 소유이니 동법 제19조 제1항 제2호 및 제2항[24]에 따라 이를 몰수한다. 이에 주문과 같

---

[24] 형법 제19조 ①다음에 기재한 물건은 이를 몰수할 수 있다. 1)범죄행위를 조성한 물건 2)범죄행위에 제공되거나 또는 제공하려고 한 물건 3)범죄행위에 의해 생겼거나 또는 이에 의해 얻은 물건. ②몰수는 그 물건이 범인 이외의 자에 속하지 않을 때에 한함.

이 판결함.

해 제

이 문서는 국가기록원에 소장되어 있는 판결문으로 문서번호는 CJA0000033-0023이며 가키하라 검사의 심리하에 하타 판사의 단독심으로 판결이 이루어졌다.

사건은 매우 단순하다. 경기도 가평군의 농민이 같은 면에 있는 이웃 마을 주민에게 콩을 팔았는데 그때 사용한 도량기(당시 관행으로 보면 말이나 되였을 것으로 추정되나 매매한 콩의 양이 어느 정도인지조차 기재되어 있지 않아 되였는지 말이었는지는 알 수 없다)가 정부가 인정한 것이 아닌, 말하자면 불법 도량형기였다는 것이다.

44) 이○○ 판결문(1913.10.25. 京城地方法院)

이 판결문은 1913년 10월 25일 경성지방법원에서 작성한 이○○의 도량형법 위반사건에 관한 것으로 그 내용은 다음과 같다. 경기도 가평군 외서면 청평천에 거주하는 이○○(42세, 농업, 타면업을 부업으로 함)에 대해 조선총독부 검사 이시하라(石原琢郎) 입회, 심리하에 홍승근(洪承瑾) 판사가 벌금 20원에 처하는 판결을 내렸다. 벌금을 선납하지 못할 때는 10일간 노역장에 유치하기로 하고 압수된 형기 1개는 이를 몰수하라고 하였다.

피고는 1912년 3월경부터 가평군 외서면 청평천에 있는 자신의 집에서 타면을 영위하는 자로 다음 해인 1913년 9월 10일경까지의 사이에 같은 동네 사는 류씨 외 20여 명으로부터 솜을 타줄 것을 부탁받고 솜을 달 때 연속의 의사를 가지고 자기 집에서 소유하고 있던 정부 증인 없는 구 형기를 사용한 것이다.

위의 사실은 피고의 본 공판정에서의 판시 사실과 부합하는 자백 및 압수한 물건에 의해 이를 증빙하기에 충분하였다.

이를 법률에 비춰보면 피고의 소위는 도량형법 제6조 제1항을 위반한 것으로 동법 제8조 제2항 및 형법 제55조[25])에 해당하므로 이를 적용하여 벌금형을 선택하고 조선형사령 제42조, 형법 제18조 제1항 및 제4항[26])

---

[25]) 형법 제55조 연속하는 몇 개의 행위가 동일 죄명에 저촉될 때에는 하나의 죄로 보아 이를 처단한다.
[26]) 형법 제18조 ①벌금을 완납하지 못하는 자는 1일 이상 1년 이하의 기간 동안 이를 노역장에 유치한다. ④벌금 또는 과료를 언도할 때에는 그 언도와 더불어 벌금 또는 과료를 완납하지 못하는 경우의 유치 기간을 정하여 이를 언도하여야 한다.

을 적용하여 처단하고 차압된 물건에 관해서는 형법 제19조 제1항 제1호 및 제2항[27]을 적용하여 처분하기로 하여 주문과 같이 판결하였다.

해 제

이 문서는 국가기록원에 소장되어 있는 판결문으로 문서번호는 CJA0000049-0082이며 이○○의 도량형법 위반사건에 관해 판결한 것이다. 이 사건은 경기도 가평군 외서면 청평천에 사는 이○○이 농사를 지으면서 부업으로 솜을 타는 일을 하는데 같은 동네 주민 20여 명으로부터 솜을 타줄 것을 의뢰받아 그 솜을 타는 과정에서 자신이 소유하고 있던 종래의 이른바 정부 증인 없는 저울을 사용하다가 적발된 건이다. 이○○이 솜 타는 일을 한 것이 어제 오늘의 일이 아니고 또 같은 동네에 사는 이웃들의 솜을 타주는 일이었던 만큼 일상적이고 관행적인 일이었음을 생각하면 지금까지 늘 사용해오던 저울을 사용한 것 때문에 처벌받는다는 것이 여러 가지 면에서 이 사람들에게는 충격이었을 가능성이 크다. 담당경찰이 순찰 중에 단속에 걸렸을 수도 있고 최악의 경우는 누군가의 제보에 의한 것일 수도 있을 것인데 특히 후자에 가까운 경위가 개재된 경우라면 식민지 권력이 농촌사회의 구성원들 사이의 신뢰를 깨뜨리는 요인으로 작용한 셈이 되기 때문이다.

벌금 20원의 형도 비슷한 유형의 다른 사건들과 비교할 때에도 상당히 무거운 형에 속한다.

---

[27] 형법 제19조 ①다음에 기재한 물건은 이를 몰수할 수 있다. 1)범죄행위를 조성한 물건 2)범죄행위에 제공되거나 또는 제공하려고 한 물건 3)범죄행위에 의해 생겼거나 또는 이로 인해 취득한 물건 ②몰수는 그 물건이 범인 이외의 자에게 속하지 않을 때에 한한다.

3
사기취재 사건

1) 히데 판결문(1910.09.30. 京城地方裁判所 仁川支部)

 본 건은 일한무역주식회사 통관사원인 히데(秀 ○○)가 자신의 업무인 수입화물을 통관하면서 관세를 과다청구하여 그 차액을 편취하는 범죄를 다룬 사기취재 사건으로 시미즈(志水高次郎) 검사 입회, 심리하에 경성지방재판소 인천지부의 오오타니(大谷信夫), 우스이(臼井水城), 오오바(大庭米三郎) 등 세 판사가 1910년 9월 30일 판결한 내용이다.

 그 내용을 요약하면, 일본 토쿠시마현(德島縣) 출신의 히데는 일한무역주식회사 통관 사원으로 범의를 계속한 누범자로서 이 건에서 기소된 것은 모두 세 건이다. 첫째, 1908년 10월 14일 인천 소재 고으야(合家榮治)가 의뢰한 수입화물(양파) 100상자를 통관하는 과정에서 관세 13엔 13전을 납입하고 15엔을 요구하여 그 차액을 편취함. 둘째, 같은 달 21일 같은 의뢰인의 수입화물 5상자를 통관하는 과정에서 관세 2엔 25전을 납입하고 3엔을 요구하여 그 차액을 편취함. 셋째, 같은 달 30일 같은 의뢰인의 수입화물(강낭콩) 3상자를 통관하면서 관세 80전을 납입하고 90전을 요구하여 그 차액을 편취함.

 이상의 사실에 대해 피고가 피의사실을 법정에서 자백하였고 증거가 충분하여 형법 제246조 제1항에 해당하나 범행이 연속되므로 동법 제55조 및 25조, 형사소송법 제202조를 적용, 징역 3개월에 처하고 2년간 집행을 유예하며 압수된 물건은 소유자에게 반환하라는 판결을 내렸다.

해 제

이 문서는 문서번호 CJA0000002 중 자체에 매겨진 일련번호 0381~0383에 해당하는 자료로 1910년 9월 30일 '경성'지방법원 인천지부의 재판장 통감부판사 오오타니, 통감부판사 우스이, 동 오오바 등 세 판사가 내린 판결문이다.

이 사건은 조선에 거주하는 일본인이 일본에서 수입한 화물을 통관하는 과정에서 일본 회사에 근무하는 일본인 통관 담당 사원이 범한 사건에 대해 일본인 판사와 검사들이 판결한 사건이어서 조선인과는 무관해 보인다. 그럼에도 불구하고 이 사건을 다룬 것은 이 범행이 이루어진 것이 1908년, 다시 말하면 아직 조선이 일본의 식민지로 전락하기 전 시점에서 일본으로부터 어떤 상품이 수입되고 있었는지 알 수 있기 때문이다.

여기서 범죄의 대상이 된 상품은 양파나 강낭콩 등 주로 조선에 거주하는 일본인을 겨냥한 것으로 보이는 식료품이다. 따라서 거래량도 양파 100상자, 강낭콩 3상자 등 많지 않은 양이다. 하지만 이 시점에서도 조선에 와 살고 있던 일본인들이 그들의 일상적 식료품을 일본으로부터 수입해서 소비하고 있었던 실정을 이 사건 판결문을 통해 알 수 있다.

여기서의 통관품 중 강낭콩의 종류가 일본 이름으로 토로쿠순(十六寸)콩인데 이는 콩알 10개를 이어놓으면 6촌 즉 약 18cm가 된다고 해서 붙여진 특이한 이름이다(일반명사는 오오후쿠마메大福豆이다). 콩의 크기에 따라 붙여진 이름으로 10개 이으면 8촌인 토핫순(十八寸)콩도 있다.

지구상에는 각 지역마다 특산 농작물이 있어서 널리 알려진 바와 같이 땅이 척박하고 산출량도 풍부하지 않았던 유럽에 이른바 '신대륙의 발견'을 통해 아메리카 대륙으로부터 옥수수나 감자 등과 같은 산출량이 많은 품종이 들어옴으로써 식량혁명, 농업혁명이 일어나고 그 결과 유럽이 새로운 단계로 도약하는 발판을 마련하게 되었던 것인데 콩은 세계 어디든 없는 데가 없고 그만큼 종류도 다양하다. 따라서 콩의 모양이나 수확량도 천차만별이다. 여기서 말하는 강낭콩도 종류가 다양해서 일본인들이 평소 익숙한 콩을 들여와 소비했던 것으로 이해할 수 있을 것이다.

그리고 여기서 다룬 사건의 범죄가 발생한 것은 1908년이지만 판결이 내려진 것은 1910년 9월 말인데 담당판사들의 직함은 아직 통감부판사임도 눈여겨 보아둘 필요가 있겠다. 조선총독부가 설치된 것은 그해 8월 29일이지만 총독부 조직 개편과 총독을 비롯한 담당자들의 취임은 모두 10월 1일자였다.

2) 이○○ 판결문(1911년 형공 제44호, 明治44年刑公第44号, 光州地方裁判所 全州支部)

이 판결문은 1911년 5월 26일 광주지방재판소 전주지부에서 작성한 이○○의 사모(詐冒)행동거지[28] 피고사건에 관한 것으로 그 내용은 다음과 같다. 전라북도 전주군 구이동면(九耳洞面) 반월리에 거주하는 이○○(22세, 무직, 일명 李◎◎)에 대해 조선총독부 검사 이시카와(石川信重) 입회, 심리하에 마에다(前田信兆), 아오(青 篤世), 하타(畑 義三) 등 3명의 판사가 징역 1년에 처하는 판결을 내렸다.

피고는 1911년 음력 2월 28일 김○○ 외 2명과 함께 전라북도 전주군 구이동면 장팔리 산중에서 조○○이 와주(窩主)가 되어 개장한 36계라 칭하는 도박 현장에 도착, 경찰서 관리를 사칭하고 상기 조○○과 거기에 있던 박○○을 포박하고 돈을 내놓으라고 요구하여 박○○이 가지고 있던 돈 8원 40전을 편취하였다.

위의 사실은 피고의 본 법정에서의 공술, 피고 및 박○○에 대한 검사의 신문조서에 의해 그 증빙이 충분함.

이를 법률에 비춰보면 피고의 소위는 형법대전 제355조 징역 3년률에 해당하나 범죄에 이른 정황을 참작하여 동법 제125조에 따라 4등을 감하

---

[28] 판결문에서 이○○의 죄명은 '詐冒行止'라고 되어 있다. 우선 국어사전을 보면 '사모'는 '거짓으로 속임', '행지'는 '행동거지'라고 설명하고 있다. 그리고 형법대전 제355조는 '민간인이 관원을 사칭하거나 관원의 이름을 사모(詐冒)하거나 관청의 差遣이라 사칭한 자는 笞 100이며 그로 인해 사람을 묶거나 求爲함이 있는 자는 징역 3년이며 現任 관원의 子孫弟姪이라 칭하고 按臨한 관내에 求爲함이 있는 자는 笞100에 처하고 得財하여 贓이 重한 자는 제600조 准竊盜律로 논할 것이라' 하여 사칭과 사모를 구분하고 있는 듯이 보인다.

여 징역 1년에 처함. 단 피고가 재물을 취득한 소위는 동법 제355조 후단에 의해 동법 제600조, 제595조에 의거 2원 이상 10원 미만률에 해당하나 '장(贓)이 중하지 아니하므로' 즉 취득한 재물이 많지 아니하므로 동법 제353조 후단에 의해 따로 이를 논하지 않는다. 이상의 이유로 주문과 같이 판결함.

해 제

이 문서는 국가기록원에 소장되어 있는 판결문으로 문서번호는 CJA0001715-0038이며 이○○의 사모행동거지 피고사건에 관해 판결한 것이다. 이 사건은 22세의 무직 이○○이 다른 사람 3명과 함께 산중에 개설한 36계라는 도박 현장에 가서 경찰서 관리를 사칭하고 그들을 포박한 뒤 금품을 내어놓으라고 요구하여 돈을 갈취한 건이다.

여기에 등장하는 36계는, 면 단위의 모든 마을 사람들이 한판에 살돈을 걸고 횡재를 바랄 수 있는 대단위 집단노름을 말한다. 집단적인 노름의 특성 그대로 서른여섯 곳의 이름이 써진 인체도 중 한 곳을 정해 살돈을 걸고 맞히면 30곱을 받고 못 맞히면 하나도 못 받는다. 판결문에서 말하는 와주는 36계에서 판장으로 불리는 노름주이다. 36계에 돈을 걸면서도 30곱을 주는 것은 36계 중 6판은 판장의 몫이기 때문이다. 예를 들어 쌀 1가마를 가지고 36계에 참가할 경우 이기면 30가마를 받게 되는데 그중 3가마는 통수에게 주고 나머지 27가마가 자기 몫이 된다. 이는 재화가 궁하던 1960년대 이전에는 700평 정도의 논을 살 수 있는 큰돈이었다. 일제 초기에는 주민들의 살림을 궁하게 하는 악습이라 하여 강력히 규제하다가 1920년대 중반 이후에는 어느 정도 묵인하였다. 전시하인 1940년대 초부터 다시 강력히 규제하였는데 해방 후 다시 조금씩 시작되었으나 1963년 정부의 강력한 단속으로 관련자가 처벌받기

에 이르자 이후 사양길을 걷게 되었다고 한다.[29]

이처럼, 36계라는 도박이 많은 사람들이 참가하는 집단도박이었던 만큼 현장에 사람들이 많았을 터인데도 경찰서 관리를 사칭하는 것만으로도 현장에서의 범행은 순조롭게 마무리되었던 것으로 보인다. 식민지 초기 경찰 관헌들에 대한 일반인들의 대응 내지 이미지를 짐작하게 하는 광경이다.

그리고 이 노름판을 운영하는 구성인원에는 상기 판장, 통수 이외에도 대통수, 타점자, 재무, 상원(上元), 먹상원 등이 있었는데 피고가 판주를 비롯한 몇 사람을 포박하고 돈 내놓을 것을 요구했을 때 그에게 가지고 있던 돈을 내어준 박○○ 같은 사람이 여기서 말하는 통수이거나 재무에 해당한다.

물론 이 사건은 36계라는 도박을 문제 삼은 것이 아니고 이 도박현장에서 경찰서 관리를 사칭하고 금품을 뜯은 '사모행지' 사건이다. 판결문에서 명시하고 있듯이 피고는 형법대전 제355조에서 정하고 있는 범죄행위, 즉 사칭내지 사모, 사람을 묶는 행위에 '구위(求爲)'까지 골고루 행사하고 있다. 이로써 징역 3년률을 완벽히 충족시키고 있는데 같은 조 후단의 '득재(得財)하여 장(贓)이 중한 자는 제600조 준절도율(准竊盜律)로 논함이라'고 한 점에 대해 동 피고인의 범죄는 그다지 무겁지 않아서 이의 적용을 배제하기로 하였다는 것이다.

그리고 또 한 가지는 정상을 참작하는 방식인데 같은 법 제125조는 '죄인을 처단할 때 그 정상을 작량하여 경감할 사유가 있는 자는 1등 혹은 2등을 감할 것'이라고 하고 있음에도 불구하고 4등을 감하는 것은 어떤 사유에 의한 것인지 의문을 낳는다.

---

[29] 통수는 판장이 벌인 판에 살돈을 모집하는 사람으로 자신이 모집한 재화의 10분의 1을 구전으로 판장에게 받고 계를 맞춰서 횡재한 사람에게서도 적당량의 구전을 받는다그 한다. 한국향토문화전자대전을 참조하였다.

3) 최○○ 판결문
(1911년 형공 제70호, 明治44年刑公第70号, 光州地方裁判所)

이 판결문은 1911년 9월 4일 광주지방재판소 전주지부에서 작성한 최○○의 부동산 모인(冒認)[30] 사건에 관한 것으로 그 내용은 다음과 같다. 전라북도 임실군 상동면 양지리에 거주하는 최○○(25세, 농업)에 대해 조선총독부 검사 이시카와(石川信重) 입회, 심리하에 마에다(前田信兆), 아오(青 篤世), 하타(畑義三) 등 3명의 판사가 징역 9개월에 처하는 판결을 내렸다. 영치물건인 매도증서는 이를 제출인에게 돌려줌.

피고는 1911년 8월 12일 장수군 수서면 상동락지 고지리에 있는 자신의 아버지 최종희 외 3명의 친족이 공동소유하고 있는 묘지를 자신의 소유인 양 속여 임실군 상동면 세곡리에서 이기상에게 대금 160원을 받고 팔았다.

위의 사실은 피고의 본 법정에서의 공술, 검사의 피고 신문조서, 사법경찰관의 피고 자백서, 최종희, 최종한 신문조서, 이기상의 고소장 및 영치물건인 매도증서 등에 의해 그 증빙이 충분함.

이를 법률에 비춰보면 피고의 소위는 형법대전 제612조 타인의 부동산을 모인한 것에 해당하므로 동법 제595조 제11호 징역 5년에 처할 것이나 해당 범죄에 이르게 된 정황을 참작(犯情憫諒)할 것이 있어 동법 제125조에 의거 7등을 감하여 처단하고 영치물건인 매도증서는 몰수할 것에 해당하지 않으므로 제출인에게 돌려주는 것으로 하고 주문과 같이

---
[30] 모인(冒認): 남의 것을 제 것처럼 꾸며 속임(표준국어사전).

판결함.

해 제

이 문서는 국가기록원에 소장되어 있는 판결문으로 문서번호는 CJA0001715-0075이며 최○○의 부동산 모인사건에 관해 판결한 것이다.

이 사건은 25살 최○○이 자신의 아버지를 포함한 친족이 공동소유하고 있는 묘지, 말하자면 문중 산을 자신의 땅인 양 속여 다른 사람에게 팔아먹은 건이다. 이런 유형의 사건은 지금도 많이 볼 수 있는 사건이다. 이는 근대법적 소유제도가 새롭게 도입되면서 전통사회에서 작동하고 있던 공유의 기능이 무시되고 농촌공동체의 자율적 규율이 무너지는 과정에서 생기는 일반적 현상의 하나라 할 수도 있는 일이다. 흔히 공유의 비극이라 불리는, 공유지의 피폐에 대한 소위 선진제국들의 처방전 또한 공유지의 분할에 의한 개인의 소유권 확립이었던 점을 생각하면 시대적 변화에 약삭빠르게 대응하는 자들이 흔히 노릴 수 있는 범죄라고 할 수도 있을 것이다.

그와 같은 일반적인 성격을 지닌 범죄라 할지라도 이제 막 일제 식민지에 편입된 1910년 대 초에 이미 이런 범죄를 실행하는 자들이 있었다는 것은 씁쓸함을 느끼게 한다.

4) 장○○ 판결문
   (1912년 공형 제325호, 明治45年公刑第325号, 京城覆審法院)31)

 이 판결문은 1912년 7월 2일 경성지방법원, 그리고 같은 해 8월 7일 경성복심법원에서 작성한 장○○의 사기취재 사건에 관한 것으로 그 내용은 다음과 같다. 경성 중부 광대교(廣大橋, 항소심 판결문에는 경기도 고양군 원당면 도내동으로 되어 있음)에 사는 장○○(34세, 농업)에게 경성지방법원에서는 모로스미(兩角斌) 검사 간여하에 미즈노(水野重功) 판사가 심리하여 징역 2년에, 압수품은 소유자에게 돌려주라고 선고하였고 이에 대해 피고가 항소하여 같은 해 8월 7일 경성복심법원에서 쿠스노키(楠常藏), 미즈노(水野正之烝), 아오야마(靑山暢性) 등 3명의 판사가 테라다(寺田恒太郎) 검사 간여하에 심리하여 원심을 취소하고 피고를 징역 2년에 처하고 미결구류일수 중 15일을 본형에 산입하며 압수물건은 각 제출인에게 돌려주라고 선고하였다.
 경성지방법원의 판결이유는,
 1) 피고는 경성 서부 당피동(唐皮洞) 사는 장◇◇으로부터 재물을 편취하려고 1911년 2월 중에 장◇◇의 집에서 장◇◇에게 말하기를 자신은 새 법률에 정통하며 일본인 및 조선인 변호사들을 많이 알고 있으므로 당신의 권영민에 대한 채권 징수를 위임하라고 권유하였으며 그 후 몇 차례에 걸쳐, 권영민은 현재 소재불명이지만 그가 재산을 은닉하고

---

31) 차례의 주에서 이미 언급한 대로 제목은 다 최종심의 사건번호와 해당 법원을 명기하였으나 본 건의 경우에는 최종심에 해당하는 京城覆審法院 판결문에 사건번호가 기록되어 있지 않아서 1심인 京城地方法院의 사건번호를 표기하였다.

있다면 소송을 제기하여 강제집행을 하게 되면 그에 대한 원리금 12,000여 원은 충분히 되돌려 받을 가능성이 있으며 또 소송비용은 자신이 대신 내고 소송 결과 원리금의 변제를 받으면 이식 중에서 갚아주면 되고 만약 원리금 변제를 못 받게 되면 갚지 않아도 된다, 그리고 보수 같은 것은 이식금 중에서 소송비용을 뺀 나머지를 받으면 된다고 감언이설로 장◇◇을 기망하여 끝내 같은 해 3월 15일 장◇◇의 집에서 장◇◇으로부터 권영민에 대한 대부금 소송 제기 대리위임을 받음과 동시에 활판 인쇄한 소송위임계약서 용지에 승소할 경우에는 그 금액의 10분의 4를 보수로 피고에게 지불하겠다는 취지 및 기타의 것을 기입하여 보수 약속 없는 단순 위임계약서인 것처럼 꾸며 장◇◇으로 하여금 필요한 곳에 날인하게 함으로써 이를 편취함.

2) 피고는 전기 위임에 기초하여 같은 해 4월 중에 장◇◇의 대리인으로서 권영민에 대해 원리금 합계 19,750여 원의 대부금 청구소송을 경성지방재판소에 제기하고 같은 달 29일 승소 판결을 받아 강제집행 끝에 같은 해 7월 4일 26원, 같은 달 24일 110원, 8월 26일 221원, 합계 357여 원의 일부 변제를 받고 또 같은 해 8월 15일 장◇◇의 위임을 받아 김태진이라는 자에 대한 304원의 대부금 청구소송을 같은 재판소에 제기한 결과 같은 해 10월 21일 80원, 11월 7일 20원을 김태진으로부터 받았음에도 불구하고 이를 장◇◇에게 주지 않고 계속할 의사를 가지고 같은 해 7월 4일부터 11월 중까지의 사이에 피고의 사적 용도로 이를 소비, 횡령함.

3) 피고는 상기 횡령 사실을 감추기 위해 같은 해 11월 중 장◇◇의 집에 가서 소송 결과 전기 금액을 각 대상자로부터 받았으나 이는 모두 소송비용 등에 사용하였기 때문에 채권자인 장◇◇이 받은 것과 똑같은 것이니 수령증을 써달라고 장◇◇을 기망하여 장◇◇이 위 금액을 그때

그때 받은 것처럼 그해 7월 4일자 26원, 7월 24일자 110원, 8월 26일자 221원의 영수증서(이 중 26원은 권영민의 동산을 집행하고 그밖의 것은 권영민의 부동산에 대해 배당가입을 하여 수령한 부분을 받은 것이라는 취지를 기재하게 함), 같은 9월 10일 자 김태진에 대한 소송과 관련하여 100원을 수령하였다는 것 등 4통의 증서를 작성하게 하고 각각 필요한 부분에 날인을 하게 하여 이를 편취함.

4) 피고는 전기 장◇◇으로부터 편취한 보수계약서에 기초하여 보수 원리금 4,902여 원을 장◇◇으로부터 받을 채권이 있는 것으로 꾸며 같은 해 11월 4일 경성구(區)재판소에 화해 신청을 하고 같은 달 11일 장◇◇을 경성 중부 수진방(壽進坊) 상사동(相思洞)의 당시 피고의 집으로 유인하여 재판소에 너를 신고하면 재판소에 출두하여 재판관의 신문을 받게 될 텐데 거기서 진실을 말하는 것이 너에게 이익이 될 것이라고 속여 그날 재판소에 출두하여 법정에서 같은 달 30일까지 상기 금액을 장◇◇이 피고 장○○에게 지불해야 한다고 허위로 신고하게 하여 당해 관리로 하여금 부실의 화해조서를 작성케 함으로써 이를 동 재판소에 비치하게 하였다.

5) 피고는 같은 해 12월 중 상기 부실한 화해조서에 기초하여 집행문을 부여 받은 뒤에 1912년 1월 6일 장◇◇에 대해 자신이 위에서 말한 채권을 정말 가지고 있는 것처럼 위장하여 천안군수를 속여 그 군 소재 장◇◇ 소유의 논 357두 4升落, 밭 161두 7승락, 택지 29두 5승락(시가 15,000원)에 대해 강제집행을 하도록 하여 매득금(賣得金) 중에서 상기 금액을 편취하려 하였으나 같은 해 3월 상순 이성녀(李姓女) 및 장◇◇의 신청에 의해 공주지방재판소가 내린 강제집행정지명령에 기초하여 천안군수가 상기 집행을 정지하였기 때문에 편취를 이루지는 못하였음.

이상의 사실은 첫째, 피고의 본 법정에서의 진술 중 피고가 장◇◇으로부터 1911년 음력 2월 중에 권영민에 대한 1만 2천여 원의 채권 징수를 위임받고 3월 15일 증거품 제112호의 1 계약서를 교부받아 4월 중 권영민에 대해 원리금 합계 10,975원 91전 6리의 대부금 청구소송을 경성지방재판소에 제기하고 같은 달 29일 승소함으로써 강제집행 끝에 7월 4일 26원, 같은 달 24일 110원, 8월 26일 221원 합계 357여 원의 일부변제를 받았으며 또 장◇◇으로부터 김태진에 대한 304원의 대부금 청구소송을 동 재판소에 제기할 것을 위임받아 소송을 제기하여 승소한 결과 같은 해 8월 21일 80원, 11월 7일 20원을 선급금으로 변제받고 증거물 제112호의 4호의 1~3, 및 5호의 수령증을 장◇◇으로부터 수취하였으며, 또 전기한 권영민에 대한 소송 위임계약서에 기초하여 장◇◇에 대해 보수 원리금 4,902원 56전 6리 4모의 지불을 받기 위해 경성재판소에 화해 신청서를 제출하여 화해기일에 동 재판소에서 화해를 성립시키고 화해조서등본에 같은 해 12월 중에 집행문 附與의 신청을 하고 올해 1월 6일 천안군수에게 가서 장◇◇ 소유 부동산 즉 논 357두 4승락, 밭 161두 7승락, 택지 29두 5승락에 대해 강제집행을 했으나 이성녀, 장◇◇의 신청에 의해 공주지방재판소가 발한 강제집행정지명령에 의거 천안군수는 위의 집행을 정지함으로써 그 목적을 달성하지 못했다는 취지의 공술이 있고

둘째, 박광석(朴光錫)의 예심조서 중에 작년 정월부터 3월에 걸쳐서 수십 차례 피고가 장◇◇의 집에 와서 권영민에게 빌려준 대부금 1만 3천 원을 포기한 적이 있는데 자신에게 위임하면 변호사에게 의뢰하여 찾아주겠다고 주인(◇◇)에게 말을 전하게 하여 주인이 위임장을 건넸으며 작년 음력 9월 중에 증인과 주인이 사는 곳에 피고가 와서 권영민의 재산을 집행하여 300원 남짓은 받았으나 그 돈은 인지대 기타 소송비용으로 썼으며 권영민으로부터 받은 2장과 김태진에 대한 100원짜리 수취

1장, 그리고 권영민에 대한 수취는 작년 윤6월 및 7월 두 번에 걸쳐서 받았다고 써달라는 요청을 받았다는 취지의 공술 기재가 있으며

셋째, 김태진의 예심조서에 장◇◇의 아버지에게 304원을 빌렸는데 이를 돌려주지 않았기 때문에 그가 소를 제기하여 작년 9월 중에 경성지방재판소에서 화해하였으며 작년 10월 21일 80원, 11월 7일 12원과 8원을 피고의 집에서 피고에게 건네주었다는 공술 기재가 있으며

넷째, 장◇◇의 예심 조서 중에 작년 정월 이래로 피고 및 장△△으로부터 貴公이 권영민에게 빌려준 대부금은 돌려받을 수 있도록 소를 제기하겠다고 했고, 증인은 권영민이 도주하여 부재중이므로 돌려받을 수 없다고 하나 반드시 받아줄 것이며 또 비용이 걱정이 되면 자신이 내주겠다고 말해서 맡겼는데 그때 장△△은 피고가 변호사의 사무원인가를 하고 있으므로 법률도 잘 알고 있고 또 조선인이나 일본인 변호사와도 친분이 있어 권영민의 대부금 청구를 그들에게 부탁하면 아무런 문제없고 위임장에 날인만 하면 돈을 받을 수 있다고 해서 도장을 찍어 피고에게 주었다며 이는 전 해 4월 중에 피고와 장△△이 함께 증인의 집에 와서 권영민은 표면적으로는 없어 보이나 기실은 재산을 숨겨두고 있음을 자신이 확인하였으므로 소를 제기하여 재판을 하면 돈은 전부 찾을 수 있다고 해서 잠자코 있었는데 피고는 이 일은 자신이 끝까지 책임지겠다고 말했다. 또 권영민에게 재산이 없으면 소송비용은 전부 자신이 부담하고 만약 재산이 있어서 집행한 후에 원리금을 다 받았을 때는 원금은 증인에게 주고 이자를 소송비용으로 지불한 뒤 나머지는 자신들의 보수로 받는 것으로 할 테니까 서류에 도장을 찍으라고 해서 찍었다. 증인은 권영민으로부터 한 푼도 받지 않았다. 작년 가을 장△△이 와서 권영민의 재산을 공매에 붙여 360원 정도를 받았으나 소송비용으로 써버렸기 때문에 피고가 오면 그 돈을 귀공이 받았다고 하는 수령

증을 써달라고 말해서 다음날 피고가 왔을 때 어제 장△△으로부터 이야기를 들었는데 올 음력 6월에 두 번, 7월에 한번 360여 원을 받았다는 서면을 써달라고 했으나 그것은 쓸 수 없다고 말하니까 주머니에서 조그만 종이에 쓴 것을 보여주며 어려운 건 써주지 않아도 좋으니까 이대로 써달라고 해서 그렇게 써주었다. 증거물 제112호의 4의 1, 2, 3은 그렇게 쓴 것이며 또 제112호의 5도 그 표시금액은 받지 않았으나 앞의 3통과 동시에 이를 써달라고 해서 써주었다. 김태진으로부터는 150원을 받았는데 소송비용이나 보증금으로 쓰고 남은 게 없다고 하였다. 작년 11월 11일 증인은 피고와 4,900여 원을, 같은 해 11월 30일경 피고에게 지불하고 화해할 것을 경성구재판소에서 논의한 적이 있으며 재판소에 출석한 날 피고는 윤택호의 집(당시 피고가 기숙)에 증인을 데리고 가서 귀공을 재판소에 부탁해두었으므로 재판소에 출석하여 자기가 말하는 대로 하지 않으면 귀공에게 불이익이 될 것이라고 해서 재판소에 출석하여 그 사람이 말하는 대로 화해를 하였다. 그 때문에 천안군에 있는 증인 소유의 전답이 공매되게 생겼기에 공주지방재판소에 가서 집행정지명령을 받았다. 그 땅의 가액은 15,000원 정도라는 취지의 공술 기재가 있다.

다섯째, 피고와 장◇◇과의 대질 예심조서 중에 전기 장◇◇의 예심조서 기재와 같은 공술을 장◇◇이 하였다는 취지의 기재가 있고

여섯째, 이성녀의 예심조서 중에는 장◇◇의 공술과 대체로 같은 취지의 공술이 기재되어 있고

일곱째, 이중현(李仲鉉)의 예심 조서 중에는 1912년 1월 6일 장○○의 신청에 의해 장◇◇ 소유의 천안군 소재 논, 밭, 택지 등에 대해 강제집행을 하고 공고를 하였는데 2월 5일에 이성녀의 신청에 의해 공주지방재판소의 집행정지명령에 근거하여 상기 집행을 정지하고 3월 9일 이성

녀의 신청에 의해 취소와 동시에 같은 달 7일자 장◇◇의 신청에 기초하여 정지 공고를 하여 현재 정지중이라는 취지의 공술 기재가 있다.

여덟째, 차압된 서류 중 증거물 4, 5번의 1, 4, 5, 7호 등의 각 기재 등을 종합 참작하면 증빙은 충분하다고 인정됨.

이를 법률에 비춰보면, 피고의 제1 및 제3의 소위는 모두 형법 제246조에, 제5 소위는 같은 조 및 제250조, 제2 소위는 제252조 및 제55조에, 제4 소위 중 부실한 화해조서를 작성케 한 점은 동법 제157조 제1항에, 이를 관청에 보관케 한 점은 같은 조 및 제158조 제1항에 각각 해당하고 그밖에 제4의 2 소위에 대해서는 모두 징역형을 선택하고 제1 소위와 제4 소위 및 제5 소위 사이, 그리고 제2와 제3 소위 간에는 각각 수단과 결과의 관계가 있으므로 각각 동법 제54조 제1항 및 제10조에 의해 무거운 제1 및 제3의 죄에 대한 형으로 처단해야 하는바 동법 제45조에 의한 병합죄가 되므로 동법 제47조, 제10조에 의해 무거운 제1의 죄에 관해 정해진 형을 가중하고 그 범위 안에서 처단할 것이며 압수품은 전부 몰수에 해당하지 않으므로 형사소송법 제202조에 따라 돌려주라고 언도해야 할 것이므로 이에 주문과 같이 판결함.

이에는 사소(私訴)가 별도로 제기되어 있다. 그 내용을 간추려 보면, 상기 장◇◇은 변호사 나카무라(中村時章)를 통해 상기 피고 장○○(경성감옥 구치감에 수감 중)에 대해 사기취재 공소사건에 대한 부대소송으로 당사자 간 손해배상청구 사소를 제기하였다. 이 건 역시 본건과 마찬가지로 경성지방법원에서 모로스미(兩角斌) 검사 간여하에 미즈노(水野重功) 판사가 심리하였으며 사소피고는 사소원고에게 457원 22전 1리를 배상하고, 사소 피고가 경성지방법원(전 경성구재판소) 1911년 和제126호의 집행력 있는 화해조서등본에 기초하여 사소 원고 소유의 다음에 기재한 부동산에 대한 강제집행은 이를 허락하지 않으며 사소에 관한 소송비용은 사소피고가 부담하라는 판결을 내렸다(그 뒤에 기재한 〈부동산 표시〉는, 충남 천안군 소재 전답 목록으로 총 19쪽에 걸쳐 나열되어 있으나 여기서는 생략하였다).

사소 원고 대리인은 주문과 동일한 판결을 구하는 취지의 청구 원인으로서, 사소 피고는 1911년 3월 15일 소외 권영민에 대한 사소 원고의 대부금 청구의 소송대리 위임을 받아 같은 해 4월 중 사소 원고의 대리인으로서 대부금의 원리금 19,075원여를 청구하는 소송을 경성지방재판소에 제기하여 강제집행을 함으로써 같은 해 7월 4일 26여 원, 24일 110여 원, 8월 16일 221여 원, 합계 357여 원의 변제를 받았으며 또 같은 달 25일 소외 김태진에 대한 사소 원고의 대부금 204원의 청구대리인으로 소송을 제기하여 같은 해 10월 21일 80원, 11월 7일 20원을 각각 김태진으로부터 받았으면서도 이를 사소 원고에게 주지 아니하고 횡령, 소비하였기에 이의 배상을 청구하며 또 사소 피고는 전기 권영민에 대한 사소 원고의 소송대리 위임을 받을 때 보수는 원리금 전액을 받은 뒤에 이식에서 이를 충당하겠다고 약속했음에도 불구하고 사소 원고를 속여 소송가액의 10분의 4의 보수를 받는다는 계약서를 편취한 위에 이를 기초로 1911년 11월 중 사소 원고에 대한 화해신청을 경성구재판소에 하는 한편 사소 피고의 집에서 사소 원고를 유혹하여 재판관으로부터 받은 질문에 대해 모두 진실이라고 답하지 않으면 사소 원고에게 불이익이 돌아갈 것이라고 속여 같은 달 11일 동 재판소에 출두하여 같은 달 30일까지 보수금 4,902원여를 피고에게 지불하겠다는 취지의 허위 신청을 하게 하여 부실한 화해조서를 작성케 해놓고 이를 집행문으로 부여하도록 하여 1912년 1월 6일 주문에 기재된 사소 원고 소유 부동산에 대해 천안군수에게 신청하여 강제집행을 하게 하여 그 매도금 중에서 전기 금액을 편취하려 하였으나 사소 원고가 집행정지를 신청함으로써 그 목적을 달성하지 못한 점, 그리고 그 집행은 아직 취소되지 않아서 전기 부동산을 원상회복하기 위해 본 소를 제기하였다는 취지를 진술하고 그 증거로 공소에 관한 일련의 기록과 증거서류를 원용함.

사소 피고 대리인은 사소 원고의 청구를 기각하고 사소 소송비용은 사소 원고가 부담하라는 판결을 요구하고 사소 피고가 권영민 및 김태진으로부터 받은, 사소 원고 대리인이 주장하는 금액은 전부 이를 사소 원고에게 교부하였고 또 보수계약 및 화해는 임의로 성립된 것으로 사소 피고의 사기에 기초한 것이 아니다. 따라서 사소원고 대리인이 주장하는 부동산에 대한 강제집행은 정당하므로 사소 원고의 청구는 모두 부당하여 이에 응할 수 없으며 원고대리인이 원용한 증거서류의 성립을 인정하고 그 입증 취지를 부인한다.

따라서 재판부는 본건 공소기록 및 증거물건에 비추어 사소원고대리인의 주장사실은 진실임을 인정할 수 있음에도 불구하고 사소 피고 대리인은 이를 뒤집을만한 반증을 제출하지 못하였으므로 사소원고대리인의 청구를 정당한 것으로 인정하여 주문과 같이 판결하였다.

다음은 경성복심법원에서의 항소심 판결인데, 위에서 이미 언급한 대로 원심을 취소하고 징역 2년에 미결구류일수 중 15일을 본형에 산입하며 압수물건은 각 제출인에게 반환하라고 판결하였다. 그 이유는,

1) 피고는 경성 서부 당피동 사는 장◇◇이 상당한 자산을 가지고 있고 사람이 우둔하여 속여먹기 쉬움을 이용하여 그를 농락해 이득을 얻으려고 그 사람이 가지고 있는 권영민에 대한 채권 1만여 원을 못 받고 사실상 포기하고 있음을 알고 1911년 2월 중 장◇◇에게, 소송 비용은 피고가 대납하여 원리금을 받으면 이식 중에서 소송비용을 빼고 남는

게 있으면 보수로 받겠다, 만약 실패로 끝나 돈을 못 받으면 보수는 필요 없을 뿐만 아니라 소송비용은 피고가 부담하고 장◇◇에게는 폐를 끼치지 않겠다는 감언이설로 피고 자신 또는 다른 사람을 시켜서 여러모로 권유한 끝에 권영민에 대한 대부금 청구소송을 위임받았다. 같은 해 3월 15일 장◇◇의 집에서 이 위임계약서를 만들었는데 활판인쇄의 위임계약용지에 장◇◇ 명의 및 기타 필요한 사항을 기입한 위에 승소할 경우 보수는 승소액의 10분의 4를 준다는 취지의 문장도 기입해놓고도 마치 보수에 관해서는 아무런 기재도 없는 계약서인 양 가장하여 장◇◇으로 하여금 도장을 필요한 부분에 다 찍게 하여 그 계약서를 편취하였다.

2) 피고는 전기 위임에 기초하여 같은 해 4월 중 장◇◇의 대리인으로서 권영민에 대한 원리금 합계 10,975원여의 대부금 청구소송을 경성지방재판소에 제기하여 같은 달 29일 승소 판결을 받고 강제집행한 결과 같은 해 7월 4일 26여 원, 24일 110여 원, 8월 26일 211여 원, 합계 357여 원을 받았으면서도 이를 장◇◇에게 주지 않고 계속할 범의를 가지고 그해 7월부터 8월에 이르는 기간 동안 경성에서 수차례 횡령, 소비하였다.

3) 피고는 같은 해 8월 15일 장◇◇으로부터 경성서부 반석동 미전상 계합동(米廛上契蛤洞) 김태진에 대한 304원의 대부금 청구 소송위임을 받아 같은 해 9월 중 경성지방재판소에 기소한 결과 한꺼번에 150원을 변제하고 나머지는 10원씩 월부 변제하는 조건으로 재판상 화해를 함으로써 그해 10월 21일 80원, 11월 7일 20원을 각각 김태진으로부터 선불금으로 수령하였음에도 불구하고 이 역시 장◇◇에게 주지 않고 계속할 범의를 가지고 그해 10월부터 11월에 걸쳐서 경성 내에서 몇 차례 횡령, 소비하였다.

4) 피고는 전기 횡령의 범적(犯跡)을 숨기기 위해서 그해 11월 장◇◇의 집에 가서 소송 결과 권영민 및 김태진으로부터 받은 돈은 전부 소송비용으로 썼기 때문에 이는 채권자인 당신이 수령한 것과 마찬가지이므로 이 금액에 대한 수령증을 써달라고 속여 그 사람으로 하여금 그 자리에서 권영민 및 김태진으로 받았다는 수령증을 작성, 교부케 함으로써 이를 편취하였다.

5) 피고는 전기 편취한 위임계약서의 기재에 기초하여 장◇◇으로부터 재물을 편취하려고 1911년 11월 초순경 경성구재판소에 장◇◇에 대한 화해를 신청하여 그 출두기일이 같은 해 11월 11일로 정해졌는데 그 바로 전날 경성 중부 상사동(相思洞) 윤택호의 집에서 장◇◇에게 자신은 내일 옥천군, 보은군 등에 출장하는데 권영민의 재산에 대해 집행을 하니 공매 매득금은 13,000원에 이르므로 이를 원리금으로서 수령해 와야 한다고 속여 장◇◇으로 하여금 머지않아 큰돈을 돈에 넣게 될 것이라는 희망을 가지게 하고 더 나아가 장◇◇에게 권영민에 대한 사건의 보수는 승소액의 10분의 4에 그 이자를 더한 것 즉 4,902원 남짓이 된다고 계산하여 그(장◇◇)가 자기에게 그 돈만큼의 채무가 있는 것이며 자신은 그 채권에 대해 경성구재판소에 화해신청서를 제출해 내일이 출두기일이므로 그가 그 채무를 승인하고 내일 법정에서 이를 응락하고 지불기간을 20일로 정해 화해조서에 날인하고 화해해야 하며 자신은 20일 이내에 권영민 소유 물건에 대해 집행을 행하여 1만여 원의 돈을 가지고 올 것인데 만사가 잘 되면 그에게 이익이 될 것이라고 속이니 장◇◇은 앞에서 말한 대로 아둔하여 사리에 어두워 쉽사리 피고의 말을 믿고 그 다음날인 11월 11일 피고가 시킨 대로 경성구재판소에 출두하여 피고가 청구한 4,902원 남짓의 보수채무를 지불하고 또 그 기한은 같은 달 30일까지로 할 것을 약속하고 화해를 받아들여 성립되니 피고

는 같은 해 12월 중에 그 화해조서에 근거하여 집행문을 부여받아 이듬해인 1912년 1월 6일 천안군수에게 신청하여 같은 군 소재 장◇◇ 소유의 논 357여 평, 밭 161여 평, 택지 29평 등(시가 1만 5천 원)에 대해 강제집행을 하여 그 매득금 중에서 상기 금액을 편취하려 했으나 발각되어 목적을 달성하지 못했다.

피고는 앞서 제시한 제1의 사실에 관해, 장◇◇으로부터 권영민에 대해 1만여 원의 채권을, 피고는 1911년 3월 중 장◇◇으로부터 이의 청구를 위해 소송위임을 받은 점, 승소했을 경우 소송액의 10분의 4를 보수로 피고에게 지불한다는 취지의 기재가 있는 112호-1-1 계약서를 같은 날 장◇◇으로부터 받은 점을 인정하고 피고가 장◇◇에게 소송위임을 권유한 것이 아니라 거꾸로 장◇◇이 피고에게 의뢰한 것이며 또 위의 계약서는 거기에 기재되어 있는 대로 채권액의 10분의 4를 보수로 준다는 점은 장◇◇이 승낙한 것이고 따라서 그에 따라 기재한 것이라고 변명하고, 제2의 사실에 대해 기재한 바와 같이 소송을 제기하고 기재한 일시에 기재한 금액을 수령하였음은 인정하나 자기 마음대로 쓴 것이 아니라 다 장◇◇에게 줬다고 변명하고 제3의 사실에 관해서는, 계속할 범의를 가지고 소비한 점을 제외하고는 전부 이를 시인하고 김태진으로부터 받은 돈은 모두 장◇◇에게 줬다고 변해하였으며 제4의 사실에 대해서는 위의 기재대로 1911년 11월 중에 4통의 수령증(112호의 4-1~4)을 장◇◇으로부터 받았음을 인정하고 실제 수령증에 기재된 대로 장◇◇에게 돈을 줬기 때문에 수령증을 받은 것이고 그 사람을 기망한 적은 없다고 변해하였으며 제5의 사실에 대해서는 그 기재 일시 및 장소에서 기재한 취지의 화해를 하였고 화해조서의 집행문 부기(付記)를 받아 장◇◇ 소유 전답, 택지에 대해 강제집행을 행하였음을 인정하고 그 화해를 함에 있어서는 장◇◇을 기망한 점이 없다고 변명하였다.

하지만 장◇◇의 예심조서 중에는 1911년 음력 정월 이래로 피고가 종종 찾아와서 네가 권영민에게 빌려준 돈을 받아줄 테니까 소송을 제기하자고 해서 자신은 권영민이 도망가고 없으므로 받을 수 없을 거라고 했는데 반드시 받아주겠다면서 비용은 걱정하지 말라, 자신들이 책임지겠다고 해서 부탁했는데 그 빌려준 돈은 언젠지 모르지간 돌아가신 아버지 충식이 생전에 빌려준 돈이다. 처음에 자기 6촌인 장△△이 같이 와서 말하기를 피고가 변호사 사무실에 있어서 법률에 정통하고 일본인 및 조선사람 변호사와도 잘 알기 때문에 권영민에게 빌린 돈을 청구하는 것을 이 사람에게 부탁하면 어떻겠느냐고 말하기에 당시 전술한 바와 같이 받을 수 없을 거라고 하니 소송을 제기하면 원리금 합쳐서 1만 3천 원은 받을 수 있을 거라고 하였다. 또 112호의 1-1 위임장을 피고에게 교부하고 날인하면 1911년 4월 중에 피고가 장△△과 자기 집에 와서 권영민은 표면적으로는 도주한 것으로 되어 있으나 실제로는 재산을 숨겨두고 있음을 확인하였으니 기소하여 재판을 집행하면 전부 받을 있을 것이라 하였다. 그리고 자신은 아무 말 없이 있으니 피고가 장△△에게 말하기를 장◇◇은 바보여서 받을 수 있는 돈도 못 받고 있어 안 됐다는 생각이 든다며 자기가 이 일을 맡아 좋은 결과를 얻게 해주겠다고 말하고, 장◇◇ 자신에게 말하기를 이 일을 자신에게 맡기면 재판 결과 권영민이 숨겨둔 재산이 없을 경우에는 재판비용은 전부 자기가 부담하고 만약 재산이 있어서 강제집행을 하여 원리금을 다 받으면 원금 8천여 원은 자신에게 주고 이자 중에서 소송비용을 지불하고 남은 것을 보수로 받을 것이라며 서면에 날인하라고 하여 날인하였다. 승소한 경우에는 소송액의 10분의 4를 보수로 준다는 약속은 없었다. 또 권영민의 소송에 관해서는 돈은 한 푼도 자신에게 준 적이 없으며 1911년 가을 무렵 장△△이 와서 권영민의 재산을 공매하여 360원 정도를 받았으나 소송비용으로 써버렸는데 피고가 오면 그 돈을 내가 받은 것으로 하는 수령증을 써주라고 해서 이를 거절했으나 이튿날 피고가 와서 어제 △△으로부터 이야기를 들었겠지만 1911년 음력 6월에 2번, 7월에 3번 합계 360여 원을 받았다는 서면을 달라고 해서 거절하였으나 주머니에서 작은 종이조각에 쓴 것을 보이며 어려운 것은 쓰지 않아도 좋으니까 이대로 써달라고 해서 써주었다. 그것이 곧 112호의 4-1, 2, 3이며 김태진에 대해서는 빌려준 돈이 304원이고 150원은 받았는데 소송비용과 보증금으로 쓰고 남은 게 없다고 하였다. 112호의 5 수령증은 자신이 썼는데 이 3통을 받음과 동시에 써달라고 해서 써주었다는 취지의 공술 기재가 있다. 피해자 조서 중에는 자신(장◇◇)이 피고에게 권영민의 동산 집행 조로 영수하였다는 취지로 기재한 돈의 수취증을 교부한 다음날 피고의 요구에 따라 중부 상사동에 있는 윤택호의 집 즉 피고가 기숙하고 있던 곳에 갔더니 피고는 장문의 편지를 꺼내어 하는 말이 이 편지는 옥천군의 관리로부터 온 것인데 옥천, 보은 2군에 있는 권영민의 논에서 추수한 4백 석 남짓이 있으며 시가 1만 3천여 원에 상당한다고 걱정하지 말라고 하며 또 이는 곧바로 집행할 예정이라고 했다. 그 뒤 같은 해 11월 11일 오후 9시경 윤택호의 집으로 가서 피고 등이 함께 술을 너덧 잔 마신 뒤 피고가 당신의 소송은 이길 것이 틀림없으므로 법정계약을 하라는 취지의 말을 했다고 피해자 장◇◇이 공술 기재하였고, 장◇◇의 처 이성녀의 대리인 이용상(李容相)의 고소장 중에, 1911년 10월 중에 피고가 권영민에 대한 승소보수금이라 칭하면서 남편 장◇◇에게 경성구재판소에 화해신청을 제출하고 출두기일은 같은 해 11월 11일이라 하고 피고는 출두 기일 하루 전날 남편에게 술잔을 권하며 유혹하여 말하기를 자신은 금명간 충북 옥천, 보은 등지에 출장하여 채무자 권중민의 소유물을 바로 집행하여 공매 매득금은 13,000여 원에 이를 테니까 원금과 이자 합쳐서 13,000여 원을 받을 것이며 그리고 네가 나에게 줄 보수금이 4,900여 원에 상당하니 이에 대해 경성구재판소에 화해신청서를 제출하여 출두기일은 오는 11일이므로 너는 내 말대로 법정에서 이를 응락하고 지불일은 20일까지로 정해 화해조서에 날인하면 모든 것이 순조롭게 될 것이라, 20일이 넘기 전에 권중민 소유물을 집행하면 13,000여 원을 가지고 올 것이니 이는 모두 너의 이익이 될 방책이라, 내일 윤택호의 집까지 와서 자신과 구재판소에 동행하자고 하니 장◇◇은 피고의 간계에 빠져 구재판소의 화해가 채무자 권중민의 재산 집행에 도움이 될 것이라 생각하고 이를 수락하였다. 다음 날 오전 9시 피고와 함께 구재판소에 출두하여 피고가 말한 대로 진술하고 보수금 4,900여 원을 20일까지 주기로 화해조서에 날인하였다는 취지의 기재, 장◇◇은 성정이 원래 우둔하여 시아버지 장충식이 임종 때 유언하기를 자신이 죽은 뒤 가사를 고소인에게 관리하게 하는 취지의 기재, 이중현(李中鉉) 신문조서 중에 1911년 1월 6일 피고가 경성구재판소 1911년 和 제126호 신청인 피고, 피신청인 장◇◇ 보수금 청구 화해사건의 집행력 있는 화해조서에 기초하여 전기(前記) 판시 전답 등에 대한 강제집행신청을 함으로써 같은 달 12일 공매조서를 같은 해 2월 9일 오전 11시로 정해 강제집행 개시 공고를 하였던바 1912년 2월 5일 이성녀로부터, 또 3월 7일 장◇◇으로부터 둘 다 강제집행 정지를 신청하였다. 그 뒤 이성녀의 것은 취소하였으므로 장◇◇의 신청에 기초하여 강제집행정지 공고를 하여 이 집행사건은 끝났다는 취지의 공술기재, 원심 공판비 중 피고가 권영민에 대한 부분의 승소액에 대해 전부 변제를 받을 때까지의 이자를 가산하여 원리금 전액의 10분의 4에 해당하는 4,900여 원의 청구를 장◇◇에게 하였다는 취지의 공술기재, 경성구재판소 1911년 和 제126호 기록의 화해신청서 중 청구 목적으로서 보수금 원액 및 이자를 합친 금액이

4,900여 원이라는 기재 및 피고가 전게 자인한 부분을 종합하여 소송액의 10분의 4를 보수로 변제한다는 취지의 기재가 있는 1911년 3월 15일자 112호의 1-1 소송위임계약서, 전게 제4의 사실 기재와 같은 수령의 취지 기재가 있는 같은 호의 4-1, 2, 3 및 같은 호의 5의 수령증에 따라 전게 범죄사실의 증빙은 충분하다.

이상을 법률에 비춰보면 제1~제4의 소위는 각각 형법 제246조 제1항, 제5의 소위는 동법 제250조, 제246조 제1항에 해당하고 제2, 제3의 소위는 각각 동법 제252조 제1항에 해당하며 제1, 제5의 각 소위는 수단과 결과의 관계에 있으므로 동법 제54조, 제10조 제3항에 의해 무거운 제5의 죄에 대해 정해진 형에 따르고, 병합죄와 관련이 있으므로 동법 제45조, 제47조, 제10조 제2항, 제3항을 적용하고 무거운 제5의 죄에 대해 정해진 형의 장기에 그 반수를 더한 범위 내에서 처단하고 미결구류일수의 산입에 관해서는 동법 제21조를 적용하고 압수물건은 형사소송법 제202조에 따라 각 제출인에게 돌려주는 것으로 함.

원판결에서 피고는 장◇◇에 대해 채권이 있는 것처럼 가장하여 경성구재판소에 화해를 신청하는 한편 같은 장◇◇을 속여 동 재판소 법정에서 피고에 대해 각 채무 변제를 해야 한다는 취지의 허위진술을 하게 하여 동 재판소로 하여금 부실한 화해조서를 작성하게 하고 이를 동 재판소에 비치케 하여 이를 행사한 범죄가 있음을 인정하여 형법 제157조 제1항, 제158조 제1항을 적용, 처단한 것은 부당하므로 피고의 항소는 이유 있으므로 형사소송법 제261조 제2항에 의해 주문과 같이 판결함.

이 항소심에서도 별도로 사소가 제기되어 있으나 이는 이유 없다고 보아 기각하였으므로 크게 다른 내용이 없어 여기서는 생략하였다.

해 제

이 문서는 국가기록원에 소장되어 있는 문서번호 CJA0000060-0002[32]의 판결문으로 장○○의 사기취재 사건에 관해 판결한 것이다. 이 사건은 경성 중부 광대교에 사는 장○○이 경성 서부 당피동에 사는 장◇◇을 상대로 한 사기취재 사건이다.

1심 판결문을 기준으로 피고 장○○의 범죄행위를 정리하면 다음 다섯 가지로 요약된다.[33]

① 장◇◇이 권영민에게서 받을 돈을 못 받고 있는데 소송을 제기하면 받을 수 있다고 부추기면서 소송비용은 자신이 대납할 것이니 만약 승소하면 원리금 중 이식(利息)에서 갚아주면 될 것이고 원리금 변제를 못 받게 되면 갚지 않아도 되며 보수는 이식 중에서 소송비용을 뺀 나머지를 주면 될 것이라고 기망하여 권영민에 대한 대부금 소송 제기 대리위임을 받음과 동시에 승소할 경우 그 금액의 10분의 4를 보수로 피고에게 지불하겠다는 내용의 소송위임계약서를 작성하고도 보수 약속 없는 단순 위임계약서인 것처럼 꾸며 장◇◇으로 하여금 필요한 곳에 날인하게 하여 이를 편취함.

② 전기 위임에 기초하여 권영민 및 김태진에 대한 대부금 청구소송을 제기하여 승소하고 강제집행한 끝에 대부금의 일부를 변제 받고도 이를 장◇◇에게 주지 않고 횡령함.

---

[32] 이 파일에는 京城地方法院의 예심 결정문 및 판결문과 京城覆審法院의 판결문이 수록되어 있다. 그리고 京城覆審法院의 판결문은 CJA0000214라는 파일에도 수록되어 있다.

[33] 예심에서는 장○○ 외에 장△△도 피고인으로서 심판을 받았으나 후자는 면소, 방면되었다.

③ 위의 횡령 사실을 감추기 위해 장◇◇에게 소송 결과 일부 변제를 받았으나 이는 모두 소송비용으로 사용하였으므로 채권자인 장◇◇이 받은 것과 마찬가지라고 기망하여 4통의 수령증을 작성·날인하게 하여 이를 편취함.

④ 장◇◇으로부터 편취한 전기 보수계약서에 기초하여 보수 원리금 4,900여 원을 장◇◇으로부터 받을 채권이 있는 것으로 꾸며 경성구재판소에 화해신청을 해놓고 장◇◇으로 하여금 재판소에 출두하여 엉터리 화해조서를 작성케 하여 이를 동 재판소에 비치하게 함.

⑤ 상기 엉터리 화해조서에 기초하여 집행문을 부여받은 뒤 정말 채권을 가지고 있는 것처럼 위장하여 천안군수를 속여 천안군 소재 장◇◇ 소유의 논밭 및 택지에 대해 강제집행을 하게 하여 그 매득금 중에서 보수 원리금을 편취하려 하였으나 장◇◇ 및 그의 처 이성녀의 신청으로 공주지방재판소가 강제집행정지명령을 내림으로써 미수에 그침.

이들 각 범죄에 적용된 법률을 보면, ①과 ③은 형법 제246조[34] 즉 사기죄, ⑤는 같은 조 및 제250조[35] 즉 사기죄 및 동 미수, ②는 제252조[36] 및 제55조[37] 즉 횡령죄에 해당하나 연속된 몇 개의 행위로 동일 죄명에 저촉될 때는 이를 하나의 죄로 처단할 것이며 ④ 중 엉터리 화해조서를

---

[34] 형법 제246조 ①사람을 기망하여 재물을 편취한 자는 10년 이하의 징역에 처한다. ②전항의 방법으로 재산상 불법 이익을 얻거나 타인으로 하여금 이를 얻게 한 자도 같다. (이는 〈제37장 사기 및 공갈의 죄〉에 속한다.)
[35] 형법 제250조 본장의 미수죄는 이를 처벌한다.
[36] 형법 제252조 ①자기가 점유하는 타인의 물건을 횡령한 자는 5년 이하의 징역에 처한다. ②자기 물건이라 할지라도 공무소로부터 보관을 명받은 경우는 이를 횡령한 것과 같다.
[37] 형법 제55조 연속된 둘 이상의 행위로 동일한 죄명에 저촉될 때는 하나의 죄로 이를 처단한다. (이는 〈제9장 병합죄〉에 속한다.)

작성케 한 점은 제157조[38] 제1항에, 그리고 이를 관청에 비치게 한 점은 같은 조 및 158조[39] 제1항에 해당한다고 하여 모두 공문서위조죄를 적용하였다. 그리고 ①과 ④, ⑤ 사이, 그리고 ②와 ③ 사이에는 각각 수단과 결과의 관계가 있으므로 각각 형법 제54조 제1항 및 제10조[40]에 의해 무거운 ①과 ③의 죄에 대한 형으로 처단할 것이나 동법 제45조[41]의 병합죄에 해당하므로 동법 제47조[42]와 제10조에 의해 무거운 ①의 죄에 대해 정해진 형을 가중하여 처단하기로 하였다.

그런데 항소심에서는 장○○의 범죄행위를 약간 다르게 정리하고 있는데 그 차이는 다음 두 가지이다. 첫째, 1심에서는 권영민에 대한 청구소송 위임 건과 김태진에 대한 청구소송 위임 건을 한데 묶어서 ②로

---

[38] 형법 제157조 ①공무원에게 허위의 신청을 하여 권리, 의무에 관한 공정증서의 원본에 허위의 기재를 하게 한 자는 2년 이하의 징역 또는 100원 이하의 벌금에 처한다. ②공무원에게 허위의 신청을 하여 면장(免狀), 감찰 또는 여권에 허위의 기재를 하게 한 자는 6개월 이하의 징역 또는 50원 이하의 벌금에 처한다.

[39] 형법 제158조 ①앞의 4개조에 기재한 문서 또는 도화를 행사한 자는 그 문서 또는 도화를 위조 혹은 변조하거나 허위의 문서 또는 도화를 만들거나 허위의 기재를 하게 한 자와 같은 형에 처한다. (제154조 이하의 조항은 〈제17장 문서의조의 죄〉에 속한다.)

[40] 형법 제10조 ①주형(主刑)의 경중은 앞 조에 기재한 순서에 의한다. 단, 무기금고와 유기징역은 금고를 무거운 것으로 보고 유기금고의 장기가 유기징역의 장기의 두 배를 넘을 때는 금고를 무거운 것으로 본다. ②동종의 형은 장기가 긴 쪽 또는 다액이 많은 쪽을 무거운 것으로 보고 장기 또는 다액이 같은 때는 그 단기가 긴 쪽 또는 과액(寡額)이 많은 쪽을 무거운 것으로 본다. ③둘 이상의 사형이나 장기 또는 다액 및 단기 또는 과액이 같은 동종의 형은 범정(犯情)에 따라 그 경중을 정한다. 제9조부터 제21조까지는 〈제2장 형(刑)〉에 속한다. 따라서 동 9조도 함께 예시해둔다. 제9조 사형, 징역, 금고, 벌금, 구류 및 과료를 주형으로 하고 몰수를 부가형으로 한다.

[41] 형법 제45조 확정 재판을 거치지 않은 둘 이상의 죄를 병합죄로 한다. 만약 어떤 죄에 대해 확정재판이 있을 때는 그 죄와 그 재판 확정 전에 범한 죄를 병합죄로 한다.

[42] 형법 제47조 병합죄 중 둘 이상의 유기 징역 또는 금고에 처해야 할 죄가 있을 때는 그중 가장 무거운 죄에 관해 정해진 형의 장기에 그 반수를 더한 것을 중기로 한다. 단, 각 죄에 대해 정해진 형의 장기를 합산한 것을 넘어서는 안 된다.

정리하고 있는 데 반해 항소심에서는 이를 둘로 나눠서 각각 ②, ③으로 구분하고 있고 둘째, 1심에서는 보수 약속이 없는 단순 위임계약서인 것처럼 속여서 받은 위임계약서에 기초하여 마치 보수 원리금을 장◇◇으로부터 받을 채권이 있는 것처럼 꾸며 경성구재판소에 화해신청을 하고 장◇◇을 구슬려 화해조서에 날인케 함으로써 이 화해조서를 경성구재판소에 비치하게 한 점을 ④로, 그리고 그 엉터리 화해조서에 기초한 집행문을 가지고 천안군수에게 강제집행을 신청, 천안군 소재 장◇◇ 소유의 논밭과 택지에 대한 강제집행을 하고 그 매득금 중에서 보수 원리금을 편취하려 하였으나 미수에 그친 점을 ⑤로 정리하고 있는 데 반해 항소심에서는 이 둘을 일괄하여 ⑤로 정리하고 있다.[43]

　이러한 정리방식의 차이가 내용 자체를 달리 파악하는 것은 아님에도 불구하고 법률 적용상으로도 약간의 차이를 보이고 있다. 즉, 2심에서 1심과 똑같은 판결을 내린 부분은, ①과 ④(=1-③) 및 ⑤에 대해 형법 제246조 즉 사기죄를 적용하고 ⑤의 동 미수에 대해 제250조를 적용한 점, ②와 ③(=1-②)에 대해 제252조 즉 횡령죄를 적용한 점이다. 유일하게 다른 점은 1-④(2-⑤ 중 전반부) 즉 엉터리 화해조서를 작성케 하고 이를 관청에 비치케 한 점에 관해서인데, 1심에서 이를 형법 제157조 및 제158조 즉 공문서위조죄를 적용한 데 대해 2심에서는 이를 부당하다고 보았다. 그러니까 항소심에서 피고의 항소가 이유 있다고 판단한 것은

---

[43] 이를 직접 대비해보면 아래와 같다. 편의상 1심의 ①은 1-①로, 2심의 ②는 2-②로 표시하였다.
　1-①=2-①=장◇◇을 부추겨서 소송위임계약서를 받고 거기에 보수 계약을 몰래 끼워 넣은 죄
　1-②=2-②+③=권영민 및 김태진에 대한 청구소송→변제→횡령
　1-③=2-④=장◇◇에게 수령증을 속여 받음
　1-④+⑤=2-⑤=엉터리 화해조서를 만들고 / 그것으로 천안군수를 속여 장◇◇ 소유의 천안 소재 논밭, 택지를 강제집행하여 보수를 편취하려다 미수에 그침

바로 이 점에 관해서라고 할 수 있을 것이다. 하지만 부당하다고 판단한 이유에 대해서는 아무런 언급이 없다.

그리고 이상에서 정리한 대로 이 사건은 다섯 가지 행위로 이루어진, 비교적 복잡한 사건으로 보이지만 각 범죄행위 간에 수단과 결과의 관계를 인정하고 있는 부분과 병합죄를 적용한 데가 있어서 최종적인 법률적용은 비교적 단순하다. 그런데 이 수단과 결과의 관계를 적용한 내용에 있어서도 다른 점이 있다. 1심에서는 ①과 ④, ⑤사이, 그리고 ②와 ③ 사이에 각각 수단과 결과의 관계가 있다고 보고 있는 데 반해 2심에서는 ①과 ⑤ 사이에만 수단과 결과의 관계를 인정하고 ②와 ③ 사이의 수단과 결과의 관계는 인정하지 않고 있다.

②와 ③ 사이의 관계란 무엇인가? 1-②는 ①에서 받은 권영민 및 김태진에 대한 소송위임계약에 기초한 청구소송을 통해 일부 변제를 받았음에도 불구하고 이를 장◇◇에게 돌려주지 않고 피고가 가로챈 것이고 1-③은 이를 은폐 내지 왜곡시키기 위해 일부 변제 받은 돈을 소송비용으로 썼으니 실제로는 장◇◇이 받은 것이나 마찬가지라고 속여 장◇◇으로부터 수령증을 받은 것이다. 이는 엄밀히 말하면 ②가 원인이라고 말할 수는 있어도 ③이 그것의 결과로 생긴 것이라고 말하는 것은 자연스럽지 않다. 횡령한 사실을 숨기기 위해 또 다른 사기를 친 것으로 보는 것이 더 타당할 것이다. 따라서 2심이 이를 수단과 결과의 관계로 보지 않은 것이 옳은 판단이라 보아야 할 것이다.

그러면 ①과 2-⑤(=1-④+⑤) 사이의 수단과 결과의 관계란 어떤 내용인가? ①은 피고 장○○이 원고 장◇◇에게, 빌려준 돈을 받지 못하고 있는 것을 받아주겠다고 부추겨서 소송위임계약서를 받고 그 계약서에 장◇◇ 몰래 보수 계약을 끼워 넣은 사기죄이고 2-⑤는 ①에서 속여서 끼워 넣은 보수계약을 근거로 마치 소송을 대리해준 대가를 채권인 것처럼 꾸며 장◇◇으로 하여금 화해조서에 서명 날인하게 하고(1-④) 이를 근거로 천안 군수를 속여 장◇◇ 소유의 천안 소재 논밭, 택지를 강제집행하여 그중에서 자신의 보수를 편취하려 한 죄(미수에 그침)이다. 피고 장○○이 장◇◇을 부추겨서 소송을 통해 돈을 받아주겠다고 위임을 받은 것은 최종적으로는 그 위임에 대한 보수를 노린 것이고 그것을 실현하기 위해 그 계약 안에 몰래 속여서 보수계약을 포함시킨 것이며 그것을 통해 목적을 달성하려 한 것이므로 양자 간에 수단과 결과의 관계가 존재한다고 보는 것은 타당하다. 그런 점에서는 ⑤에 비하면 부수적인 것이기는 하겠지만 1-② 역시 변제 받은 것을 가로챘다는 점에서 ①이 그 횡령을 가능하게 한 원인 내지 수단의 관계에 있다고 보아도 좋을 것이나 여기서는 1심, 2심 모두 이에 대해서는 언급하지 않고 있다.

여기서 말하는 수단과 결과의 관계는 일본 형법에서만 볼 수 있는 독특한 견련범(牽連犯) 규정(당시 형법 제54조 제1항 후단)과 관련되는 것으로 이는 범죄의 수단 또는 결과인 행위가 다른 죄명에 저촉되는 것을 말한다. 그리고 견련범에 대해서는 그중 무거운 형에 의해 처단하는 것으로 되어 있기 때문에 가중주의가 적용되는 병합죄보다 가벼운 처벌을 받게 된다. 견련죄에 관해서는 이 책의 "12. 횡령사건" "3) 1913년 형상 제70호(大正2年刑上第70号, 高等法院)"의 해제를 참조하기 바란다.

또 1심, 2심 모두 병합죄를 적용하고 있는데, 1심의 경우는 ①과 ④, ⑤사이 및 ②와 ③ 사이에 각각 수단과 결과의 관계가 있다고 보고 그중 ①과 ③이 무거운 죄라고 보아 이로 처단할 것이나 이 둘이 병합죄에 해당한다고 보고 있는 데 반해, 2심의 경우는 ①과 ⑤ 사이에만 수단과 결과의 관계가 있다고 보고 그중 ⑤가 무거운 죄라고 보았는데 이것이 병합죄와 관련이 있다고 보았다. 이에 대한 적용법률은 양쪽 다 수단과 결과의 관계에 있는 범죄에 대해서는 형법 제54조 및 제10조, 그리고 병합죄에 관해서는 형법 제45조, 제47조 및 제10조인데 1심은 ①, ③ 중 ①이 무겁다고 보아 이 죄에 대해 정해진 형을 가중하여 처단하기로 하였고 2심은 ①, ⑤ 중 ⑤의 죄가 무겁다고 보아 이 죄에 대해 정해진 형의 장기에 그 반수를 더한 범위 내에서 처단하기로 하였다.

병합죄는 형법의 수죄론(數罪論) 상의 개념으로 당시 형법에서는 제9장(제45조~제55조)에서 이를 규정하고 있는데 확정 재판을 거치지 않은 2개 이상의 죄 또는 과거에 금고 이상의 형의 확정 재판이 있을 경우 그 죄와 그 재판이 확정하기 전에 범한 죄는 병합죄로 본다는 것이다. 이 병합죄에 관해서는 각 범죄에 대해 따로 처단형을 결정하는 것이 아니라 일괄하여 형을 양정(量定)하도록 하고 있다(제46조~48조). 그리고 이 법에서는, 이 사건 판결문에서도 보는 바와 같이 가중주의를 취하고 있는데 이는 독일형법의 영향을 받은 것이라고 한다. 이 당시 형법은 1907년에 개정된 것인데 이 법이 개정되기 전의 구형법(1880년 공포)에서는 '수죄(數罪) 구발(俱發)'의 경우 '그중 무거운 죄로 처단한다'(제100조 제1항)고 하여 흡수주의를 채택하고 있었다.

이상에서 언급한 견련범 및 병합죄와 관련이 있는 것으로 경합범[44]이 있는데 넓은 의미의 경합범은 상상적 경합범(1개의 행위가 2개 이상의 죄에 해당하는 경우. 관념적 경합범이라고도 한다)과 한 사람이 2개

---

[44] 참고로, 한국 형법에서는 이미 위에서 언급한대로 견련범 규정은 없으며 병합죄에 관해서는 경합범이라는 용어를 사용하고 있다. 일본 형법의 병합죄에 해당하는 좁은 의미의 경합범을 규정한 것은 37조(판결이 확정되지 않은 수개의 죄 또는 금고 이상의 형에 처한 판결이 확정된 죄와 그 판결 확정 전에 범한 죄)이고 상상적 경합범에 관해서는 40조에 별도로 규정하고 있다. 한국 형법에서는 상상적 경합범에 대해서는 흡수주의, 실체적 경합범에 대해서는 가중주의를 원칙으로 하고 흡수주의와 병과주의를 가미하고 있다. 이 점에 있어서는 일본 형법과 같다.

이상의 범죄를 범한 실체적 경합범(또는 실질적 경합범)의 둘로 나뉜다. 이 중 실체적 경합범이 곧 병합죄에 해당하며 일반적으로 경합범이라고 할 때는 이 좁은 의미의 경합범을 일컫는다. 따라서 이 두 가지 경합범 중 병합죄와는 물론 견련범과도 구분되는 것은 상상적 경합범이다. 이는 하나의 행동으로 둘 이상의 범죄를 일으키는 것이다. 예를 들면 경찰관을 때리는 하나의 행위에 의해 폭행죄와 공무집행방해죄라고 하는 두 가지 죄가 성립된다. 또 총을 쏴서 1발의 총알이 관통하여 결과적으로 두 사람이 죽은 경우 두 개의 살인죄가 성립된다. 사람을 한 대 쳐서 상처를 입히면 상해죄와 폭행죄가 성립된다. 이런 것들은 둘 이상의 범죄에 해당하지만 피의자의 행동은 한 번밖에 없다. 하나의 행위라는 점이 상상적(관념적) 경합의 특징이다. 그리고 두 개의 죄가 성립되었음에도 불구하고 형벌은 두 개의 죄에 대해 다 받는 것이 아니라 법정형이 무거운 범죄만 적용되는 것이다.

이로써 상상적 경합범과 병합죄의 구분은 확실해졌을 것이다. 남은 것은 견련범과의 관련인데, 이 둘은 다 복수의 죄에 해당한다는 점에서는 같다. 이를 굳이 구분하자면 상상적 경합범이 점이라면 견련범은 선으로 표현할 수 있다. 전자의 예로 경찰을 때린 것은 하나의 행위로 두 개의 범죄를 저지른 것이다. 이때의 행위가 점이라면, 가짜 서류를 작성하여 돈을 가로채는 경우는 두 개의 범죄행위(공문서위조죄, 사기죄)가 행해진 셈인데 가짜 서류를 만드는 행위를 한 다음에 돈을 편취하는 행위를 하는 것이다. 다시 말하면 하나의 범죄를 행하기 위해 다른 범죄도 이용하는 것이다. 두 가지의 행위가 이어진다는 점에서 이는 선에 해당한다는 것이다. 견련범의 경우도 무거운 죄만 형이 적용된다. 가짜 서류를 만들어서 돈을 편취한 경우에는 공문서위조죄(3년 이하의 징역 또는 20만 원 이하의 벌금. 공무원의 도장을 위조한 경우에는 징역 1년 이상 10년 이하)를 적용할 것이고, 공무원의 서류를 위조하지 않으면 사기죄의 형벌이 적용되는 것이다.

그렇게 보면 상상적 경합범이나 견련범에 비해 병합죄는 범죄행위가 둘 이상이라는 점, 그리고 형벌에 있어서도 앞의 둘이 무거운 범죄만 적용하는 흡수주의를 취한 데 반해 병합죄는 병과주의(벌금형) 내지 가중주의(징역 및 금고형)를 택하고 있다는 점에서 다름을 알 수 있다.

이 사건이 주는 사회적 의미를 생각해보기 위해 사건의 개요를 다시 한 번 살펴보기로 하자. 이 사건은 피고 장○○(張○○)이 원고 장◇◇에게, 못 받고 있는 빌려준 돈을 소송을 제기하면 받을 수 있다고 부추겨서 소송대리 위임을 받고 이를 이용해 금품을 편취한 사기취재 사건인데 이 사건에 관련된 인물들을 보면 피고 장○○, 원고 장◇◇, 그리고 장△△ 등은 모두 같은 항렬의 사람들로 보여 멀든 가깝든 다 일가친척일 가능성이 커 보인다. 피고 장○○과 원고 장◇◇의 관계는 명시적으로 기록된 것은 없으나 장△△의 경우는 원고 장◇◇과 6촌 사이이고 한때 ◇◇의 아버지 장충식의 양자였던 적도 있는 인물이다.[45] 장△△은 연을 끊은 후에도 그 집 출입은 계속하고 있었는데 피고 장○○이 처음 장◇◇에게 접근할 때 장△△이 이런 관계를 이용하여 장◇◇에게 ○○을 소개하였다. 그리고 1심 판결문 중에 있는 장◇◇의 예심 조서에 의하면 장△△은 단순히 피고 장○○을 소개만 한 것이 아니었던 것으로 보인다. 즉, 피고와 함께 장◇◇을 방문한 장△△은 소를 제기하면 돈을 받을 수 있으니 장○○에게 이를 위임하라고 권유하는 자리에서

---

[45] 예심 결정문에 따르면 장△△은 그 후 연을 끊은 것으로 되어 있는데 '離緣' 사유는 밝혀져 있지 않다.

'피고가 변호사의 사무원인가를 하고 있어서 법률을 잘 알고 있고 또 조선인이나 일본인 변호사와도 친분이 있어서 권영민의 대부금 청구를 이 사람에게 부탁하면 아무런 문제가 없을 것이며 위임장에 날인만 하면 돈을 받을 수 있다'고 매우 적극적으로 권유하는 역할을 하였다. 판결문에는 장○○의 직업이 농업으로 되어 있는데 실제 그가 변호사의 사무원 일을 했는지의 여부는 확실하지 않다.

장○○은 처음 장◇◇에게 접근할 때 장△△의 소개를 통한 것으로 보아 가까운 친척은 아닌 것 같다. 어쩌면 항렬만 같은 먼 친척일 수도 있다. 그의 주소가 예심 결정문에는 경성 중부 수진방(壽進坊) 상사동(相思洞), 1심 판결문에는 경성 중부 광대교(廣大橋), 사소 판결문에는 경성감옥 구치감 재감, 그리고 2심 판결문에는 경기도 고양군 원당면(元堂面) 도내동(道乃洞)으로 되어 있어 가능성으로서는 고양군 원당이 본가이고 직업은 농업으로 되어 있으나 서울로 나와 '새 시대'에 부응하여 갖가지 기회를 노리며 브로커나 한량으로 지냈을 수도 있다. 원당면 도내동에서 수진방까지의 거리가 대략 15킬로미터, 당시 이수로 하면 40리 남짓 되는 거리였으니 세 시간 정도면 걸을 수 있는 거리였다.

어떻든 이 세 장가(張可) 중 상당한 재력가의 아들인 ◇◇이 우매한 것을 기화로 한 때 양자이기도 했던 장△△을 이용해(혹은 장△△이 보다 적극적인 역할을 했을지도 모르지만) ◇◇에게 접근한 장○○이, ◇◇의 아버지가 빌려준 돈을 받지 못하고 있음을 알고 소송을 제기하도록 부추겨 그 소송대리 위임을 받아 사기취재를 꾀하였던 것이다. 친척 중 좀 능력이 떨어지는 자가 있으면 옆에서 도와주는 게 전통사회의 미덕이라고 일반적으로 생각하기 쉽겠지만 오히려 그것을 이용하여 재물을 탐하는 것은 인간의 오래된 악폐에 해당한다고 해도 과언이 아닐 것이다.

다만 1912년, 다시 말해 일제 식민지로 전락한 지 얼마 되지 않은 시점에서 그와 같은 상황변화에 민감하게 반응한 범죄의 측면이 보이는 것은, 새로운 법률의 시행에 따른 변호사제도, 그것도 심지어 일본인 변호사와의 친분까지 과시하는 장△△의 장◇◇에 대한 장○○ 소개 방식이 아닐까 싶다. 장○○이 실제로 변호사의 사무원 노릇을 한 자인지 아니면 그럴듯하게 보이기 위한 거짓말인지는 남겨진 판결문만으로는 알 수 없지만 적어도 그 점을 적시하고 더 나아가 조선인 및 일본인 변호사와의 친분을 강조하는 행태는 시대 변화를 민감하게 감지하고 이를 범죄에 이용하는 사례가 아닐까 하는 것이다.

그런 점에서 보면, 장△△(경성 북부 제동, 酒商, 26세)이 예심에서는 장○○과 함께 사기취재 사건의 피고인 신분이었는데 장○○과 공모하여 범행한 점에 대해 증거불충분을 이유로 면소, 방면된 것도 얼른 납득하기 어려운 측면이 있다. 위에서 이미 언급한 대로 장△△은 단순히 장○○을 장◇◇에게 소개만 한 것이 아니라 매우 적극적으로 장○○에게 소송을 위임하도록 포장하고 권유하는 역할을 하였다. 판결문에 기록된 것만으로는 이에 대한 증거 불충분이라는 결정의 타당성 여부를 판단할 수 없지만 그의 발언 내용이나 태도로 미루어볼 때 쉽게 납득하기 어려운 점이 있고 그러한 것들이 위에서 언급한 식민지 체제에 대한 모종의 협력이나 관계를 의심하게 하는 것이다.

이것이, 아직 식민지 초기인 이 시점에서 이미 그 권력의 정당성 여부와 상관없이 권력에 줄을 대고 그것에 협력하면 좀처럼 성사시키기 어려운 일이라도 이루어낼 수 있고 심지어는 불법적인 범죄까지도 덮을 수 있을 것이라는 의식이 식민지 민중 사이에 유포되고 그것이 다른 사람을 회유하고 설득하는 논리로서 일정한 효력을 지니기 시작하였음을 보여주는 사례라고 한다면 이는 결코 가볍게 넘길 문제가 아닐지도 모른다. 특히 한국근대사 분야에서 이른바 식민지근대화론이라 일컬어지는 일부 연구자들이 일제의 조선 식민지 지배가 해방 이후 한국 경제성장의 역사적 기반이 되었다고 주장하기도 하는데 위에서 본 바와 같은 식민지 경험의 부정적 측면을 감안한다면 단순히 양적 성장만으로 내리는 그런 평가가 얼마나 편향된 시각에 의한 것인지를 알려주는 예가 될 것이다.

4
문서위조 사건

1) 김○○ 판결문
(1910년 형상 제139호, 明治43年刑上第139号, 高等法院)

이 사건의 판결문은 1910년 10월 19일 고등법원에서 작성한 김○○의 관문서위조 사건에 관한 것이다. 평양지방재판소, 평양공소원을 거친 사건이지만 1심, 2심의 판결문은 찾을 수 없었다. 따라서 고등법원에서의 상고심을 기준으로 이 사건의 내용을 짐작해 볼 수밖에 없다.

평양공소원에서 2심 판결이 내려진 것은 1910년 9월 12일이었다.

고등법원에서는 젠(膳鉦次郎) 검사의 의견을 듣고 와타나베(渡邊 暢), 이와노(岩野新平), 히라야마(平山鈴太郎), 아사미(浅見倫太郎), 마키야마(牧山榮樹) 등 5명의 판사가 심리하여 판결하였다.

우선 상고 이유를 보면, 첫 번째는 원심판결의 사실 및 이유 중에 "(전략) 그리고 같은 날 집행관의 명의로 공매조서를 작성함에 있어서 (중략) 허위의 기재를 하여 이를 위조하고, 그날 평양군 청사 내에 비치하여 시행하였다"는 사실이 인정되었다. 위 사실의 이유 중에 "집행관의 명의로"라 한 것은 집행관리인 평양군수 박용관의 명의로 공매조서를 작성함에 있어서 허위의 기재를 하고 이를 위조 행사하였다는 뜻인지 또는 피고인이 집행관인 평양군수의 명에 의하여 그 집행의 임무에 임하여 피고인이 군수의 대리주사(代理主事)로서 집행관의 명의로 위조행사를 하였다는 뜻인지는 이유가 불비하여 이를 알 도리가 없다. 이 사실이야말로 관문서위조죄 구성에 관하여 중요한 관계를 가지는 사실이라 할 것이다. 왜냐하면 피고인이 군수의 대리로서 집행관의 명의로 공매조서를 작성한 경우에는 물론 관문서위조죄를 구성하겠지만 피고인이 군수 박용관의 명의로 공매조서를 작성한 경우에는 피고인을 관문서위조자라고 말할 수가 없기 때문이다. 피고인이 1910년 2월 20일 군수대리로서 채무자 거택에서 압류를 행한 유체동산 압류조서는 피고인 명의로 작성되어 군수에게 제공되고 군 청사에 비치된 것이다. 그리고 그 다음날의 공매절차는 군 청사 내에서 군수감독하에 그 명령지휘를 받고 공매절차가 진행되어 완결된 것이다. 이러한 연유로 공매조서는 일건기록 중에 첨부된 바와 같이 군수 박용관이 집행관리로서 서명날인하고 군청의 관인도 찍힌 것이다. 만약 그 공매조서가 피고인에 의하여 작성 위조된 것이라면 군수와 군청의 관인은 피고인이 도용한 것이라고 해야만 한다. 어찌 그럴 수가 있겠는가. 만약 원심판결의 사실인정과 같이 피고인이 허위의 신고를 하고 그 압류조서가 위조된 것이라고 가정하더라도 피고인은 군수에게 부실한 신고를 한 것에 그치고 피고인이 관문서를 위조 행사하였다고는 논단할 수 없다. 그런데 원심판결이 본항 상고이유에서 주장하는 바와 같은 판결이유를 붙인 것은 재판에 이유를 결한 것이고 법률에 위반하여 사실을 확정하고 피고인에게 위조행사의 책임이 있다고 판결한 것은 심히 위법한 판결이다.

이 점에 관해 고등법원 재판부는, 원심판결에 "집행관의 명의로"라 함은 단지 "집행관인 평양군수 박용관의 명의로"라는 뜻이고 "피고인이 군수의 대리로서 집행관의 명의로"라는 취지가 아니라는 것은 판결문 전후의 취지에 비추어 그 자체로서 명백하므로 원심판결의 상고이유에서 주장하는 바와 같은 이유 불비가 있다고 말할 수 없다. 그리고 민형소송규칙 제96조에 의하면 대개 군의 주사(主事)가 강제 집행관인 군수의 명을 받아 강제 집행을 행하는 것이므로 그 집행관인 군수의 명의로 공매조서를 작성하는 것은 그 직무라고 하지 않을 수 없다. 더구나 피고인이 그 직무에 속하는 공매조서를 작성함에 있어서 허위사실을 기입하여 그 내용을 거짓되게 한 행위는 형법대전 제387조의 기록위조죄를 구성하는 것임은 논할 여지가 없으므로 원심이 피고인의 행위를 동조에 적용하여 처단한 것은 정당하다고 보아 이를 배척하였다.

상고이유의 둘째. 사실의 인정과 증거의 취사는 사실상 재판관의 권한에 속한다 할지라도 가공으로 사실을 인정하고 허무의 증거에 의하여 범죄사실을 인정한 것은 법률에 위반한 불법한 판결임을 면할 수 없다. 원심판결에서 피고인이 압류 물건 중 7점은 이를 공매에 부치지 않고 임의로 자기 집으로 가져가 이를 횡령하였다는 사실을 인정하고 이어서 공매대금 23원 22전 5리를 교묘히 위 7점과 기타 물건 위에 할부 안배하여 각 해당란에 허위로 경락가격을 기입함으로써 전부의 공머대금인 것처럼 허위의 기재를 행하였다는 사실을 인정하였다지만, 이상의 두 사실에 대해서는 원심판결에서 적시된 각 신문조서와 기타 서류에 위의 사실을 인정하는 재료가 전혀 존재하지 않는다. 왜냐하면, 원심판결에 적시된 각 증거에 대하여 조사하건대 각 조서 자체가 증명하는 것은 모두 피고인에게 이익이 될지언정 불이익이 되는 증거는 존재하지 않는다. 그 예로 각 증거에 관해 그 요지를 적시하면 다음과 같다.

(1) 피고인의 사법경찰관 신문조서
경찰에서 제시된 물건은 이전에 매입하였거나 모친 및 처가 가져다놓은 것으로서 종래부터 소유하고 있는 것이라고 하는 데 그치고 물건의 횡령을 인정한 것이 아니다.

(2) 김국진의 동 신문조서
강제집행의 매물을 사러 왔다고 말한 사실에서 피고인에게 이익이 될지언

정 불이익이 되는 점이 없다.

(3) 최소사(崔김史)의 동 조서

이창현의 이야기를 듣고 그 이야기를 진술한 것에 지나지 않는다. 그 요지는 공매의 진행과 종결 여부는 관리에게 맡겨 놓으면 잘 처리될 것이니 침묵하고 가만히 있으라고 한 것 같다는 등의 말을 했으며 이 점에 대해서는 이창현의 진술에 무게를 두고 이에 의하지 않으면 안 된다. 따라서 물건의 횡령과 공매대금을 허위 기재한 사실을 인정할 증거가 되지 않는다.

(4) 이병찬의 동 조서 및 검사의 신문조서

피고인에게 공매물건의 매입을 의뢰한 사실이 없다고 말한 것에 불과하다.

(5) 이성녀의 경찰 신문조서

피고인의 어머니로서 7점의 물품은 피고인이 집행한 물건을 사온 것이고 그것이 전부라고 말한 것이어서 피고인에게 이익이 되는 증언이다.

(6) 피고인에 대한 검사의 신문조서

자기가 산 것이라고 말하여 횡령한 사실이 없으며, 또한 허위로 기재한 일도 없고 다른 물건의 가격을 저가로 한 일도 없다고 말하여 범죄사실을 자백하지도 않았다.

(7) 정상준의 동 신문조서

피고인의 심부름꾼으로서 이병찬에게 대금의 불입을 명한 사실이 없다고 말한 것에 불과하다.

(8) 이창현에 대한 동 조서 및 동인의 공판에서의 진술

이창현의 진술은 모두 피고인에게 이익이 되는 것으로서 동인은 채권자 대리인으로서 현장에 입회한 유일한 증인이고 그의 진술은 7점의 물건을 군주사가 상당한 대금을 주고 사겠다고 하였으며 공매대금 232냥 2푼 5리는 상

당한 값으로 생각한다고 대답하였고 압류 물건은 동행한 박우하가 확인하고 그 종이에 물건 밑에 공매금액도 확인하였으며 또 군 주사에게 매도한 물건은 군 주사로 인정했다고 진술함으로써 압류 제9호 기록의 성립을 인정하였다. 그 공매대가는 공매조서의 방매(放賣)대금에 해당하고 피고인이 23여 원을 각 물건에 할부 안배하였다는 등의 사실을 인정할 수 없을 뿐만 아니라 그 압수 제9호 증은 피고인에게 범죄사실이 없음을 증명하는 유일한 확증이 된다.

(9) 박소사에 대한 검사 신문조서
압류 물건의 경매 때 경락을 의뢰한 일이 없다고 말한 것에 불과하다.

(10) 박영규의 감정서
7점의 물건은 13원 20전의 가격이 된다고 말한 것에 지나지 않는다. 민형 소송규칙 제112조에 의하면 집행관리가 적당하게 그 평가를 하면 즉하다. 공매조서의 평가는 금 7원이므로 결코 이를 부당한 평가라고 할 수 없다.

이상 각 증거에 대하여 설명하는 바와 같이 피고인이 그 물건을 횡령할 의사가 없었다는 것은 자택에 그 물건을 공공연히 운반하여 수개월이 지나도록 물품을 변경하지 않았고 또 은폐한 상황도 없었으며 가족들에 대해 공매물건을 사왔다고 분명히 말한 사실에 비추어 보아 명백하며 피고인의 변명대로 그 물건은 상당한 대금을 지급하였으며 이병찬이나 이소사가 그 매입을 의뢰한 일이 없다고 주장하고 대금을 지급하지 않음으로써 결국에는 피고인이 소유하기에 이른 것이라고 말하지 않을 수 없다. 채권자 대리인도 군 주사가 상당한 대금으로 취득하는 것을 승인하고 하등의 이의를 주장하지 않은 사실은 원심에서 증언되었을 뿐만 아니라 압수 제9호증에 의하여서도 또한 명료하고 한 적 의심의 여지가 존재하지 않는다는 것이다.

또한 상고이유 제2점의 사실인 공매대금 23원 남짓을 교묘히 위 7점과 그밖의 물건에 할부 안배하여 각 상당란에 허위의 경락가격을 기재하였다는 사실에 대한 증거를 찾아볼 수 없고 도리어 압수 제9호인 채권자가 손으로 쓴 종이조각의 기록에 비추어 보아도 공매조서의 가격에 부합하고 이창현을 비롯하여 그밖의 증인의 진술에 의하더라도 23여 원은 횡령이라고 인정된 7점의 물건도 포함된 가격인 것은 뚜렷하며 명약관화한 사실이다. 이 원심판결은 근거가 되는 증거 없이 가공으로 사실을 인정한 것이라면 사실의 인정과 증거의 취사가 재판관의 권한 내에 속한다 하더라도 본건 사실 인정과 같은 것은 법률에 위배된 불법의 판결이라는 것이다.

이에 대해 고등법원 재판부는, 원심판결에 원용된 증거 중 경찰서에서의 증인 최소사의 신문조서를 조사하여 보건대, "7점의 영치물건은 피고인 김○○가 공매에 부치지 않고 함부로 가져간 것이다"라는 증인의 진술녹취가 있다. 또 원심 공판조서를 조사하여 보건대, "피고인이 매수하였다고 하는 7점의 물품은 경매에 부쳐지지 않았다고 대답했고 경매에 부쳐지지 않은 것을 조서에 기재함으로써 도리에 안 맞는 허위의 조서를 작성했다고 대답"한 피고인의 답술(答術) 녹취가 있다. 또한 감정인 박영규의 신문조서에는 영치품 7점에 대한 평가의 녹취가 있다. 그리고 그 평가는 대체로 공매조서에 기재된 가격보다도 고가이다. 따라서 원심법원이 앞에서 제시한 문서와 기타 판결문에 기재된 증거를 종합하여 범죄사실을 인정한 취지를 판시한 것이므로 원심판결에는 상고이유에서 주장하는 바와 같은 이유의 불비나 또는 가공의 사실인정을 한 위법이 없다고 하여 이를 배척하였다.

세 번째 상고이유서. 형을 선고함에 있어서는 죄가 되는 사실 및 증거에 의하여 이를 인정한 이유를 명시하고 동시에 법률을 적용하여 그 이유를 붙여야 한다는 법률의 규정에 따라야 한다. 그리고 그 후에, 효력을 가지는 것이 아니어서 만약 이 조리에 반하여 범죄사실을 증거에 의하여 인정한 이유를 명시하지 못한 판결은 소위 법령에 위배된 불법의 판결임은 논할 필요도 없다. 그런데 원심판결이 범죄사실을 인정하고 이상의 사실은 사법경찰관의 조서 등과 증인의 일부 압수기록 등에 비추어서 이를 인정한다고 판결하고 각 증거의 내용에 대해서는 다시 한 번 이에 대하여 명시하지 않고 단지 그 조서, 증거물건을 지적한 것에 지나지 않는 것은 재판에 이유를 흠결한 불법의 판결이라 하지 않을 수 없다. 민형소송규칙 제34조의 법령에 위배된 판결이란 재판에 이유를 붙이지 않고 증거의 명시와 이유를 결한 판결을 포함하는 것일진대 원심판결은 다시 증거의 내용을 약기(略記)하지도 않고 그 증거의 취지도 제시하지 않아 어떠한 이유로 증거가 되었는가를 밝히지 않았으므로 전항에서 논한 바와 같은 비난을 받을 불법의 판결이고 또한 본항에서 논하는 바와 같은 재판에 이유를 흠결한 위법한 판결임을 면치 못한다는 것이다.

이에 대해 고등법원 재판부는, 민형소송규칙에는 증거의 내용을 판시하여야 한다는 규정이 없으며 단지 판단의 자료가 된 증거의 명목만을 들어도 역시 위법이 아니다. 그러므로 원심판결은 정당하고 본 논지는 이유가 없다고 하여 이 역시 배척하였다.

이상 상고이유를 통해 이 사건의 내용을 간추려보면, 본건 피고 김○○는 평양군청 직원으로 근무하면서 채무를 이행하지 않은 자에 대한 압류를 행사하고 거기서 압류된 물건을 공매에 부치기도 하는 일을 하는 중에 일부 물건을 공매에 부치지도 않았으면서 공매에 부친 것처럼 공매조서를 작성하여 관문서를 위조하였고 또 그 결과 공매에 부쳤어야 할 물건을 자신의 집에 몰래 가져가 횡령의 죄를 범한 것으로 기소되었던 것으로 보인다.

이에 대해 피고가 상고이유로 제시한 것이 공매조서를 작성하는 것은 집행관리인 평양군수의 명의로 하는 것이므로 그 공매조서가 설령 사실이 아닌 것을 기재하였다고 하더라도 그것을 작성한 주체가 피고 김○○인지 아니면 군수인지를 확실히 해달라는 것과 피고인 및 주변 참고인들의 신문조서 등이 오히려 피고인이 범행을 하지 않았음을 증명하는 것이고 자신의 집에 가져간 것은 그 공매과정을 통해 피고인 자신이 매입한 것이라고 항변하는 것이었으나 어느 쪽도 2심 판결이 정당하여 이유없다고 하여 배척당하였다.

해 제

이 문서는 국가기록원에 소장되어 있는 판결문으로 문서번호는 CJA0000463이며 그 안에 붙인 일련번호를 기준으로 하면 0867에서 0889까지에 속한다. 이 사건은 평양군청 직원으로 근무하던 피고인 김○○가 채무를 이행하지 않은 자에 대해 압류를 행사하고 그 과정에서 압류한 물건을 공매에 부치기도 하는 업무를 담당하고 있던 중 어떤 압류품에 대해 이를 공매에도 부치지 않았으면서 공매에 부친 것처럼 공매조서를 작성하여 관문서위조의 죄를 물어 재판에 회부된 건이다.

피고가 제시한 상고이유 중에는 재판에 제시된 피고 및 관련자들의 신문조서 등이 오히려 피고인이 그런 죄를 범하지 않았음을 입증하는 자료라고 항변하는 대목이 있다. 다시 말해서 공매에 부치지도 않고 공매에 부친 것처럼 공매조서를 허위로 작성하고 그 압류된 물건을 마치 공매에서 자신이 산 것처럼 꾸며서 자신의 집으로 가지고 갔음을 증언하는 서류들이다. 이러한 사실 인정의 문제를 상고심인 고등법원에 대한 상고이유로 제시하여서는 그 문제가 제대로 다뤄질 리가 없음을 변호인들이라면 다 알고 있을 것임에도 불구하고 여기서 살펴본 상고심에서는 그런 주장이 자주 보인다. 범행 사실이 너무나 명백하여 그다지 변호할 거리가 없다면 비싼 변호사 수임료를 받고 변호를 하는 일을 해서는 안 되지 않는가. 또 그럼에도 불구하고 변호를 맡지 않을 수 없었다면, 달리 범행사실을 반박할 근거조차 없는 경우라면 그런 다뤄지지도 않을 이야기를 늘어놓고 뭔가 할 일을 한 것인 양 꾸밀 것이 아니라 피고인이 놓인 정황이나 범죄에 대한 반성 따위를 들어서 정상 참작이라도 해달라고 호소하는 편이 그나마 조금이라도 더 양심적이지 않을까 싶다.

2) 유○○ 등 판결문
   (1910년 형상 제156호, 明治43年刑上第156号, 高等法院)

 이 판결문은 1910년 10월 31일 경성지방재판소에서 유○○, 강○○의 관·사인장 및 관·사문서 위조 행사, 사기취재 사건에 대해 유죄판결을 내린 데 대해 피고인이 항소함으로써 같은 해 11월 29일 경성공소원에서 재심한 것과 이에 대해 다시 피고 유○○이 상고하여 같은 해 12월 27일 고등법원에서 판결한 것으로 그 내용은 다음과 같다.

 함경남도 원산상리 북촌에 사는 유○○과 경성 중부 계동에 사는 강○○에 대해 조선총독부 검사 이토오(伊藤) 입회하에 경성지방재판소 츠카하라(塚原友太郞), 타니(谷多喜磨), 정구창(鄭求昌) 등 3명의 판사가 심리하여 각각 징역 5년에 처하고 압수물건 중 제1호 전답양안 1통, 제2호 토지매매계약서 1통, 제3호 토지매매계약취소증서 1통, 제4호, 제5호 추수기 2통, 제6호 위임장 1통은 이를 몰수하고 그밖의 것은 원 소유주에게 돌려주도록 하였다.

 이에 대해 유○○, 강○○ 두 피고가 항소한 2심에서는 김낙헌 검사의 간여하에 경성공소원의 카와무라(河村尙德, 재판장), 신재영(申載永), 박기준(朴基駿) 등 3명의 판사가 심리하여 항소를 기각하는 판결을 내렸고 이에 대해 유○○이 상고한 3심에서는 고등법원 검사장 코쿠부(国分三亥)의 부대상고가 있어 젠(膳鉦次郞) 검사의 의견을 듣고 이와노(岩野新平), 아사미(淺見倫太郞), 마키야마(牧山榮樹), 스즈키(鈴木伍三郞), 이시카와(石川正) 등 5명의 고등법원 판사가 심리하여 피고인의 상고는 기각하고 부대상고에 의해 원판결(2심) 및 1심판결을 취소하였다. 그리고 유○○을 징역 5년에 처하고 압수물건 중 양안 1통, 토지매매계약서 1통, 토지매매계약취소증서 1통, 추수기 2통, 위임장 1통은 관에 몰수하고 그밖의 것은 소유자에게 돌려주라는 판결을 내렸다.

그 이유를 살펴보면, 상기 피고 2명은 1910년 음력 2월 중에 황해도 연안군 봉촌면 사동에 사는 유치병이라는 사람이 그가 소우하고 있는 전답을 담보로 경성에서 돈을 마련하려 한다는 것을 알고 이를 기화로 금전을 편취하기 위해 뜻을 모아 이를 모의하고 그 사람에 대해 금전차입을 주선해주겠다고 접근하여 관련문서를 위조하는 방식으로 하여 사기취재를 도모하였으나 미수에 그쳤다.

이상의 사실은 사법경찰관의 피고에 대한 각 신문조서, 검사의 피고 2명 및 증인 박의경·유치병·이범석에 대한 각 신문조서, 그리고 압수물건의 현재를 종합하니 증빙이 충분하였다.

이를 법률에 비춰보면 피고 2명의 각 소위 중 양안 및 토지매매계약서를 위조한 것은 형법대전 제390조에, 추수기, 토지매매계약서취소증서, 위임장을 위조한 것은 동법 제389조에, 군인 및 군수 인장을 위조 행사한 것은 동법 제385조 전단에, 사인 위조 행사는 동법 제392조 전단에, 사기취재미수행위는 동법 제600조, 제595조 미득재에 해당하는바 사인 위조행사의 각 소위는 관계가 중하므로 관사서위조의 죄에 따라 처단하고 각 관사인장 위조행사의 각 소위는 정상 참작의 여지가 있어 동법 제125조에 의해 본형에 4등을 감하고 각 수죄구발로 보고 각 관사인장 위조행사의 소위는 서로 같고 다른 소위보다 무거우므로 동법 제129조를 적용하는 등으로 하였다.

해 제

이 문서는 국가기록원에 소장되어 있는 판결문으로 문서번호 CJA0000245(0641~0651)이 경성공소원의 판결문이고 CJA0000463(0973~0985)은 고등법원 판결문인데 CJA0000084(0534~0559)에는 경성지방재판소의 1심 판결문부터 경성공소원, 고등법원의 판결문이 다 들어있다.

이 사건은 유○○, 강○○ 두 피고가 황해도 연안군 봉촌면 사동에 사는 유치병이라는 사람이 그가 소유하고 있는 전답을 담보로 경성에서 돈을 마련하려 한다는 것을 알고 그에게 접근해 갖가지 서류와 인장 직인 등을 위조해 금품을 편취하려다가 미수에 그친 사건이다.

1심에서 두 사람이 모두 징역 5년의 판결을 받고 항소하였으나 기각되고 상고는 유○○ 혼자서 하였으나 다시 기각되었는데 고등법원 검사장의 부대상고가 있어 여기서 제기한 것이 법리의 적용의 오류를 밝혀내게 됨으로써 원심인 2심뿐만 아니라 1심 판결까지 취소하기에 이르렀다.

그에 따라 고등법원 재판부는 다음과 같이 판결하였다. 즉, 피고인 유○○을 징역 5년에 처하고 압수물건 중 양안(量案) 1통, 토지매매계약서 1통, 토지매매계약취소증서 1통, 추수기(秋收記) 2통, 위임장 1통은 관에서 몰수하고 그밖의 것은 소유자에게 환부한다고.

따라서 여기서는 상고심의 내용을 좀 더 자세히 들여다보는 것이 이 사건을 이해하는 데 도움이 될 것으로 보았다.

먼저, 피고인의 상고이유는 1910년 10월 31일 경성지방재판소에서 징역 5년의 선고를 받고 불복 항소를 하여 같은 해 11월 29일 경성공소원에서 항소기각의 판결을 선고 받았는데 이는 법률의 적용에 착오가 있는 판결이라고 생각된다는 것이나 단지 법률의 적용에 착오가 있다고 하는데 그치고 그 항소이유를 제시하지 않았으므로 이는 적법한 상고이유가 될 수 없다고 하였다.

그리고 검사장 코쿠부(國分三亥)의 부대상고이유의 제1점은 다음과 같다. 원심판결의 이유에 피고인 두 사람은 (중략) 융희 2년(1908년) 8월 12일자 황해도 연안군수가 서명한 황해도 연안군 봉촌미산(逢村米山)의 논 186석(石), 낙전(落田) 2석락(石落)의 전답 양안(量案 領제1호), 같은 날짜 위 전답을 유치병으로부터 강태형에게 연안군 봉촌면 4리 사동에 거주하는 유용환의 보증으로 매매하고 동장 고동순의 인증 및 군수 이범창의 증명을 받은 토지매매계약서(領 제2호) (중략)를 위조하고 또 1910년 음력 6월 중 연안군의 관인, 연안군수의 인장, 고동순 등의 각 도장을 위조하고, 위조양안 및 위조토지매매계약서의 각 필요한 부분에 이를 날인하여 위조를 완성하고 …라는 사실을 인정하고 동장 고동순의 인장을 위조행사한 행위를 사인(私印)위조행사라고 의율하였으나 토지건물증명규칙 제1조, 제6조, 제7조 및 토지건물증명규칙 시행세칙 제1조 내지 제3조 등에 의하면 토지건물매매 등의 증명에 관해서는 동장은 공무로서 인증을 하여야 할 직책에 있다. 그러므로 그 인증의 목적으로 날인하여야 하는 동장의 인장은 한 개인의 인장이라고 할 수 없다. 그러므로 이를 위조행사한 때에는 관리의 도장을 위조한 규정을 적용하여 형법대전 제2조, 제385조를 적용하여야 하는데도 원심법원에서는 개인의 도장을 위조행사한 것이라고 하여 제392조를 적용한 것은 그 법률적용에 착오 있는 위법한 판결을 면할 수 없다.

이에 대해 고등법원 재판부는, 원심판결에 의하면 피고인은 (중략) 1908년 8월 12일자 황해도 연안군수가 서명한 황해도 연안군 봉촌미산의 답 186석, 낙전(落田) 2석락의 전답양안(領 제1호), 같은 날짜 위 전답을 유치병으로부터 강태형에게 연안군 봉촌면 4리 사동에 거주하는 유용환의 보증으로 매매하고 동장 고동순의 인증 및 군수 이범창의 증명을 받은 토지매매계약서(領 제2호) 등을 위조하고 또 1910년 음력 6월 중 (중략) 고동순 등의 각 도장을 위조하여 그 위조된 양안, 토지매매계약서의 각 필요한 부분에는 위조에 관련된 (중략) 고동순 등의 도장을 (중략) 각 날인하여 각 그 위조를 완성하고…라고 하여 동장은 토지건물증명규칙, 같은 시행세칙에 의하여 토지건물매매 등의 증명에 관해서는 공무로서 이를 인증할 직무가 있고 그 인증의 목적으로 날인하는 동장 고동순의 인장을 위조행사한 행위는 한 개인의 인장이 아니므로 당연히 관리의 도장을 위조행사한 규정을 적용하여 형법대전 제2조, 제385조를 적용하여야 하는데도 원심판결은 이를 한 개인의 도장을 위조행사한 것이라고 하여 형법대전 제392조를 적용한 것에는 부대상고이유와 같이 법률의 적용에 착오가 있으므로 원심판결은 취소되어야 할 것이고 하였다.

같은 상고이유 제2점은 다음과 같다. 원심판결에서는 피고인이 관청과 사인의 문장(文章) 및 인장을 위조행사함으로 인하여 이범석으로부터 4,000원을 편취하려고 하였으나 그 목적을 이루지 못하였다는 사실을 인정하고 있음에도 불구하고 그 사기취재미수의 행위를 독립한 1죄라고 하여 사문서위조 또는 사인위조행사 등의 다른 범죄에 대하여 수죄가 동시에 저질러진 관계라고 하여 형법대전 제129조를 적용하였으나, 사문서위조 또는 사인위조행사로 인한 사기취재(取財)죄는 그 죄질이 경하고 또는 미득재(未得財)의 경우에 있어서는 그 사문서위조 또는 사인위조행사죄에 흡수되며, 그 죄질이 무거운 경우에 있어서는 같은 법 제600조의 준절도 규정에 비추어 처단되어야 할 것으로서 그 죄질이 무거운 경우라거나 혹은 경한 경우 또는 미득재의 경우를 불문하고 사기취재와 사문서위조 또는 사인위조행사죄와는 상호 독립된 범죄로서 수죄(數罪)를 범한 것이라고 할 수 없음에도 불구하고 원심법원은 수죄가 함께 저질러진 것이라고 하여 법률을 적용한 것은 위법한 판결임을 면할 수 없다고 하였다.

이에 대해서도 고등법원 재판부는, 원심판결에서 피고인은 관청과 사인의 문서 및 인장을 위조행사함으로 인하여 이범석으로부터 금 4,000원을 편취하려고 했으나 재물을 얻지 못한 사실을 인정한 것으로서 그 미득재의 점은 형법대전 제600조, 제595조에 의하여 징역 2월에 해당하지만 같은 제389조 사문서위조죄에 흡수되어 따로이 1죄라고 하여 논할 수 있는 것이 아님에도 불구하고 원심판결에서 이를 별개의 1죄로 하여 같은 제129조를 적용한 것은 부대상고이유와 같이 법률의 적용에 착오가 있다 할 것이므로 원심판결은 취소되어야 할 것이라고 하였다.

이상 판시한 바와 같이 피고인의 상고는 그 이유가 없으나 검사의 부대상고는 그 이유가 있으므로 원심판결을 취소하고 다시 원심판결에서 인정한 사실을 법률에 따라 살피건대, 피고인이 양안 및 토지매매계약서를 위조한 행위는 각 형법대전 제390조에, 각 추수기(秋收記), 토지매매계약취소증서, 위임장을 위조한 행위는 각 같은 법 제389조에, 군인(郡印)과 군수의 도장을 위조행사한 행위는 각 같은 법 제385조 전단에, 동장 고동순의 도장을 위조행사한 행위는 같은 법 제2조, 제385조 중단에, 사인위조행사한 행위는 같은 법 제392조 전단에 해당하나 관계가 무거운 각 공사문서위조의 죄에 따라 처단해야 하고, 사기미득재는 제600조, 제595조의 미득재(未得財)에 해당하나 제389조에 의해 경한 것으로 사문서위조행사죄에 따라 처단해야 하고 각 관사(官私)인장 위조행사의 행위는 정상에 참작할 만한 것이 있으므로 같은 법 제125조에 의하여 본형에 4등을 경감하고 수죄가 함께 저질러진 경우로서 각 관사(官私)인장, 위조행사의 행위는 그 형이 같고 다른 각 행위보다 형이 무거우므로 같은 법 제129조를 적용하여 군인 위조행사죄에 의하여 피고인을 징역 5년에 처하고 압수물건 중 양안 1통, 토지매매계약서 1통, 토지매매계약취소증서 1통, 추수기(秋收記) 2통, 위임장 1통은 모두 응금물(應禁物)로서 같은 법 제118조에 따라 몰수하고 그밖의 것은 몰수의 대상이 아니므로 각 소유자에게 환부하기로 한다. 그리고 원심판결과 같은 법률을 적용한 제1심판결도 역시 위법한 판결이므로 취소하지 않을 수 없다고 판시하였다.

3) 조○○ 판결문
(1911년 형공 제5호, 明治44年刑控第5号, 大邱控訴院)

이 판결문은 1910년 12월 22일 광주지방재판소 목포지부에서 조○○의 공문서위조, 관인위조 행사 및 사기취재, 모리야마의 사기취재 피고사건에 대해 유죄판결을 내린 데 대해[46] 1911년 2월 28일 대구공소원에서 재심, 판결한 것으로 그 내용은 다음과 같다.

전라남도 함평군 신광면 수정동에 사는 조○○(24세, 일명 曺孟奎, 농업)과 일본 시마네현 아노(安濃)군 오오다쵸오(太田町)에 주소를 둔 모리야마(森山忠次郎, 41세, 석유판매업)에 대해 광주지방재판소 목포지부의 고바야시(小林茂, 재판장), 후쿠오카(福岡德次郎), 야마와키(山脇晃治) 등 세 명의 판사가 전자에 대해서는 징역 3년, 후자에 다해서는 징역 1년의 판결을 내린 데 대해, 대구공소원의 요코타(横田定雄), 나가누마(永沼直方), 사이토오(斎藤庄三郎) 등 세 명의 판사가 오카모토(岡本至德) 검사 입회, 심리하에 원판결을 취소하고 조○○에 대해서는 징역 3년, 모리야마에 대해서는 징역 1년을 선고하였다. 다만 조○○이 최한익 명의의 전당 전환승낙서가 실제 문서임을 군수에게 증명하기 위해 공문서를 위조했다는 점은 무죄라 하였다.

이상의 판결 이유를 살펴보면 다음과 같다. 피고인 조○○은 1907년

---

[46] 여기서는, 일반적으로 피고 혹은 검사가 항소하였음을 명기하는 것과 달리 누군가의 항소가 있었는지에 대해서는 언급이 없다. 판결 내용을 보면 일단 읙판결을 취소하고 피고 조○○에 대해 일부 무죄 선고를 하고 있는 점으로 보아 피고의 항소가 있었을 것으로 추정할 수 있다.

어느 날 있지도 않은 논 350두락(전남 함평군 해보면 가작동)을 방매한다고 매각인 권경학, 보증인 김주삼 명의(둘 다 허구의 이름)의 문기(제4호 증거물) 및 그 논에 대한 허구의 소작인을 나열한 전기 권경학, 김주삼 명의의 소경록시작열명기(所耕錄時作列名記)라는 제목의 문서(제3호 증거물)를 작성하고 그 각 문서의 이름 아래에 도장을 찍은 다음 이 논을 함평군 신광면 삼천동 최한익이 산 것으로 가정하여 최한익의 명의로 다시 이 논을 피고 조○○에 대한 채무 담보로 전당하고 기한이 지나도 이를 갚지 못할 때에는 채주가 이를 다른 사람에게 전당하더라도 이의가 없다는 취지의 문서(제2호 증거물)를 만들어 이를 최한익에게 보여주고 승낙을 얻어 서명을 받은 다음 그 말미에 실재하지 않는 면장 김영규, 동장 강홍석의 이름을 쓰고 그 이름 밑에 도장을 찍어 제대로 된 문서인 양 외관을 완성한 뒤 이 제2호 기재사항을 함평군수가 증명한다는 취지의 공문이라는 제목을 붙인 허구의 문서(제1호 증거물)를 작성하여 이를 금품을 편취할 용도로 이용하려 하였다. 그때 피고 모리야마가 이 사실을 알고 이에 가담하여 이 두 사람이 공모하여 같은 해 음력 6, 7월경(날짜 미상) 피고 모리야마가 단독으로 전라남도 목포 각국거류지의 시미즈(淸水啓三郞) 집 2층에서 피고 조○○의 이전 이름 조맹규 명의로 전기 허구의 논 350두락을 전당하고 금 2500원을 차용한다는 토지전당문기 정·부 2통(제6호 및 제8호 증거물)을 작성하여 이를 증인 최준익, 영수(領守) 김봉석 등 허구의 이름으로 서명하고 그 이름 아래에 도장을 찍은 다음 목포 신창동 신정래의 집에서 이 문서 말미에 이 전당계약을 동장 강홍석(허구의 이름)이 인증하고 함평군수 진상언이 증명하였다는 취지의 문구를 기재하여 같은 해 9월 19일(음 8월 12일)경 상기 시미즈의 집에서 상기 2통의 관인계약서에 동장 강홍석 이름 아래 도장을 찍고 군수 진상언 이름 아래와 기타 필요한 부분에 전기 위조한 함평군수의 관인을 찍어 위조를 완성하였다.

그리고 같은 해 10월 어느 날 피고 모리야마는 목포 각국거류지 목포대(木浦臺) 나카가미(中上宗吉)의 집에서 그에게 전기 350두락의 논이 실재하는 것인 양 이야기하여 이를 전당하고 논 주인에게 돈을 빌려주도록 말하고 같은 달 24일 피고 두 사람이 다시 나카가미 집에 와서 피고 조○○이 위의 논을 전당하고 금 1천 원을 빌려줄 것을 요청하고 피고 모리야마는 보증을 서겠다고 약속하며 전기 5통의 증서가 사실인 양 가장하여 이를 나카가미에게 건네줌으로써 같은 날 같은 장소에서 대차 명의로 나카가미(여기서는 이름이 中上庄吉로 되어 있음) 발행 금 730원의 수표(가격 730원)와 김재희(金在禧) 발행 금 270원의 수표(가격 270원) 각 1장을 편취하였다.

이상이 이 사건의 개요이다.

위의 사실을 피고 조○○에 대한 검사의 심문조서에 기재된 것으로 요점을 정리해보면, 정미(1907)년 음력 9월 초순경 모리야마와 함께 나카가미 집에 가 차용증서를 주고 1천 원을 빌려 그중 300원을 나눠 가졌다. 6호 증거물의 토지전당증서와 부속 도면은 같은 해 음력 7월경 목포 각국거류지의 시미즈 집에서 작성하고 그 10일 뒤 같은 장소에서 위의 증서에 모리야마가 자신이 위조한 군수 도장과 군아의 관인을 찍었다. 6호 증거물에 있는 군수 진상언은 실재 인물이나 김봉석, 강홍석은 허구의 이름으로 이 증거물은 금품을 편취할 수단으로 위조한 것이다. 그리고 원래 상기 전당한 논은 허구의 것이라 실재하는 양 속이지 않으면 돈을 빌릴 수 없으므로 1907년 음력 7월경 조○○의 자택에서 가짜로 제1 지주를 권경학, 제2 지주를 최한익으로 하고 저당권자를 자신으로 가정하여 권경학으로부터 최한익에게 방매하는 구 문기인 것처럼 제4호 증거물을 위조하고 그 논의 소작인을 명확히 하기 위해 제3호 증거물을 작성하고 또 제4호 증거물에 의해 최한익이 소유권을 취득함으로써 그 땅을 자신에게 저당하였으나 갚지 못함으로써 그 땅을 목포농장회사에 전당하더라도 이의가 없다는 취지의 문서 제2호 증거물을 작성한 것인데 그 문기에 기재된 김영규, 권경학, 김주삼 등은 모두 허구의 이름이다.

또 피고 두 사람의 대질조서 중 조○○이 진술한 부분 : 목포의 시미즈 집에서 모리야마가 논은 실제로 있는지 물었는데 조○○이 실은 허구라고 대답하자 모리야마는 이를 비밀로 해야 한다면서 다른 사람에게 말하지 말라고 하였다. 조○○이 3, 4호 증거물을 모리야마에게 보이고 이를 가지고 다른 사람으로부터 돈을 빌려달라고 부탁하자 모리야마는 이것만으로는 안 되니까 군수의 증명과 그 땅을 다른 사람에게 저당해도 좋다는 증서를 가져오라고 말했다. 6호 증거물 중 본문은 조○○ 자신이 시미즈 집에서 쓰고 증명문은 모리야마에게 문구를 배워서 자신이 목포 신창동 신정래의 집에서 기입했는데 모리야마는 본문과 증명문이 동일 필적이어서 빌려주는 사람이 의심할 수 있으므로 글씨체를 바꿔서 쓰라고 말했다.

그리고 나카가미에 대한 검사의 신문조서 : 1907년 9월 초순경 모리야마가 자신에게 토지를 담보로 돈을 빌리고자 하는 자가 있다고 말하고 그 다음날 본인 조맹규와 함께 왔고 또 제1호에서 6호 및 8호의 증거물을 가져와서 말하기를 토지는 현지에서 실제 측량한 것이라면서 6호 증거물의 부속도면이 그 조감도라고 함으로써 이를 믿고 상기 문기와 함께 차용자 조맹규, 보증인 모리야마 명의의 차용증서를 받고 나카가미(中上庄吉) 명의의 금 730원, 김재희 명의의 금 270원의 수표를 주었는데 그 뒤 저당지를 조사해보니 실재하지 않았다. 또 함평군수의 회답서에는 정미 8월 6일 조맹규에 대해 토지전당인증을 한 적이 없다고 하였다.

이상의 건에 대해 광주지방재판소 목포지부에서 1910년 12월 22일 내린 제1심 판결은 조○○은 징역 3년, 모리야마는 징역 1년에 처하고 압수물건 중 위조에 관련된 문서는 이를 압수하고 그밖의 것은 발송인에게 돌려주고 소송비용은 모리야마가 부담하라고 선고하였다.

조○○이 군아 및 군수 도장을 위조한 행위는 형법대전 제385조, 제1호, 6호, 8호 증거물의 공문서 위조에 의해 재물을 편취한 행위는 동법 제387조에 해당하고 수재(受財)하여 장(贓)이 중하므로 동법 제631조 왕법장(枉法贓) 말호(末號)에 의해 징역 종신에 각각 해당하지만 종범이기 때문에 동법 제135조에 의해 수범률(首犯律)에 각 1등을 감하고 동법 제125조에 의해 정상을 참작하여 각 본형에 4등을 감하고 또 수죄병발(數罪倂發)에 해당되므로 동법 제129조 후반에 의해 군아의 도장을 위조한 죄로 처단한다고 하였다.

피고 모리야마의 재물 편취 행위는 형법 제246조 제1항에 해당하지만 형법 시행 이전의 범죄에 해당하므로 형법시행법 제2조, 형법 제10조에 의해 구형법 제390조 규정의 형과 비교하고 또 동법 제6조에 의해 형이 가벼운 구형법 제390조 규정에 의해 처단하고 벌금은 형법시행법 제5조에 의해 이를 부가하지 않는다.

압수물건 중 위조에 의한 문서는 형법 제19조 제2 및 형법대전 제118조에 의해 이를 몰수하고 그밖의 것은 형사소송법 제202조에 의해 각 발송인에게 돌려주며 공소비용은 형사소송법 제201조에 의해 피고 모리야마가 부담하도록 판결하였다.

2심인 대구공소원에서 1911년 2월 28일에 내린 판결은, 조○○은 징역 3년에 처하고 압수물건 중 위조에 의한 관계(官契) 2통은 몰수하고 그밖의 것은 발송인에게 돌려줄 것, 모리야마에 대해서는 징역 1년에 처하고 소송재판비용은 모리야마가 부담하라고 선고하였다. 그리고 조○○이 최한익 명의의 전당 전환승낙서를 군수가 사실이라고 증명한다는 취지의 공문서를 위조한 점은 무죄로 하였다.

　피고 조○○의 군아 및 군수 도장을 위조 시행한 것은 각각 형법대전 제385조 관사인장위조률(官司印章僞造律)에, 제6호 증거물의 관인위조 행위는 동 제390조에, 사기취재 행위는 동 제600조, 제595조 15호 기득재율(旣得財律)에 해당하고 각 죄마다 참작할 정상이 있으므로 동 제125조에 의거, 각각 5등을 감하되 몇 가지 죄가 한꺼번에 발생하였으므로 각기 관사인장위조 사기취재의 죄에 부과할 형은 관계(官契)위조의 죄에 부과할 형보다 무겁고 인장위조 사기취재의 죄에 부과할 형은 서로 비슷하므로 동 제129조에 의해 군아의 인장을 위조 시행한 죄에 부과할 형에 따라 피고 조○○을 징역 3년에 처하고 압수물건 중 위조에 관련된 관계문서는 동법 제118조에 의해 몰수하고 그밖의 것은 발송인에게 돌려주고 피고 모리야마의 사기취재 행위는 형법시행 이전의 범죄에 해당하므로 형법 제6조, 형법시행법 제2조, 형법 제10조에 의해 신구법을 비교, 가벼운 쪽을 적용해야 하는바 구 형법에서는 제390조 제1항, 제394조에 해당하고 신법에서는 형법 제246조 제1항에 해당하므로 비교한 결과 구법의 형이 가벼우므로 전기 구형법의 각 법조, 형법시행령 제5조를 적용하여 피고 모리야먀에게 징역 1년에 처하고 공소재판비용은 형사소송법 제201조에 의해 피고 모리야마가 부담하도록 한다.

　피고 조○○이 최한익 명의의 전당 전환승낙서를 군수가 진정으로 증명하는 것인 양 공문서를 위조 시행한 점에 대해서는 피고가 이를 작성한 것을 인정하고 있으나 이 증명서는 군수의 직무상 작성하는 문서에 속하지 않으므로 법률상 범죄가 되지 않으므로 무죄를 언도한다.

그러고 보면 원 판결은 피고 조○○에 대한 부분에서 첫째, 앞에서 보인 제6, 8호 증거물의 동장 인증, 군수의 증명을 위조한 행위에 관계 위조의 법조를 적용하지 않고 공문서위조율을 검토하고 둘째, 사실의 인정을 잘못하여 범죄의 조의자(造意者)인 피고를 주범으로 보지 않고 종범율을 적용하여 1등을 감했으며 셋째, 최한익 명의의 전당 전환승낙서를 군수가 정말로 한 것처럼 하기 위한 문서를 위조한 행위는 공문서위조죄를 구성하지 못함에도 불구하고 이를 유죄로 인정하는 등 실수가 있었다.

피고 모리야마에 대한 부분에서는 첫째, 구 형법 제394조 적용이 빠지고 둘째, 모리야마에 대해서는 위조문서 몰수의 부가형을 선고할 게 아니었음에도 불구하고 형법 제19조 제2를 적용해 그 부가형을 선고하는 등 실수가 있었다. 이에 피고 등의 공소는 둘 다 이유가 있다고 보고 조○○에게는 민·형소송규칙 제33조, 모리야마에 대해서는 형사소송법 제261조 제2항을 적용하여 주문과 같이 판결하였다.

그리고 1심 및 2심 양쪽 다 부대사소(附帶私訴)가 포함되어 있다.

1심의 부대사소는 본건의 원고인 나카가미가 소송대리인 이케다(池田重吉)를 통해 모리야마소송대리인 이토오(伊藤慶三郎)]에 대해 청구한 건이다. 1910년 12월 22일 광주지방재판소 목포지부에서 내린 판결은, 민사피고인은 민사원고인에게 금 1천 원을 지불하고 그밖의 청구는 이를 기각하며 사소 비용은 민사피고인이 부담하라는 것이었다.

2심의 부대사소는 본건의 피고인 모리야마소송대리인 시모야마(下山淸一郞) 변호사가 원고인 나카가미[소송대리인 토미타(富田庄蔵) 변호새에 대해 제기한 것으로, 본건 판결일인 1911년 2월 28일 대구공소원이 이를 기각하는 판결을 내렸다.

그 이유는, 사소공소인(모리야마)은 원판결을 취소하고 사소공소인의 청구를 각하하는 판결을 요구하였고 사소피공소인(나카가미)은 공소(控訴)기각 판결을 신청하였다. 사소피공소인은 공소(公訴)판결의 사실 이유에 근거하여 피해사실을 진술하였는데, 사소공소인은 1910년 10월 24일 조○○이 논 350두락을 전당하고 사소피공소인으로부터 1천 원을 차용하는 데 보증을 선 것이 틀림없음에도 불구하고 조○○과 공모하여 사소피공소인을 속이고 이름을 빌려 돈을 편취한 적이 없으므로 그 청구에 응할 수 없다고 답변하였으나, 생각해보건대 사소공소인 모리야마가 조○○과 공모하여 사소피공소인을 속여 이름을 빌려 1천 원을 편취한 점은 공소(公訴)판결 이유에 기록되어 있는 각 증거로 보아 명백하므로 위의 불법행위로 인해 사소피공소인이 입은 손해 1천 원을 배상해야 할 의무가 있음은 두말할 필요가 없고 따라서 본소 피공소인의 청구는 정당하며 이를 받아들인 원 판결은 상당한 이유가 있으므로 본건 공소(控訴)는 이유 없고 소송비용 부담은 형사소송법 제201조 및 민사소송법 제72조를 적용하고 형사소송법 제261조 제1항에 의해 주문과 같이 판결한다고 하고 있다.

해 제

이 문서는 국가기록원에 소장되어 있는 판결문으로 CJA0002024-0016은 광주지방재판소 목포지부의 판결문이고 CJA0002024-0017은 대구공소원의 판결문이다. 이 사건은 전남 함평군 신광면 수정동에 사는 조○○이 가공의 논을 실제 있는 것처럼 서류를 위조하여 그것을 담보로 돈을 빌리려던 것인데 이를 석유판매업자 모리야마에게 상의하자 모리야마가 적극적으로 가담하여 위조된 서류를 전당하고 돈을 빌려줄 일본인을 소개하여 돈을 편취한 사건이다.

이 사건은 공문서 위조, 관인 위조 및 행사, 사기취재 등 몇 단계를 거친 꽤 복잡한 사건이다. 우선 피고 조ㅇㅇ이, 존재하지 않는 논 350두락을 가상의 인물이 소유한 것처럼 문기를 만들고 그것이 보다 실재하는 것처럼 보이도록 하기 위해 해당 논의 소작인을 나열한 명부(所耕錄時作列名記)까지 만든 뒤 이를 매각한 것으로 하고 다시 이를 매입한 사람(최한익)이 피고 조ㅇㅇ에 대한 채무 담보로 이 논을 전당하고 기한이 지나도 이를 갚지 못할 때에는 채주가 이를 다른 사람에게 전당하더라도 이의가 없다는 취지의 문서를 만들어서 그 논을 산 것으로 설정된 사람에게 보여주고 그의 승낙을 얻어 그의 날인을 받은 다음, 그 말미에 실재하지 않는 면장과 동장의 서명, 날인을 하여 비로소 사기를 칠 기초자료를 완성하였다. 여기에 오기까지 실재 인물은 피고인과 최한익 단 두 사람뿐이다. 거기다가 하나 더 붙인 것이 최한익이 기한 내에 돈을 갚지 못하면 이 논을 다른 사람에게 전당하더라도 이의를 제기하지 않겠다는 문서의 기재사항을 함평군수가 증명한다는 공문이다. 사실 이런 공문은 실제로 작성하는 일이 없는 공문이다.

그리고 이 기초자료가 사기취재로 연결되기 위한 중요한 고리가 석유판매업을 하는 모리야마다. 그는 조ㅇㅇ의 계획을 알고[47] 이에 가담하여 위조문서를 보완하고 이 위조서류를 전당잡히고 돈을 빌릴, 사기대상자를 물색해 350두락의 논이 실재하는 양 이야기하고 이를 전당하고 논 주인에게 돈을 빌려주도록 미리 이야기를 해놓은 뒤 조ㅇㅇ과 다

---

[47] 어떻게 알게 되었는지, 그 경위에 대해서는 언급이 없다.

시 방문, 자신은 보증을 서겠다고 약속하며 서류를 건네주고 수표를 받아 범행을 완료한다.

피고 조○○이 이 범행을 위한 준비에 착수한 것이 1907년 8월이고 피고 모리야마가 피해자 나카가미를 목포의 집으로 찾아가 미리 설명을 한 것이 그해 10월이며 최종적으로 두 피고가 함께 나카가미의 집을 방문, 범행을 완료한 것이 같은 달 24일이다. 피고 모리야마는 이 범행을 조○○과 모의하는 과정에서 그 논이 실재하는지를 물었음에 반해 피해자 나카가미는 당시 돈 1천 원이라고 하는 적지 않은 돈을 빌려주고 난 뒤에야 이 논이 실재하는지를 확인하려 하였다. 그 시점이 언제인지는 명기되어 있지 않으나 본건 1심 판결이 1910년 12월 하순인 점으로 보아 사기를 당하고도 한참이 지난 뒤였던 것으로 추정된다. 왜 이런 사기가 가능했을까? 다시 말해 나카가미는 어떻게 이런, 실재하지도 않는 논을 확인도 해보지 않고 가짜 서류를 믿고 그리 쉽게 거금을 빌려줘서 사기를 당했을까 하는 의문이 생긴다.

또 거꾸로 24살밖에 안된, 농업을 직업으로 하는 조○○이 이렇게 복잡한 과정을 설정해서 사기를 치기로 마음먹은 것도 그게 어떻게 가능했던 것인지 궁금하다. 물론 이 판결문만으로는 피고 조○○이 어느 정도의 교육을 받고 어느 정도의 관련지식이 있는 사람인지, 실제 하는 일이 무엇이었는지 알 길은 없다.

그러나 당시 사회사정을 되짚어보면, 수긍할 수 있는 면이 상당히 있어 보인다. 1907년이라는 시점이 일본이 조선 침략을 구체화해가던 시기이고 당시 조선에 진출해 있던 일본인 중 상당수는 그 변화의 시기에 조선의 땅을 확보하는 것이, 국가적 차원에서의 식민지 장악 계획과 직접적으로 관련이 없는 형태로라도 일확천금을 노릴 수 있는 기회였을 것이다. 일본에 비해 상대적으로 싼 땅값이었을 것이고 이렇게 확보한 경지를 이용해 농사를 지을지 아니면 시세차익만을 노릴지는 알 수 없지만 자금력이 있고 기회를 만나기만 하면 일단 확보하려는 분위기였을 것임은 충분히 예상할 수 있는 일일 것이다.

사기란 이를 계획하는 쪽에서는 교묘하고 치밀한 계획이 필요하겠지만 그 준비가 아무리 철저하다고 해도 상대방이 그것에 대한 관심이 없다면 사기를 치는 것 자체가 불가능하다. 다시 말해 사기가 성립되기 위해서는 사기를 당하는 쪽에서도 뭔가 관심이 있고 이를 통해 뭔가 얻을 것이 있을 것이라고 하는 욕심이 있어야 하는 것이다. 그런 의미에서 당시 조선에 진출한 일본인들 사이의 분위기가 적당한 당이 나오면 적극적으로 사들이는 것이었을 것이고 바로 그 점이 피해자 나카가미가 사전에 확인하기도 전에 돈부터 먼저 빌려주는 실수를 저지르게 하였던 게 아닐까 하는 것이다.

또 피고 조○○ 같은 사람의 입장에서 보면 조선에 와 있는 일본인들의 그런 분위기를 잘 알고 있었기 때문에 이와 같은 범행을 계획하였을 것이고 또 그런 일확천금에의 유혹을 느꼈던 것이 아닐까.

다시 말하면 일제의 조선 식민지화가 진행되는 시대적 상황이 이 범죄를 가능하게 한 것이고 그런 점에서 이와 같은, 보기에 따라서는 황당하게조차 보이는 범죄를 생각할 수 있게 한 것이 아닌가 한다.

5
화폐위조 사건

1) 박○○ 판결문(1910년 형 제100호, 明治43年刑第100号, 京城地方裁判所 仁川支部)

이 문서는 박○○('경성' 동부 논정동 거주. 무업. 31세. 출생지는 경남 부산2동)의 어음위조, 행사, 사기취재 사건에 대해 안도오(安藤薰) 검사 간여하에 1910년 11월 13일 경성지방재판소 (인천)지부 하루카와(春川泰助, 재판장), 박재선(朴齋璿), 시이(四位義正) 등 3명의 판사가 내린 판결문이다.

그 내용을 살펴보면, 피고 박○○는 1910년 8월 중에 인천 부내면 용동의 강치중이 다른 사람으로부터 돈을 빌릴 때 이의 주선을 위해 강의 도장을 맡긴 것을 기화로 8월 10일 강치중 명의로 피고에게 발행한 것인 양 금 200원의 약속어음을 위조하고 이미 맡고 있던 강의 도장을 찍어 피고가 이서하여 인천 부내면 내동 정치국(丁致國)의 집에서 이를 정치국에게 주고 금 200원을 사취하였다.

이상의 사실은 피고가 이 법정에서 한 자백과 시이 판사의 고발서와 검사 측에서 작성한 피고인 심문서에 의해 증빙이 충분함. 생각건대 피고의 소위가 형법대전 제389조에 해당하므로 같은 조 및 동법 제600조, 제595조 13호를 적용할 것이나 그 소위의 정상을 참작함이 가하므로 동 제125조에 의해 본형에 7등을 감하여 징역 1년을 선고하고 압수한 물건 중 위조한 어음은 이를 몰수하고 그밖의 것은 소유자에게 돌려주도록 판결함.

해 제

이 문서는 1910년 11월 13일 '경성'지방재판소 지부가 박○○의 어음 위조 사기사건에 대해 안도오(安藤薰) 검사 심리하에 하루카와(春川泰助, 재판장), 박재선(朴齋璿), 시이(四位義正) 등 3명의 판사가 내린 판결문이다. 어음을 위조하고 원 소유주(강치중)가 이전에 돈을 빌리는 것을 주선한 것을 이용, 그때 맡아두었던 강치중의 도장을 도용하여 위조한 어음에 날인하고 그것을 다른 사람에게 주고 돈을 편취한 사건이다.

사건 내용은 특별할 것이 없으나 이미 일본에 병탄이 완료된 이후에 진행된 재판에서(사건 발생 일자는 '1910년 8월 중'으로만 되어 있어서 병탄 전인지 여부가 분명하지 않음) 3명의 판사 중 2명이 일본인임에도 불구하고 판결문이 국한문 병용, 즉 한글로 작성되어 있다는 점이 눈길을 끈다. 이런 사례가 얼마나 있는지 또 언제까지 한글 판결문이 작성되었는지 확인할 필요를 느껴 이를 다루게 되었다.

하지만 범죄의 내용을 좀 더 자세히 들여다보면 당시 사회적 형편과 관련하여 몇 가지 미루어 짐작할 수 있는 일들이 있을 것 같다. 우선 이 사건의 내용은 매우 단순하다. 피고 박○○는 부산 출신으로 서울에 주소를 두고 있는 무직의 31살 사내로, 강치중이 다른 사람으로부터 돈을 빌릴 때 이를 주선한 적이 있고 그 때 강치중이 자신의 도장을 박○○에게 맡겼다는 것이다. 박○○는 그 도장을 도용하여 어음을 가짜로 발행하고 그 어음으로 제3자로부터 돈을 받은 것인데 그 어음이 발행인에게 되돌아가는데 약간의 시간이 걸릴 뿐 누가 그 어음을 위조한 것인지는 금방 알 수 있는 사안이다. 범죄 심리의 측면에서 볼 때 이 사건은 뭔가 교묘한 수단을 부려 완전범죄를 노리는 경우와는 거리가 멀어 보인다. 왜 이런 뻔한 범죄를 저질렀을까가 궁금해질 지경이다.

남의 도장을 맡고 있으니 그걸 이용해서 잠깐 동안이나마 거금을 만져볼 기회가 생겼다는 사실만으로도 범죄 유혹으로부터 벗어날 수 없는 단순범죄일까? 조금만 더 범죄에 대해 생각을 했다면 자신을 아는 이가 맡긴 도장을 사용하여 어음을 위조하는 일은 하지 않는 게 코통이 아닐까?

또 한 가지 이와 관련하여 흥미로운 점은, 이 무렵 신문 지상에 박○○라는 이름이 나오는 기사가 두 건 있는데 둘 다 구조금 또는 의연금 출연자로서이다.[48] 이것이 동일인물이라고 단정할 자료는 없지만 만일 동일인일 경우[49] 박○○는, 1906년에는 샌프란시스코에서 탈생한 조난사건[50]에 희생된 동포를 위한 구조금(30전)을 내었고 1910년에도 음력 정월 초하룻날 인천에서 발생한 화재에 대해 의연금(50전)을 내고 있는 것이다. 통상적으로 생각하면 그는 해당사회에서 어느 정도 이름이 있는 인물로 보아도 좋을 것이다.

그런데 여기서 주목할 필요가 있는 것은 어음 발행에 명의를 도용당한 정치국이 같은 기사에 나란히 이름을 올리고 있는데 그가 낸 구조금 내지 의연금 액수가 박○○와는 상당한 차이를 보이고 있다는 점이다

---

[48] 「在桑港 조난 동포 구조금」(『대한매일신보』, 1906.6.17, 4쪽), 「인천항 답동 사촌 화재 의연금」(같은 신문, 1910.5.31. 및 같은 해 6.1 및 6.2). 엄밀히 말하면 4건의 기사가 있으나 후자 즉 인천 화재의연금은 동일 건의 반복으로 간주하였다.

[49] 이 사건에서 어음 명의를 도용당한 정치국(丁致國)의 이름이 이 두 기사에 모두 나란히 등장하고 있어서 이와 같은 상정이 상당한 근거가 있다고 해도 좋지 않을까 싶기도 하다.

[50] 당시 『대한매일신보』 기사를 보면, 미주 샌프란시스코에서 일어난 대화재로 그곳에 거주하는 동포들 중 사망자나 부상자가 상당수에 달한다는 소식과 함께 이들에 대한 구조를 호소하는 기사를 처음 실은 것이 1906년 4월 29일이고 이후 6월 23일까지 거의 매일 같이 이에 관한 기사를 싣고 있다. 심지어 재일본유학생들에게 출연을 호소하는 기사도 있었고 유학생들의 구조금 출연도 상당액에 달했다. 마지막 6월 23일 기사는, 총 27회에 걸쳐 구조금 출연 내역을 보도한 것을 종합하여 최종 구조금 총액이 1,202圓 70전에 이르렀음을 보고하고 있다.

(정치국: 박○○=1906년 10元: 30전, 1910년 20圜: 50전). 정치국의 구조금 및 의연금 액수는 기사의 내용으로 보더라도 상당히 큰 금액임을 알 수 있다. 즉 1906년 구조금의 경우 맨 처음으로 등장하는 신상회사(紳商會社)가 15元이고 바로 그 다음으로 나오는 정치국이 10元을 내고 있고 그밖의 사람들은 많으면 5元이고 20전을 낸 사람들도 꽤 많다. 그리고 1910년의 경우도 맨 앞에 나오는 사람(俞致興)이 30圜이고 그 다음으로 정치국을 포함한 4사람이 20圜씩을 내었다.

그러면 박○○가 출연한 금액은 어느 정도의 것일까? 정치국에 비하면 적은 액수이지만 그렇다고 출연자 중 최저금액에 속하는 것도 아니고 따라서 단순히 생색내기로 보기는 어렵다는 이야기이다.

이상의 사실들로부터 우리가 유추할 수 있는 점은 무엇일까? 당시 사정으로 보아 박○○가 무직이라는 것은 그가 양반 부스러기일 가능성이 많고 따라서 어느 정도의 학식도 갖췄을 가능성이 크다. 출생은 부산이나 서울에 주소를 두고 활동하고 있었고 샌프란시스코 화재사건이나 인천 화재사건을 교유하는 인물들로부터, 또는 상기 『대한매일신보』를 구독하여 알게 되었을 것이고 박○○에 비해 자산의 규모가 훨씬 컸던 것으로 보이는 정치국에는 미치지 못하지만 그래도 상당한 구조금 내지 의연금을 출연하고 있는 것이다.

그런 의미에서 보면 박○○는 정치국과 어느 정도 왕래 또는 거래관계가 성립되어 있었고 또 자산 규모가 상당한 정치국이 자신의 도장을 맡긴 것으로 보아 상당한 신뢰관계까지도 있었던 것으로 보아도 좋지 않을까 싶다.

그런 관계에 있는 박○○가 금방 탄로날 것을 충분히 예상할 수 있는 정치국의 도장을 도용하여 가짜 어음을 발행하였다는 것 자체가 통상적으로는 이해하기 힘든 것이라 해도 좋지 않을까?

박○○는 이 사건 이후에 또 다른 사건으로든, 아니면 전기 의연금 또는 구조금 출연 등으로든 이름이 나오는 일은 없어졌다. 이는 박○○가 이 사건을 계기로 범죄를 다시 저지르는 범죄인으로 전락하지 않았거나 그것도 아니면 아예 이름을 바꿨을 가능성 혹은 죽었을 가능성 같은 것들을 생각해볼 수 있을 것이다.

어느 쪽이든 박○○는 단순한 도벽에 의한 쾌감을 즐기거나 그것으로 인해 상습 범죄자로 전락한 것은 아닌 것 같다. 그렇다면 박○○는 상당한 신뢰관계에 있었고 또 정치국의 도장을 이용한 범죄가 금방 탄로날 것을 충분히 예상할 수 있음에도 불구하고 그런 범죄를 저지른 이유는 무엇이었을까? 부족한 자료로 확실한 추론을 할 수는 없는 일이지만 뭔가의 착각 내지는 치밀한 범죄를 구성할 정도의 범의를 가지지 않은, 평범한 양반 자제가 순간적인 판단착오로 일을 저질렀을 가능성을 일차적으로 생각할 수 있고 그것도 아니면 정치국과의 관계에서 뭔가 오해가 생겼을 가능성을 배제할 수 없는 것이 아닐까?

확실한 결론을 얻을 수는 없지만 이 사건을 통해서 우리가 추정할 수 있는 것은 비록 어음위조에 의한 취재 사기사건이라고는 하나 매우 순진하거나 단순한 사건에 불과하고 일제 완전 식민지로 전락하는 시기의 한국 사회는 아직 남의 재산을 후려먹는데 골몰하는 악질적 범죄까지는 그다지 일반화되지 않은 사회라고 말해도 좋지 않을까 하는 것이다.

그런 의미에서 보면 이 사건은, 당시 사기취재 사건의 대부분이 조선인이 포함된 경우에도 일본인이 개입한 사건이 많았던 것과 달리 일본인이 개입하지 않은 조선인들 간의 사건이라는 점과도 관련이 있다고 봐도 좋지 않을까 싶다.

2) 이□□ 등 판결문
   (1910년 형상 제152호, 明治43年刑上第152号, 高等法院)

이 판결문은 1910년 10월 19일 경성지방재판소에서 이□□, 이○○, 김○○, 신○○ 등 4명의 화폐위조 사건에 대해 유죄판결을 내린 데 대해 피고인 이○○, 신○○이 항소함으로써 같은 해 11월 24일 경성공소원에서 재심한 것과 이에 대해 다시 피고인 이○○이 상고하여 같은 해 12월 26일 고등법원에서 판결한 것으로 그 내용은 다음과 같다.

경성 서부 공덕리의 이□□(50세, 魚商), 경성 중부 관자동 이○○(일명 이◇◇, 46세, 무직), 경성 서부 공덕리 김○○(37세, 거간업), 경성 북부 아현 신○○(일명 신◇◇, 49세, 망건제조업) 등에 대해 조선총독부 검사 카와무라(河村静水) 입회하에 경성지방재판소의 츠카하라(塚原友太郎), 하라(原正鼎), 정구창(鄭求昌) 등 3명의 판사가 심리하여 각각 징역 5년에 처하고 압수물건 중 위조한 은화 20매와 놋쇠 재료 등은 범죄에 관련된 물건으로 이를 몰수하고 그밖의 것들은 원소유자에게 돌려주도록 하였다.

이○○, 신○○ 2명의 피고가 항소한 2심에서는 김낙헌 검사의 간여 하에 경성공소원의 카와무라(河村尙德, 재판장), 신재영(申載永), 함태영(咸台永) 등 3명의 판사가 심리하여 항소를 기각하는 판결을 내렸고 이에 대해 이○○이 상고한 3심에서는 젠(膳鉦次郎) 검사의 의견을 듣고 이와노(岩野新平), 아사미(浅見倫太郎), 마키야마(牧山榮樹), 스즈키(鈴木伍三郎), 이시카와(石川正) 등 5명의 고등법원 판사가 심리하여 상고를 기각하는 판결을 내렸다.

그 이유를 살펴보면, 피고 이ㅁㅁ, 이ㅇㅇ, 김ㅇㅇ, 신ㅇㅇ 등은 모의하여 구한국 20전짜리 은화를 위조하기로 하고 1910년 음력 5월경 경기도 고양군 원당면 박ㅇ궁, 김은집의 집에서 위조기계를 설치하고 놋쇠를 원료로 하여 은화의 모형을 찍고 약품을 이용하여 은색 도금을 하여 위조함으로써 구한국 20전 은화 수십 매를 위조하였다. 항소심과 상고심 판결문이 있으나 모두 기각되었으므로 특별히 따로 거론해야 할 논점은 별로 없다.

이상의 사실은 피고가 이 법정에서 한 공술, 사법경찰관 및 검사의 각 피고인에 대한 신문조서, 사법경찰관의 김을봉에 대한 신문조서 등에 의해 증빙이 충분하다.

이를 법률에 비춰보면 이들의 행위는 형법대전 제393조 전단에 해당하여 교수형에 처해야 하나 정상을 참작할 사유가 있으므로 동법 제125조에 따라 본형에 5등을 감하여 징역 5년에 처하고 압수물건 중 위조한 화폐나 위조 원료 놋쇠 등은 몰수하고 그밖의 것은 원소유주에게 반환하도록 하였다.

해 제

이 문서는 국가기록원에 소장되어 있는 판결문으로 전부 세 가지가 있는데 문서번호를 기준으로 보면 경성공소원의 판결문이 CJA0000245(0627~0632)이고 고등법원 판결문이 CJA0000463(0964~0972)이며 그밖에 CJA0000084(0560~0576)이 또 있는데 여기에는 경성지방재판소의 1심, 경성공소원의 2심, 그리고 고등법원의 판결문이 다 함께 수록되어 있다.

이ㅇㅇ 등 4명의 피고들은 위에서 본 바와 같이 위조화폐를 만드는 기계를 설치하고 20전짜리 은화를 위조하여 유통시킬 계획을 세우고 이를 실행에 들어간 것인데 이들이 모의를 시작한 것은 1910년 음력 5월 경이므로 아직 일제의 완전식민지가 되기 전이다. 말 그대로 국운이 바람 앞의 등잔 같이 위태롭고 어지러운 상황에서 화폐 위조를 생각한 것이다. 아니, 그런 혼란 정국이기 때문에 오히려 범행이 쉽사리 성공할 수 있을 것이라고 생각했을 수도 있을 것이다.

당초 네 명이 모의하여 범행에 들어갔으나 그중 2명만이 항소하였고 그것이 받아들여지지 않자 이○○은 혼자서 상고하였다가 거기서도 기각당하고 만다. 따라서 각 심급별로 논란이 되는 사항도 별로 없다. 참고로 이○○의 상고이유를 통해 조금 더 자세히 들여다보기로 하자.

이○○이 타카하시(高橋章之助) 변호사를 통해 제기한 상고이유 중 첫 번째는,

"상고인은 본건 공동피고인 등과 구한국 20전 은화의 위조를 기도하고 … (중략)"라는 사실을 인정하고 "형법대전 제293조 전단에 해당하므로 교수형에 처해야 할 …(중략)"이라는 법률을 적용하였으나 상고인에 대한 이 사건의 사실관계는 원심판결의 증거 란에 적시된 각 기록 중에서 산견(散見)할 수 있는 바와 같이 대차관계에 의해 자금공급을 한 것이라고 인정되기는 해도 위조행위에 착수한 바 없음은 명백한 사실이다. 그러므로 가령 원심의 사실인정이 정당하다고 하여도 형법대전 제393조 후단의 조역자에 불과하게 된다. 또한 상고인도 다른 공동피고인과 같이 범죄행위를 직접 실행한 것으로 인정하기 위해서는 그 사실과 증거를 적시하여 이유를 설명하여야 함에도 불구하고 원심결은 이 점에 대하여 전혀 판시하고 있지 않다. 요컨대, 이유불비와 법률적용의 착오의 위법이 있는 판결이라는 주장이다.

이에 대해 고등법원 재판부는, 피고인은 다른 피고인 등과 공모하여

구한국 20전 은화의 위조를 기도하고 놋쇠를 원료로 하여 판시와 같은 방법으로 은화의 모형을 찍고 약품을 이용하여 은색 도금을 하여 위조함으로써 구한국 20전 은화 수십 매를 위조한 것으로서 위 사실에 의하면 피고인이 위조행위에 착수(下手)한 사실은 명백하여 위 주장과 같이 단지 조역자의 행위만을 한 것은 아니다. 따라서 원심법원이 형법대전 제393조 전단을 적용하여 처단한 것은 정당하다. 그리고 원심법원의 판결에 기재된 증거를 들어 위와 같은 사실을 인정하였으니 원심판결에는 그 주장과 같은 이유불비의 위법도 없으며 그 이외의 상고이유도 원심법원의 직권에 속하는 사실인정을 비난하는 것으로서 적법한 상고이유가 되지 못하므로 모두 이유 없다고 하여 배척하였다.

상고이유 두 번째. 원심판결에서 인정한 사실은 "(전략)구한국 20전 은화 수십 매를 위조한 것이다"라고 하고 있고 압수물 몰수의 이유에서는 "(전략) 위조 화폐의 재료 4,529개 … (중략) 범죄에 관계있는 물건으로 응금물(應禁物, 법으로 소지를 금지하는 물건)이므로 동법 제118조에 의하여 관이 몰수하고"라고 하고 있으나 은화 수십 매의 위조에 위조화의 재료 4,529개가 어떠한 관계가 있는지, 만약 그것이 위조미수의 범죄라고 가정하면 위조재료 "천오백여"의 관계도 존재해야 함에도 본건은 단지 은화 수십 매 위조의 범죄행위만을 인정하고 있을 뿐이다. 따라서 원심판결은 범죄에 관계없는 물건을 관계있는 물건이라고 하여 몰수한 위법이 있는 판결이라고 주장하였다.

이에 대해 고등법원 재판부는, 원심판결의 법률적용 부분에는 다만 "위조화의 재료 4,529개는 범죄에 관련된 물건으로서"라고만 되어 있고 그 물건이 범죄와 어떤 관계가 있는 것인지 구체적인 설명을 하지 않고 있어 몰수해야 할 이유가 명확하지 아니한 바도 있으나 "위조화의 재료"

라고 판시한 바에 비추어 보면 원심법원이 관몰(官沒)한 물건은 피고인이 본건의 화폐위조의 용도에 제공하려고 한 것이라는 사실을 추지(推知)할 수 있는 것이고 그리고 형법대전 제118조에 "일반범죄에 관한 물건"이라고 하는 것에는 범죄의 용도에 제공하려고 한 물건도 포함하는 것임은 명백하다. 그러므로 원심법원이 같은 법조를 적용하여 위 물건을 몰수한 것은 정당하므로 이 점에 관한 상고는 이유 없다고 보아 이 역시 배척하였다.

네 명의 피고 중 항소는 두 사람만, 그리고 상소는 한 사람만 한 것은 재력의 차이였을까. 일제가 조선에 법조인을 파견하면서 그들에게 강조한 것은 구한말 조선의 관리들이 부패하여 송사에 대해서도 공정한 판결을 내리지 않아 백성들의 신뢰를 얻지 못하고 있음이 나라 형편을 어렵게 만든 주요 원인 중에 하나임을 전제하고 조선에 파견되는 법조인들이 공정한 재판을 통해 조선 사람들의 신뢰를 얻도록 하라는 것이었다는 이야기가 있으나 이렇게 살펴보는 과정에서 유난히 변호사들의 태만과 무지가 눈에 띈다. 그들에게 의지할 수밖에 없는 의뢰인들이 한심하다.

3) 김○○ 판결문
(1911년 형공 제163호, 明治44年刑控第163号, 大邱控訴院)

이 사건의 1심 판결문은 1911년 9월 4일 광주지방재판소 전주지부에서 작성한 김○○의 위조화폐 지정행사(知情行使) 사건에 관한 것으로 그 내용은 다음과 같다. 경상북도 자인군 북면 서면리에 거주하는 김○○(55세, 지게꾼, 농업)에 대해 조선총독부 검사 이시카와(石川信重) 입회, 심리하에 마에다(前田信兆), 아오(青 篤世), 하타(畑義三) 등 3명의 판사가 징역 2년에 처하는 판결을 내렸다. 압수한 위조엽전은 이를 몰수함.

피고는 1910년 봄 경상북도 대구부 거주 중 그곳 시장 상인 또는 엿장수 등이 정규 엽전 가운데 섞여있는 위조엽전을 포기하는 것을 보고 이를 사용할 목적으로 그 위조엽전 623개를 모아 전라북도 전주군 소양면 구진리로 가지고 와서 1911년 8월 12일 그 마을 주막 김천서(金天瑞) 집에서 이를 행사하였다.

이상의 사실은 피고의 본 법정에서의 공술, 피고에 대한 검사 및 사법경찰관의 각 신문조서, 압수한 위조엽전에 의해 그 증빙이 충분함.

이를 법률에 비춰보면 피고의 소위는 형법대전 제2조에 의해 동법 제394조에다가, 소위 제393조의 사정을 알면서도 이를 행사한 자는 징역 10년에 처한다는 조문을 인율비부(引律比附)하여 처단할 자에 해당하나 범죄에 이른 정황을 참작(犯情原諒)할 사유가 있으므로 동법 제125조에 의해 5등을 감하여 징역 2년에 처하고 압수한 위조엽전은 소지해서는 안 되는 물건이므로 동법 제118조에 의해 이를 몰수하기로 하고 주문과 같이 판결함.

이상과 같은 1심 판결에 대해 피고가 항소함으로써 같은 달 28일 대구공소원에서 조선총독부 검사 오카모토(岡本至德) 입회, 심리하에 요코타(橫田定雄), 사이토오(齋藤庄三郎), 김응준(金應駿) 등 3인의 판사가 공소를 기각하는 판결을 내렸다. 그 이유는, 원심판결이 판지에 적합하고 상당하기 때문이라 하였다.

이 복심 판결문은 재판장(요코타)의 명령에 의해 국한문혼용의 문장으로 번역한 것이다. 번역자는 조선총독부 재판소 통역생 야마노이(山之井麟治).

해 제

이 문서는 국가기록원에 소장되어 있는 판결문으로 문서번호는 CJA0001715-0074이며 김○○의 위조화폐 지정행사 사건에 관해 판결한 것이다.

이 사건은 지게꾼 김○○가 대구에 있을 때 주변 시장상인들이나 엿장수들이 장사해서 받은 돈 중에 섞여있는 가짜엽전을 제대로 된 돈으로 되찾을 것을 포기하는 것을 보고 착안한 듯, 이런 위조엽전을 모아 전라북도 전주군 소양면에서 주막을 하는 김천서의 집에서 이를 사용하다가 적발된 건이다.

김○○는 지게꾼에 농업이라고 씌어있는 것으로 보아 농사로 부족한 가계를 지게로 짐을 날라다주는 일로 보충하였던 것으로 볼 수 있을 것이다. 판결문에는 단지 '負軍'으로 표기되어 있을 뿐 그가 어떤 일을 했는지에 관해서는 기재된 것이 없으나 경우에 따라서는 보부상(褓負商)

이었을 가능성도 배제할 수는 없다. 그럴 경우 그는 장돌뱅이에 가까운 사람이었을 수도 있는데 주소가 경상북도 자인군으로 되어 있고 범죄의 발단이 된 상인들의 위조엽전을 모은 것도 경상북도 대구였는데 이를 행사한 것은 전라북도 전주군 소양면이었다. 그가 모아 온 위조엽전이 623개였다고 하니 장돌뱅이이거나 남의 짐을 날라다주는 짐꾼노릇으로 농사로 부족한 가계를 메우는 가난한 농부였다면 평소에 만져보지 못할 큰돈임에 틀림없고 따라서 별반 아는 사람이 없는, 자신이 살고 있는 지역으로부터 멀리 떨어진 전라북도 전주 인근까지 와서 이를 행사하려 한 의도는 이해할 만하다.

그런데 거기서 주막을 하는 사람의 이름이 김천서로, 우연일 수도 있지만 어쩌면 본 사건의 피고인 김○서(金○瑞)와 소양면 주막의 김천서(金天瑞)는 항렬이 같은 형제이거나 가까운 친척일 수도 있다. 만약 그렇다면 별반 아는 사람이 없는 먼 곳에 가서 가짜엽전을 사용하려 할 경우에도 형제나 친척에게 가서 협력을 구하는 것이 범행을 무난하게 수행하는 데 도움이 될 것으로 판단했을 가능성이 높아 보인다.

또 다른 가능성은, 600개가 넘는 위조엽전을 가지고 가서 주막에서 행사하려다가 적발된 것으로 되어 있는데 거기서 가지고 간 위조엽전을 어떻게 행사하려 했는지에 대해 알 수 있는 기록은 없으나 그 주막이 일종의 객주업까지 하고 있었던 어느 정도 규모의 주막이었다고 한다면 거기서의 숙박비나 식비 같은 것뿐만 아니라 예를 들어 객주로서 행하고 있던 위탁판매 같은 것과 관련하여 그 대금을 치르려고 했을 수도 있을 것이다.

어느 쪽도 단정할 수 있는 근거는 없다. 판결문에 근거하여 생각할 수 있는 것은, 피고 김○○가 그 엽전이 가짜인 줄 알면서도 이를 일부러 대량으로 모아 먼 지방에 와서 이를 처분하려 했다는 점에서 계획적인 범행이라는 점은 충분히 알 수 있다. 이에 따라 본 법정이 적용한 법률은 일단 형법대전 제2조에 의해 동법 제394조에다가, 소위 제393조의 사정을 알면서도 이를 행사한 자는 징역 10년에 처한다는 조문을 인율비부(引律比附)하여 처단할 자에 해당한다고 보았다.

형법대전 제2조는 "범죄한 자가 본 법률에 정조(正條)가 없는 경우에는 인율비부하여 처단하되 사형에는 비부할 수 없다"고 하고 있다. 그리고 동법 제394조는 "제393조의 情을 知하고 수입하거나 행사한 자는 징역 10년에 처한다"는 내용이다. 또 동법 제393조는 "지폐나 금은동화를 위조한 자는 모두 교(絞)에 처하되 주접자(住接者)와 공장(工匠)은 같이 논하고 조역자와 설계미행(設械未行)한 자는 1등을 減한다"이다.

이를 정리하면, 제393조는 화폐를 위조한 자에 대한 규정이다. 그리고 제394조는 이 제393조의 내용을 알고도 이를 사용한 경우에 대한 규정이다(知情行使). 그런데 피고 김○○가 안 내용은 그 엽전이 위조엽전이라는 사실을 안 것이지 제393조가 말하는 위조한 자를 아는 것이 아니다. 그래서 제2조의 인율비부가 필요하다고 보았을 것이다. 그리고 유사한 규정으로 동법 제395조가 있는데 이는 '지폐나 금은동화를 받은 후에 위조로 인각(認覺)하고도 이를 행사한 자는 태 100에 처한다'고 하고 있다. 피고 김○○는 위조지폐를 뭔가의 대가로 받은 것이 아니므로 이쪽에도 해당하지 않는다. 그의 경우는 모르고 받았는데 나중에 위조엽전인 줄 알았지만 버리기 아까우니까 그냥 써봤다는 정도가 아니라 위조엽전이 꽤 있는 걸 알고 그걸 모아 정규 엽전인 양 쓰면 큰 이득을 얻을 수 있겠다고 생각하고 적극적으로 모은 쪽이다. 그런 의미에서는 제395조가 아니라 제393조 쪽을 비부하기로 한 재판부의 결정은 타당성이 있어 보인다.

그런데 그 다음에 '범죄에 이른 정황을 참작(犯情原諒)할 사유가 있으므로 동법 제125조에 의해 5등을 감하여 징역 2년에 처'했다고 하는데 이 부분은 조금 더 설명이 필요하겠지만 판결문은 그 점에 대해서는 아무런 언급이 없다. '원량(原諒)'할 사유가 무엇인지도 모르지만 동법 제125조의 규정[51]과는 달리 5등을 감한 것 또한 무슨 사정이 있었던 것인지 알 길이 없다. 이 점에 관해서는 대구공소원의 복심에서도 하등의 말이 없었다.

  이 사건은 구한말 이래로 문란하였던 화폐 사정을 반영하는 것으로 일제의 완전 식민지로 전락한 지 1년이 지난 시점에서도 그런 사정이 아직 정리되지 않고 있음을 보여주는 사례라 할 것이다. 또 이는 일제가 아직 식민지 조선을 완벽하게 장악하지 못하고 있음을 뜻하는 것이기도 하다.

---

[51] 제125조 죄인을 처단할 때에 그 정상을 酌量하여 경감할 사유가 있는 자는 1등 혹은 2등을 감한다. 단, 본범이 종신이상률에 해당하는 안건은 법부에 질의하여 지령을 기다려 결정한다.

4) 변○○ 등 판결문
(1913년 형상 제114호, 大正2年刑上第114号, 高等法院)

이 사건은, 1913년 6월 30일 경성지방법원 예심판사 테라다(寺田三義)가 변○○(38세), 변□□(27~8세), 김○○(40세), 박○○(38세), 박□□(26세), 김○○(28세) 등 6명의 외국에서 유통하는 외국지폐 위조사건에 대해 예심하여 이를 경성지방법원의 공판에 회부하는 결정을 내림으로써 같은 해 8월 28일 경성지방법원 형사합의부 츠카하라, 이토오(伊東淳吉), 하코타(箱田淳) 등 3명의 판사가 조선총독부 검사 카키하라(柿原琢郞), 모로스미(兩角斌) 간여하에 심리하여 변○○에게 징역 4년 등의 판결을 내렸으며 이들이 다시 항고하여 같은 해 10월 29일 경성복심법원에서 야마다(山田俊平) 검사 간여하에 쿠스노키(楠常藏), 요코타(橫田俊夫), 아오야마(靑山暢性) 등 3명의 판사가 심리하여 이를 기각하였고 다시 피고가 상고하여 같은 해 12월 8일 검사 테라다(寺田恒太郞) 간여하에 이와노(岩野新平, 재판장), 아사미(淺見倫太郞), 마키야마(牧山榮樹), 이시카와(石川正), 히라지마(平島直太郞), 카모(加茂見治) 등 5명의 판사가 심리하여 이를 기각하는 판결을 내림으로써 종결되었다.

피고 변○○은 그의 동생 변□□과 함께 중국(支那) 길림성에서 통용되는 길림성 영형관첩국(永衡官帖局)이 발행한 '錢10吊'(2원 정도에 해당함) 지폐를 위조하여 이를 같은 성 북간도 방면에서 행사하려고 기도하여 1911년 6월 중에 변○○ 명의로 경성 중부 교동에 동일당(東一堂)이라는 인쇄업을 영위하면서 화공(畵工)으로 피고 박○○을, 인쇄직공으로 피고 박□□, 김○○을 고용하였다. 당초에는 이들 고용인들에게 내막을 이야기하지 않고 상기 화폐 위조에 착수했는데 그해 7월 말경 변씨 형제는 상기 고용인 피고 3명에게 상기 화폐를 위조할 것이라는 내막을 밝히고 급료 이외에 이익의 10분의 1을 덧붙여서 분배하겠다는 취지를 전하자 고용인 3명이 이를 승낙하고 이후 해당 지폐 위조에 종사하게 되었다. 또 피고 김○○은 그해 8월경 피고 박□□이 소개하여 변씨 형제와 면회함과 동시에 그 자본을 지출하여 변씨 형제의 상기 계획을 수행할 것을 모의하였다. 피고 박○○, 박□□, 김영희 등 3명은 변씨 형제의 지휘하에 전기 동일당 및 같은 해 10월경 경성 남부 미동으로 이전한 동일 인쇄소에서 1911년 6월부터 이듬해 3월경까지의 기간에 광서(光緒) 연호의 전기 지폐 7천여 장, 선통(宣統) 연호의 전기 지폐 1만여 장의 인쇄부분만을 완성하였다. 변□□은 함경북도 회녕군 회녕읍내에서 이들 인쇄한 것을 인수하여 같은 장소에게 진홍법으로 하여금 이 인쇄물에 육필로 자호번호 연월일 등을 기입하게 하여 전기 지폐 위조를 완성하였다. 1912년 6월 중에 김○○은 그중 5백여 장을 변□□으로부터 받아 이를 행사하기 위해 전기 길림성 북간도로 가지고 가서 그곳에서 몇 장을 사용하였다.

이상이 이 사건의 대체적인 전말이다.

이에 대해 1913년 6월 30일 상기 경성지방법원 예심판사 테라다는, 이들 피고 변○○, 변□□, 김○○의 행위가 모두 1905년 3월 법률 제66호 제1조 제1항, 제2조에 해당하고 피고 박○○, 박□□, 김○○의 소위는 모두 동법 제1조 제1항에 해당하므로 형사소송법 제167조 제1항에 따라 이를 공판에 회부하기로 결정하였다. 이어서 1913년 8월 28일 경성지방법원 형사합의부에서는 이에 대해 피고 변○○과 변□□에 대해서는 징역 4년, 피고 김○○에게는 징역 3년, 피고 박○○, 박□□, 김○○에게는 징역 2년을 각각 선고하였다. 그리고 같은 해 10월 29일 경성복심법원에서의 항소심, 12월 8일 고등법원에서의 상고심 모두 항소 및 상고를 기각하여 형이 확정되었다.

따라서 이 사건에 대한 법원의 판결과 피고의 불복 간의 쟁점은 일관되므로 상고심의 판결문에 따라 간단히 정리해도 좋을 것이다.

우선, 상고이유는 다음 두 가지이다.

제1점은 다음과 같다. 원심은 피고인 등이 위조, 수입하였다고 인정한 이른바 영형관첩을 중국에서 유통되는 중국의 지폐로 인정하고 피고인의 행위를 1905년 법률 제(66호[52]) 제1조 및 제2조의 외국유통 외국지폐 위조 및 수입규정을 적용하여 처단하였다. 형법상 이른바 지폐란 아주 엄격한 의미로 해석하지 않으면 안 된다. 1905년 법률 제66호 제1조에도 지폐, 은행권, 제국관부(帝國官府) 발행의 증권이란 명칭을 병기하고 또한 구형법 제182조 이하 및 제204조의 규정, 현행 형법 제148조, 제149조 및 제162조의 규정에도 지폐와 은행권 또는 관부의 증권을 개별로 규정하였다. 이로써 보건대, 지폐란 유통성을 가지는 다른 은행권 또는 관부의 증권(군용표 등도 있다)과 구별하여 가장 엄격한 의미에서 화폐의 본질을 구비한 것으로 해석하지 않으면 안 된다. 그리고 화폐라는 것은 국가가 독점권을 가지고 제조하는 것이어서 중앙정부와 관계없는 화폐는 오늘날 사회에서는 도저히 인정할 수 없다. 그런데 본건의 영형관첩이라는 것은 중국의 중앙정부에서 발행한 것이 아닐 뿐만 아니라 그 정부에서는 조금도 그 가격을 인정하지 아니하고 단지 길림성에서 그 성(省)의 신용을 바탕으로 발행하여 그 성내에서만 유통되는 증

---

[52] 1905년 3월 23일 일본 외무성령 제1호로 발령된 법률로, 제목은 「官没ニ関スル手続」로 되어 있으나 이미 폐지된 법률이어서 그 조문을 확인하지는 못하였다.

권일 뿐이다. 또 화폐라는 것은 일정한 법률상의 가치를 가지지 않으면 안 된다. 이른바 강제통용력은 법률상 관찰되는 화폐의 특질이어서 다른 유통증권 등과 명확한 구별을 갖는 것이다.

즉, 화폐는 법정된 일정가격에 의하여 상대방에게 지급될 수 있고 상대방은 이에 이의를 제기할 수 없는 것이다. 그런데 본건 관첩은 시장에서의 그날그날 시세에 따라 유통되고 그 권면액으로 통용될 수 있는 법률상의 힘을 지니지 못한 것이다. 이것은 일반시장에서 그럴 뿐만 아니라 발행자인 길림성 관청 스스로도 그 등락의 시세에 의하여 매일 달라지는 가격으로 수수(授受)하고 있다. 이에 의하여 본다면 그 관첩은 화폐의 성질이 탈락되어 일종의 증권에 해당하는 것임이 명백하다. 이상에서 본 바와 같이 본건 관첩이란 화폐의 성격을 지니지 못하는 것임에도 불구하고 원심이 피고인의 행위에 대하여 화폐위조 및 수입의 규정을 적용한 것은 의율(擬律)에 착오 있는 판결임을 면할 수 없다.

이상의 상고 이유 1에 대해, 고등법원은 그러나 원판결에 기재된 십적관첩(十吊官帖)은 중국 길림성 영형관첩국이 발행에 관여하였고 길림성 내에서 강제통용력을 갖는 것이므로 1905년 법률 제66호에 정한 외국에서만 유통하는 지폐에 해당한다. 따라서 유통시킬 목적으로 이를 위조하고 또 그 위조관첩을 수입한 때에는 같은 법률 제1조 제1항, 제2조에 의하여 처벌하여야 한다. 그리고 위 관첩이 한정된 지역에서 유통하는 통화이고 가격이 일정하지 않다거나, 중국 중앙정부가 발행에 관계하지 않은 것과 같은 사실은 위 법률이 규정하는 지폐의 성질을 부정하는 것이 아니다. 따라서 원판결이 피고인의 위 십적관첩의 위조행위 및 그 위조관첩의 수입행위를 인정하여 1905년 법률 제66호 제1조 제1항, 제2조에 이를 물은 것은 정당하므로 본 논지는 이유 없다고 판시하였다.

그리고 제2점.

원심이 피고인의 행위에 대하여 화폐위조 및 수입의 법규를 적용하려면 당연히 그 관첩이란 것이 전술한 바와 같이 화폐의 요소를 구비하였는지 여부에 관하여 심리를 다하여 판결에 그 이유를 상세히 제시하지 않으면 아니 된다. 그런데도 원판결이 이 점에 관하여 이유를 설시하지 않은 것은 이유를 붙이지 아니한 위법한 판결임을 면할 수 없다.

이상의 상고 이유 2에 대해 고등법원은, 그러나 원판결은 십적관첩이 중국 길림성 내에서 통용되는 지폐임을 설시하고 피고인이 이를 위조하고 또 그 위조관첩을 수입한 행위가 있음을 인정하여 처단하였으므로 판결 이유에 불비함이 없고 따라서 본 논지는 이유가 없다고 판시하였다.

해 제

이 문서는 국가기록원에 소장되어 있는 판결문으로 경성지방법원 예심판결에서부터 경성지방법원 형사합의부의 판결, 경성복심법원의 판결, 그리고 고등법원의 판결문까지 두루 구비되어 있다. 하지만 앞에서 말한 각 심급의 판결문이 다 구비되어 있는 것은 고등법원의 판결문이고 예심이나 1심 판결문은 찾지 못하였다. 문서번호 CJA0000045-0038은 고등법원 판결문이고 CJA0000217-0030은 경성복심법원 판결문이다.

이 사건은 1911년 6월부터 이듬해 3월 사이에 변○○과 그의 동생 변□□이 중국 길림성에서 유통되고 있는 십적관첩이라는 화폐를 위조하기 위해 경성에다 인쇄소를 차리고 화공이나 인쇄공 등을 고용하여 이를 위조하여 그중 일부를 다시 길림성에 가지고 가서 그 사용을 시험해 보다가 적발된 건이다.

이 사건에 연루된 피고인 중 박○○은 화공으로, 박□□, 김○○은 인쇄공으로 고용된 자인데 처음에는 변○○ 등이 이들에게 자세한 내막을 알리지 않았으나 실제로 화폐를 위조해야 할 단계에 와서는 그 사실을 말하고 그들이 이에 동의함으로써 단순 고용인으로부터 공범으로 바뀌게 된 케이스이다. 김○○은 그 뒤 박□□의 소개로 뒤늦게 참여한 자인데 그는 처음부터 이것이 범죄를 하기 위한 일임을 알고 거기에 필요한 자금을 조달하거나 또 나중에 위조된 지폐를 가지고 중극 길림성에 가서 이를 시험 사용하는 등 적극적으로 가담하였다.

상고심에까지 이르는 등 재판이 길어지기는 했지만 처음부터 범죄를 저지르기 위해 준비하고 이를 진행한 것이기 때문에 상고심에 이르기까지의 논지는 비교적 간단하다. 피고 측에서 주장하는 것은 이것이 화폐의 성격을 지닌 것이 아니라 일종의 증권 같은 것임으로 주장하여 형량을 낮춰보려는 정도에 불과하였고 2심에서도 3심에서도 받아들여지지 않았다.

일제 식민지로 전락한 지 얼마 되지 않은 어수선한 시국에서 중국의 한 지방에서 거래되는 화폐를 국내에서 위조하여 다시 현지로 가지고 가서 이를 행사하려한 사건이기 때문에 국내에 미친 영향은 별로 없다고 보아도 좋을 것이다. 하지만 이 일을 계획하고 추진한 변○○이나 나중에 가담한 김○○ 등은 어느 정도 재력도 있고 사회 형편 돌아가는 것도 어느 정도 아는, 다시 말해 어느 정도의 학식까지 갖춘 인물들이었을 터임에도 불구하고 사회가 어지러운 틈을 이용하여 범죄를 통해 사리를 탐하는 길을 택했다는 점에서 당시 상황에 대해 다시 생각하게 하는 점이 있을 것으로 보인다. 적어도 1918년 정도까지는 점점 더 어려운 상황으로 몰려 의병운동 세력들이 해외로 이동하기는 해도 여전히 국내에도 남아있었던 점을 생각하면 더더욱 그렇다.

6
아편 제조 판매사건

담○○ 판결문
(1910년 형 제87호, 明治43年刑第87号, 京城地方裁判所 仁川支部)

이 문서는 청국인 담○○(42세)의 아편 제조 판매에 대허 시미즈(志水高次郞) 검사의 입회 심리하에 1910년 10월 28일 '경성'지방법원 인천지부의 오오타니(大谷信夫, 재판장), 하루카와(春川泰助), 시이(四位義正) 판사가 내린 판결문이다.

사건의 내용을 간단히 살펴보면, 청국인 담○○은 다음 두 건의 범죄를 저질렀는데 첫째, 1910년 음력 7월 7, 8일부터 8월 27, 28일까지 인천항 경정(京町) 주소지에서, 가까이에 있는 천순흥(天順興)이라는 상점에서 원료를 구입하고 가지고 있던 남비(압수 증거 제1호의 2) 및 빌린 용기, 여과기 등을 사용하여 연속하여 몇 차례에 걸쳐 종이 포장 및 병에 넣은 아편연(원료를 기준으로 약 100엔 이상)을 제조하여 이를 몇 차례에 나눠 이학인 외 몇 명에게 판매하였고 둘째, 같은 때 같은 장소에서 그가 소유하고 있는 흡입기(제4호의 1) 및 램프를 사용하여 연속하여 몇 차례에 걸쳐 아편연을 흡입하였다.

위의 사실은 법정에서 피고가 자백하였을 뿐만 아니라 압스물건으로 보아도 명백하므로 첫 번째 행위는 형법 제136조 및 55조, 두 번째 행위는 형법 제139조 및 55조에 해당하고 병합죄에 걸리므로 형법 제47조에 의해 아편 제조 판매의 죄에 대해 정한 형의 장기의 반 수를 더할 수 있으나 정상을 참작하여 감경할 사유에도 해당한다고 보아 징역 6개월에 처하고 압수한 냄비 및 흡입기, 흡입용 램프, 아편 포장지 및 병에 대해서는 아편은 몰수하고 그밖의 것은 각각 빌린 자에게 돌려주도록 판결하였다.

해 제

　이 문서는 1910년 刑 제87호, 청국인 담○○ 피고의 아편 제조 판매 및 동 흡입사건에 대한 판결문이다. 문서번호 CJA0000002의 0392~0394로 보관되어 있는 이 자료는 1910년 10월 28일 '경성'지방법원 인천지부의 오오타니, 하루카와, 시이 등 세 판사가 판결한 판결문 3쪽으로 구성되어 있다.
　이 사건은, 구한말 한국에 거주하는 청국인이 아편을 제조해 판매하는 한편 자신도 아편연을 흡입하다가 적발된 사건이다. 특별한 의미가 있다고 할 수는 없겠지만 일제 식민지로 전락하기 전후의 조선 사회 상황의 일단을 볼 수 있는 자료이다.
　아편은 아주 오래전부터 알려져 있었다. 기원전 3400년경에는 메소포타미아에서 양귀비가 재배되었던 것으로 알려져 있으며 기원전 2000년경에는 유럽과 중동, 중앙아프리카에 양귀비 재배가 전해졌다. 기원전 1500년경에 이집트에서 아편이 제조되었음을 알 수 있는 파피루스 문헌이 발견되었다. 당시 아편은 진통제 등의 약제로 사용되었다.
　로마제국의 네로황제시대에는 아편 채취법이나 약효를 상세히 기록한 저서가 있어서 이미 진통제, 수면제로 이용되고 있었음을 알 수 있다. 영어명 opium은 이 시대의 라틴어명 opium에서 온 것이라 한다.
　5세기 전후, 이슬람권의 교역망이 발달하여 인도나 중국, 아프리카 중부 등 각지에 아편이 전해졌다. 아랍상인은 의약품으로서의 아편을 상품으로 취급했다. 실크로드를 통해 아랍상인에 의해 동아시아에도 전해져 500년경에는 중국의 의학자 도홍경(陶弘景)이 편찬한 『唐本草』에는 의약품으로서의 아편이 기술되어 있다. 중국 삼국시대의 의사 화타(華陀)가 사용했던 마취약 마비산(麻沸散)에도 아편이 포함되어 있었다는 지적이 있고 중국에서 아편 재앙에 빠진 것은 청조에 이르기까지는 없었던 일이다.

11세기를 전후해 아슬람권과의 접촉을 통해 유럽에 다시 아편이 전해져 의약품으로 사용되었다. 15세기 무렵부터 마취약으로 사용되었고 20세기 초까지는 민간요법의 약재로도 사용되었다. 유럽에서 아편의 위험성을 인지하거나 아편 습관이 있는 사람들이 중국으로 이주하여 중국인 커뮤니티와 접촉이 늘어남에 따라 19세기에는 반아편운동이 고조되기 시작했다.

그리고 대항해시대에 서구 여러 나라들에 의한 해상무역에서 아편이 중요한 상품이 되었다. 중국에서는 서구 여러 나라 특히 영국으로부터 아편이 들어와 아편 재앙에 빠지게 된다. 영국은 교역상의 삼각무역 구조를 구축하여 아편을 이용해 부를 획득하였다. 이 아편무역은 규모나 대상, 시기는 다르지만 네덜란드, 일본, 터키, 페르시아 등도 같은 방식으로 자금을 획득한 경험이 있다. 결국 이 아편이 영국과 중국 간에 아편전쟁을 불러일으켰다.

20세기 초부터 국제간에 아편 통제가 시작되었다. 1912년에는 헤이그 아편조약이 조인되었고 1920년에 국제연맹이 결성된 뒤에는 연맹이 통제 업무를 맡아 국제기관이 설치되었다. 1926년에 두 차례의 아편회의 조약이 체결되었는데 이로써 아편 사용 등이 통제되었고 1928년의 마약제조제한조약에서 아편무역은 완전히 금지되었다. 국제연합으로 바뀐 이후에도 이 통제체제가 지속되어 현행 1961년의 마약에 관한 단일조약에서도 아편은 통제되고 있다.

우리나라에 앵자속(罌子粟)·앵속각(罌粟殼) 등이 약용으로 알려지기 시작한 것이 조선시대에 들어와서이고 아편 흡연이 주목되기 시작한 것은 『오주연문장전산고』[53] 중의 아편연변증설에서부터라고 한다. 우리나라에서 아편 흡연이 크게 퍼지지 않은 것은 엄격한 쇄국정책과 아울러 아편 흡연을 서교(西敎)와 결부시켜 국금하였기 때문인데 임오군란을 계기로 청국군이 주둔하면서 아편 해독이 널리 퍼지게 되었다고 한다.

1905년에 공포된 '형법대전' 중에 아편 흡연과 흡연기구의 수입·제조·판매를 금지하는 규정을 두고 엄히 단속하였다.

일제하 1912년에 '조선형사령'이 제정되어 아편 흡연에 관한 범죄에 대해 더욱 엄벌하는 정책을 취하다가 1919년 6월에는 '아편단속령(阿片取締令)'과 그 시행규칙을 제정, 공포하여 아편 제조 허가를 받은 자 외에는 양귀비 재배를 엄금하고 허가 받은 재배도 재배구역을 한정하였다. 또 제조한 아편은 전부 총독부에 납부하게 하여 자유매매를 금지하였으며 아편과 아편을 원료로 하는 약품수급의 조절을 기할 수 있도록 하였다.

그런데 일본의 사정을 보면, 일본에 아편이 전해진 것은 무로마치시대(室町時代)[54]에 중국에서 들어온 것으로 추정되고 있다. 에도시대(江戶時代)에는 해외무역이 막부 통제하에 있었기 때문에 일본 내에서 생산이 거의 없었던 아편은 의료용으로 소량이 유통될 뿐이었다. 메이지

---

[53] 이규경(1788~1863), 『五洲衍文長箋散稿』. 정확한 저작연도는 알 수 없다. 19세기에 저술된 백과사전 형식의 책으로 최남선이 소장했던 것을 기준으로 60권 60책으로 알려져 있는데 원래는 더 많았던 것으로 보인다. 권1의 〈십이중천변증설(十二重天辨證說)〉에서 권60의 〈황정편정변증설(黃精偏精辨證說)〉에 이르기까지 총 1,417항목에 달하는 방대한 내용으로 구성되어 있고, 모든 항목을 변증설로 처리해 고증학적인 방법으로 자신의 학문적 입장을 밝히고 있다.

[54] 1336~1573년. 교토(京都)의 무로마치(室町)에 막부가 설치된 데서 붙여진 이름.

유신을 전후한 시기에는 양귀비 재배가 전국으로 확대되었는데 아편전쟁의 교훈으로 에도막부는 안세이5개국조약(安政五力国条約)에 아편수입금지조항을 만들었다. 메이지정부는 1868년에 태정관포고 케이오4년(太政官布告慶応4年) 제319호를 포고하고 1870년에는 판매아편연율(販売鴉片烟律)과 생아편단속규칙(生鴉片取扱規則)을 포고하여 이의 사용, 매매를 엄금하고 중죄로 다스렸다. 1879년에는 약용아편매마 및 제조규칙(아편전매법)을 시행하였다. 이로써 메이지정부는 국내외에서의 아편을 독점적으로 구입, 허가약국에만 전매하였다. 구입은 의료용에 한정하고 구입자 및 재배농가는 정부에 의한 등록제로 하였다. 이 전매제는 청일전쟁 수행을 위한 필수품으로서 정부에 이익을 가져다주었다.

아무튼 일본 국내에서는 엄격한 금지정책을 폈던 일본이, 시모노세키조약(下関条約)[55]에 의해 통치하게 된 대만에 대해서는 점금정책을 취했고[56] 이후 관동주, 만주에서도 마찬가지였다. 특히 중일전쟁 중 관동군은 카게사(影佐禎昭)[57] 대령 지도로 사토미(里見甫)[58]가 아편밀매조직을 만들어 중국 범죄조직과 연계해 상해에서 아편과 모르폰을 대량으로 밀매, 중국에서의 아편 자금을 관동군쪽으로 끌어들여 관동군의 전쟁비용이나 왕조명(汪兆銘) 괴뢰정권 공작에 사용하는 등 적극적으로

---

[55] 1895년 4월 17일 청일전쟁 강화조약으로 시모노세키에서 체결된 조약이다. 정식명칭은 청일강화조약이다.
[56] 당시 대만에서는 아편 사용이 널리 퍼져 있었기 때문에 고토 신페이(後藤新平) 대만총독부 민정장관이 이토오 총리에게 점금(漸禁)정책안을 제출해 1897년에 대만아편령을 시행하게 된 것이다. 이 아편령에 의해 아편 중독자에 대한 아편판매를 허가하였다. 그리고 1898년에 대만에서의 양귀비 재배가 금지되고 대만총독부 전매국에 의해 아편이 독점적으로 판매됨으로써 일본에서의 아편 제조가 활성화되었다.
[57] 카게사 사다아키(1893~1948). 일본 육군 군인. 최종계급은 육군중장. 히로시마 아사노번사(浅野藩士)의 후예.
[58] 사토미 하지메(1896~1965). 저널리스트, 실업가. 관동군과 결탁, 아편거래조직을 만들어 아편왕이라 불렸다. 중국 이름은 李鳴.

이를 활용하였다.

이에 비해, 식민지 조선에서의 아편정책은 이미 위에서 살펴본 바와 같이 대만이나 관동주, 만주에서와 달리 엄금정책을 시행하였고 해방 후에는 1957년에 제정, 공포된 '마약법'을 근거로 마약행정을 실시하고 있으며 현재 국제연합에 의한 마약에 관한 국제조약에 가입하고 있다.

해방 직후에 발행되었던 국내 신문 국민보가 일본이 아편농사를 대대적으로 지어 큰 이익을 남겼다는 다음과 같은 보도를 하고 있는 것도 이상과 같은 역사를 반영한 것이다.

"일본은 전일에 아편농사를 대대적으로 확장하여 두 가지 이익을 보았다.「一」재정상 이익이오.「二」중국인들의 정신을 혼돈케 하여 망하도록 함이라. 일본이 남경(난징)을 관할할 시에 一량 중에 八元도 하고 남경(난징)시내에서는 二十二元씩에 사고팔게 하여 일본은 매삭에 아편세금으로만 三百萬元이라 하였더라."[59]

---

[59] 『국민보』 2932호, 1946.8.14.

7
강간사건

1) 김○○ 판결문
(1910년 형상 제143호, 明治43年刑上第143号, 高等法院)

이 판결문은 1910년 11월 29일 고등법원에서 작성한 김○○의 간인부녀(姦人婦女) 사건에 대한 것이다. 1심은 해주지방재판소, 2심은 평양공소원이었는데 1, 2심의 판결문은 찾지 못하였다. 따라서 여기서는 본 고등법원 판결문을 통해 사건의 개요를 알아보는 수밖에 없었다.

황해도 서흥군 율리면 송전동에 사는 김○○(45세, 농업)에 대해 1910년 10월 12일 평양공소원에서 열린 2심 공판에서는 원심판결을 취소하고 징역 2년 6월에 처하는 판결을 내렸고 이에 대해 피고가 상그하여 고등법원의 이와노 신페이(岩野新平), 아사미(浅見倫太郎), 스즈키(鈴木伍三郎), 이시카와(石川正), 히라야마(平山鈴太郎) 등 다섯 명의 판사가 상고를 기각하는 판결을 내렸다.

이 사건의 내용을 간추려 보면, 1910년 3월 피고인 김○○이 자신의 아들이 출타하여 그 아들을 찾기 위해 여러 곳을 수색하고 다니던 중 서흥읍에 있는 피고인 처의 동생 즉 처남 김◇◇의 집에 기류(寄留)하고 있었는데, 곽인복이 색주가에 가서 술을 사겠다고 해서 소량의 술을 마시고 마음에 품고 있는 것을 이야기할 생각으로 같은 군 중부면 공우현의 곁방에 사는 같은 색주가 노씨 성을 가진 여자의 처소에서 여러 차례 술을 마셨다. 그 전에 그녀는 같은 군 송전리 임△△으로부터 매음채를 많이 받고 심히 구타한 적이 있었기 때문에 임△△이 이에 분개하여 송전동 순사주재소에 고소하여 노씨 성을 가진 여자의 남편 곽△△이 수감되었는데 노씨 성을 가진 여자가 피고인에게 돈 15원을 빌려주면 남편의 차입(差入)비용으로 사용하겠다고 하였으나 피고인이 이를 승낙하지 않았기 때문에 그녀의 섬기가 좋지 않은 상황이었다.

같은 해 7월 8일 오후 8시경 피고는 술을 마시고 조금 취하여 이전에 노씨 성을 가진 여자가 돈을 빌려 달라고 요구한 것을 들어주지 못했던 것을 생각하고 그녀를 위로할 생각으로 술을 팔아 주면 그녀 역시 마음을 풀 것이므로 술을 사 마시고 이전의 분노를 위로할 수 있을 것이라 생각하고 그 집을 찾아간바, 집주인인 공권임의 처 조소사는 등불 아래에 구부리고 앉아 있고 색주가 노성녀는 살짝 잠이 든 상태로 누워서 일어나지 않으므로 피고인은 장난으로 그 방에 들어가 누워서 일어나지 않는 것이 사람에 대한 인사냐고 하면서 옆에 있는 이불자락을 조금 들고 그 소매를 건드리자 그녀가 갑자기 일어나 옆에 앉아 있던 조소사와 함께 화난 목소리로 크게 욕을 하였다. 그 때 같은 집에 유숙하고 있던 이름 미상의 최순사와 그 집주인인 공우현 등 여러 사람이 피고인을 책망하며 "너는 짐승 같은 놈이다. 밤에 다른 사람이 자고 있는 방에 들어가는 것이 네가 할 도리냐"며 어찌나 무고를 하였는지 같은 군 경찰서에 잡혀갔다. 입감되어 그 색주가의 남편인 곽△△을 만났는데 그 사람이 이런 사소한 여자 일로 갇히게 된 것을 마음에 두지 말고 경찰관으로부터 조사를 받을 때에는 술에 취하여 몰랐다고 대답하라고 하였다. 그 후에 경찰에서 조사를 받을 때에 위 사건을 설명하려 하자 통역하는 관리가 묻지도 않는 것을 설명하는 것은 무슨 이유냐고 하여 곽△△이 말한 바와 같이 술에 취하여 모르는 일이라고 하였으나, 노씨 성을 가진 여자가 매음녀라는 것은 군 경찰서의 한국사람들은 모두가 확실히 알고 있었다.

원심재판소의 증인 최순사는 그때 피고인 김○○이 아직 간음에 이르지는 않았고 자기 역시 후에 색주가였다고 들었다고 진술하였는데 원심재판소는 어떻게 사실을 인정하고 판결하였는지, 증인이라고는 일을 꾸민 자인 최순사 외에 순사 1명과 공우현, 그리고 노씨와 조씨 두 여인 등 몇 사람만을 소환하여 그 진술대로 인정하고 피고인의 말은 상세히 듣지도 않고 재율(載律)하여 매주가(賣酒家)에 들어간 것은 형법대전 제442조⁽⁶⁰⁾에 해당하는 것이라고 인정하고 위로하기 위해 얼핏 잠든 자를 깨워 일으키려 한 것을 간음으로 오인하고 위와 같이 명백한 매음녀로서 색주가를 업으로 하고 있는 창녀를 품행이 바른 부녀자와 동일시하여 형법대전 제535조⁽⁶¹⁾ 단서에 의하여 종신형으로 의율하고 범정이 가벼우므로 7등 감경하여 징역 2년 6월의 판결을 선고하였다. 이와 같이 법령에 위배된 판결은 억울하기 그지없다는 것이 피고의 상고 이유에 해당하는 것이다.

그리고 덧붙이기를, 처음에 경찰서에서 조사를 받을 때에 곽△△이 말한 바를 어리석게 믿고 설명을 하지 않고 취해서 알지 못한다고 대답한 것은 참으로 어리석은 일이었고 한탄스럽기 그지없으니 정당한 판결을 내려주기 바란다고 하였다.

이에 대해 상고심은, 상고이유의 전단은 본건에 관하여 피고인 스스로가 사실이라고 하는 점을 수차례 진술함에 그치는 것으로서 적법한 상고이유가 되지 못한다고 하였고, 그 후단에서 증인의 진술만에 의하여 본건의 사실을 인정하고 피고인에게는 사실을 상세히 묻지 아니하고 재판한 것에 불복한다고 해도 피고인이 원심재판소에서 상세하게 사실

---

[60] 형법대전 제442조 인가 내정(內庭)에 돌입한 자는 태 50이며 마루(堂)에 오른 자는 징역 10개월이며 방에 들어간 자는 징역 1년에 처하되 작당하여 난입한 자는 모두 수종을 불문하고 징역 3년에 처하며 그로 인하여 소범(所犯)이 있는 경우에는 각각 본죄에 1등을 더한다.
[61] 형법대전 제535조 폭행으로 핍박하여 부녀를 강간한 자는 교수형에 처하되 부녀는 그러하지 아니한다. 단, 미수에 그친 자는 1등을 감한다.

을 진술하였다는 점은 원심 공판조서에 명기되어 있을 뿐만 아니라 증인의 진술 및 피고인의 답변 중에서 그 어느 것을 채용하여야 하는가는 원심재판소의 전권에 속하는 것이므로 그 당부를 논란하는 위 상고이유는 적법한 이유가 되지 않는다고 보았다.

또 매주가에 들어간 것을 형법대전 제442조로 의율한 점을 불복한다고 하나 원심판결에는 곽△△의 처인 노씨 성을 가진 여자가 사용하기 위하여 같은 군 중부면 3리 공우현의 집에 방 하나를 빌려 혼자 살고 있음을 알고 1910년 7월 9일 오전 2시경 술기운을 빌려 간음할 목적으로 상기 노씨 성을 가진 여자가 임시로 거주하고 있는 공우현 집의 한 방 안으로 침입하여라고 되어 있어 매주가라는 사실을 인정하지 않았다. 그러므로 이 상고이유는 원심판결의 취지에 의거하지 않고 피고인 스스로 매주가라는 사실을 주장하고 이를 가지고 원심 판결을 비난하는 것이어서 적법한 상고이유가 되지 않는다고 보았다.

또 매음녀를 품행이 바른 부녀자와 동일시하여 형법대전 제535조를 적용한 데 대해 불복한다고 하였는데, 원심 판결은 노씨 성을 가진 여자를 매음녀로 인정하지 않았으므로 이 상고 이유는 원심 판결의 취지에 맞지 않아 적법한 상고이유로 되지 않을 뿐만 아니라 설령 매음녀라 할지라도 그 승낙 없이 폭력을 행사하여 강간에 이르렀을 때에는 품행이 바른 부녀자에 대한 경우와 마찬가지로 형법대전 제535조에 의하여 처단하여야 할 것이므로 이것 역시 적법한 상고이유가 되지 않는다고 하였다.

이상과 같은 이유로 이 상고심은 피고의 상고를 모두 기각하는 판결을 내렸다.

해 제

이 문서는 국가기록원에 소장되어 있는 판결문으로 문서번호는 CJA0000463-0918~0928로 고등법원 판결문이다. 이 사건은 황해도 서흥군 율리면 송전동에 사는 45세 김○○(농업)이 매음녀의 집에 갔다가 강간 혐의를 받아 재판을 받게 된 것이다. 판결문의 죄목은 '간인브녀(姦人婦女)'라고 되어 있는데 결국 논지는 상대방이 설령 매음녀라 할지라도 그 승낙 없이 폭력을 행사하여서는 안 된다는 것이고 이 경우는 형법대전 제535조의 범죄를 구성한다는 것이다.

강간죄의 성립 여부를 정확히 판단하는 일은 언제나 그렇지만 매우 까다로운 문제이다. 가해자의 경우에도 강간할 의사가 있었는지의 여부를 판단하는 것이 당사자가 아닌 다음에야 매우 어려운 일이고 피해자의 경우도 간음의 뜻이 있었느냐의 여부를 판단해야 하기 때문이다.

본 고등법원 판결문에서 보는 바와 같이 피고의 상고 이유가 매우 장황한데 결국은 간음할 의사가 있어서 찾아간 것이 아니었다는 주장을 하는 것이지만 주변 사람들은 그렇게 보지 않았다. 그래서 피고는 증인으로 나선 사람들이 뭔가 작당하여 자신을 골탕 먹이려는 의도가 있지 않았을까 하는 의심까지 하기에 이른다. 그럴 만한 경위가 있었음을 설명하기 위해 장황해진 것이기도 하고.

하지만 상고 이유 중에 매음녀를 품행이 바른 부녀자와 동일시하여 자신을 강간범으로 몰아간다는 취지의 항변은 하지 않음만 못하다. 상대방을 매음녀이기 때문에 품행이 방정한 부녀자를 대하듯 하지 않는 심리가 본인에게 있었음을 내비치는 것으로 오인할 수 있기 때문이다. 고등법원 재판부가 지적하는 대로 설령 그 사람이 매음녀일 경우라도 본인의 의사에 반해 간음을 강요하는 것은 강간죄를 구성한다는 점을 분명히 한 점은 평가해 마땅하다.

　앞에서 말한 대로 강간죄의 경우는 남녀 공히 본인의 의사 여부를 엄밀히 판단할 필요가 있음은 말할 나위 없다. 하지만 그 잣대는 여성에 대해서는 더욱 엄격하게 보호할 필요가 있다. 왜냐하면 인류 역사상 그 어느 시기에도 여성을 짓밟는 행위가 끊인 적이 없고 특히 남성 위주의 사회에서 그런 여성의 어려움을 제대로 보호한 경우가 없었기 때문이다.

　더더군다나 피해를 입고도 수치심 때문에 적극적으로 피해를 호소하기 힘든 측면이 있기 때문에 더더욱 적극적인 여성 위주의 기준이 엄격히 설정될 필요가 있음은 두말할 나위 없다. 이 시기 간통사건에 대한 다른 판결에서 그런 의미에서의 미흡함이 산견되는 데 비해 이 판결은 좀 더 확실한 기준을 제시하고 있다는 점에서 높이 평가할 만하다 하겠다.

2) 문○○ 판결문
(1911년 형 제3호, 明治44年刑第3号, 光州地方裁判所 木浦支部)

이 판결문은 1911년 2월 3일 광주지방재판소 목포지부에서 작성한 문○○의 강간 피고사건에 관한 것으로 그 내용은 다음과 같다. 전라남도 제주군 신좌면(新左面) 조천리(朝天里) 거주 문○○(39세, 농업)에 대해 조선총독부 검사 쿠보타(窪田 穎) 입회, 심리하에 고바야시(小林 茂), 후쿠오카(福岡德次郎), 야마와키(山脇晃治) 등 3명의 판사가 징역 3년에 처하는 판결을 내렸다.

피고 문○○은 1910년 12월 25일 오후 5시경 전라남도 제주군 중면 삼우리에서 그곳을 지나가는 제주도 대정군 중면 광청리 거주 김△△의 처 김□□(39세)를 붙잡아 그곳 시장에서 200미터 남짓 떨어진 헛간에 끌어들여 상대방이 거절함에도 불구하고 손으로 입을 틀어막고 강제로 간음하였다.

이상의 사실은 사법경찰관의 김□□에 대한 고소 조서, 동 소송인 강달선에 대한 신문조서, 동 피고에 대한 신문조서, 당청(當廳) 검사의 피고에 대한 신문조서의 각 기재 및 피고의 본 법정에서의 공술로 이를 인정함.

이를 법률에 비춰보면 피고의 소위는 형법대전 제535조에 해당하여 교수형에 처할 것이나 정상을 참작하여 동법 제125조에 따라 본형에 6등을 감하는 것으로 하여 상기 법조문을 적용, 주문과 같이 판결하였다.

해 제

　이 문서는 국가기록원에 소장되어 있는 판결문으로 문서번호는 CJA0002024-0007이며 문○○의 강간사건에 관해 판결한 것이다. 피고 문○○은 재주군 신좌면 조천리에 사는 39세의 농민인데 평소에 아는 여인인지의 여부는 알 수 없으나 자기 동네와는 멀리 떨어져 있는 대정군 중면에 사는 같은 나이의 남의 처를, 그것도 대낮에 거리를 지나가는 사람을 강제로 인근 헛간으로 끌고 가 강간을 하였다.

　오늘날에도 기본적으로 마찬가지지만 당시 그런 피해를 당한 여인이 겪을 수치심이나 주변 시선들을 생각할 때 자신을 강간한 자를 고발하여 처벌받게 하는 것 자체가 쉬운 일이 아니었을 텐데도 일단 재판을 통해 처벌을 받게까지 한 것은 상당한 각오가 필요하였을 것이고 그만큼 받은 상처가 컸을 것으로 짐작할 수 있다 하겠다.

　한편, 본건의 적용법률인 형법대전 제535조는 '폭행으로 핍박하여 부녀를 강간한 자는 교(絞)에 처하되 부녀는 부좌(不坐)함이라' 하여 부녀는 연좌시켜 처벌하지 않음을 명시하였고 또 동법 제125조는 '죄인을 처단할 때 그 정상을 작량하여 경감할 사유가 있는 자는 1등 혹은 2등을 감한다'고 하고 단서를 붙여 '본범이 종신이상률에 해당하는 안건은 법부에 질의하여 지령을 기다려 결정한다'고 하여 종신형 이상의 경우는 정상 참작에 엄격한 제한을 가하고 있다.

　그런데 본건의 판결은 어떤 정상 참작사유가 있었는지 명시함도 없이 교수형에 처해야 할 피고에 대해 파격적인 정상참작으로 해당 조문이 1등 혹은 2등을 감할 것이라 하고 종신형 이상의 경우는 법부에 질의하여 그 지령을 기다려 결정하라고 하고 있음에도 불구하고 그런 절차를 거쳤는지 여부에 대해서도 아무런 언급 없이 무려 6등을 감해 징역 3년에 처하는 판결을 내렸다.

　게다가 이 건은 이듬해인 1912년 9월 13일의 은사에 관한 칙서에 따라 그해 12월 14일 부로 특전을 받아 그 형이 징역 2년 3개월로 또다시 감형되었다. 어떤 내막이 있는지 알 수는 없지만 납득하기 어려운 판결이 그 당시에도 있었던 모양이다. 그 결과 문○○은, 광주지방재판소 목포지부에서 판결을 받은 것이 1911년 2월 3일이었으므로 1913년 5월 이전에는 형을 마감하고 출소하였을 것이다. 감형 조치를 받은 때로부터는 불과 5개월만의 출소이다. 근거법이 정한 입법취지에도 불구하고 남성 중심 사회에서 여성의 인권유린이 지나치게 가볍게 다뤄지고 있었다는 일반적인 정황 이외에도 납득하기 어려운 사정이 있었을 것 같지만 지금 시점에서 밝혀내기는 어려운 일이다.

3) 미하시 판결문
(1912년 형상 제103호, 明治45年刑上第103号, 高等法院)

 이 판결문은 미하시의 강간사건에 관한 1심부터 3심까지의 판결문이다. 이 사건은 쿠보다 검사의 청구에 의해 1912년 5월 23일 경성지방법원 인천지청에서 열린 예심에서 오오타니(大谷信夫) 판사가 경성지방법원의 공판에 회부하기로 결정함에 따라 1912년 6월 20일 경성지방법원에서 카키하라(柿原琢郞) 검사의 간여하에 이토오(伊東淳), 타카기(高木安太郞), 카마타(鎌田裕) 등 3명의 판사가 심리하여 피고 미하시를 징역 4년에 처하는 판결을 내렸다. 이에 대해 피고가 불복하여 항고함으로써 같은 해 7월 12일 경성복심법원에서 나가오(長尾戒三) 검사 입회하에 스즈키(鈴木伍三郞), 마루야마(丸山柯太郞), 하라(原正鼎) 등 3명의 판사가 심리하여 항고 사유에 대해 일부 이유 있다고 보아 원심의 일부를 취소하고 같은 형량의 징역 4년을 언도하였다. 이에 대해 피고 미하시가 다시 불복, 상고함으로써 그해 8월 21일 고등법원에서 니시우치(西內 德) 검사의 의견을 들어 원심을 파기하고 징역 3년에 처하는 판결을 내렸다.

 피고 미하시(三橋○○○, 44세, 무직)는 일본 오오사카에 본적을 두고 사건 당시에는 경기도 인천부 花町에 거주하고 있던 자로서 에히메(愛媛)현 우마(宇摩)군 벳시야마무라(別子山村) 토키(土岐仲蔵)의 장녀 사다요(13살)를 양녀로 받아 인천 화정에서 데리고 살면서 1911년 12월 중순부터 1912년 4월 하순에 이르기까지의 사이에 계속의 범의를 가지고 아직 13살 밖에 안 된 사다요를 몇 차례 간음함으로써 처녀막을 파열시키고 상처를 입혔다는 것이다. 이에 대한 증빙이 충분하다고 보아 경성지방법원 인천지청에서의 예심에서 이 사건을 공판에 회부하기로 하였던 것이다.

피고는 원래 내연의 처와의 사이에 아이가 없어서 가업을 잇게 할 목적으로 상기 사다요를 양녀로 삼았다고 하고 사다요는 학교에서도 품행이나 성적이 매우 좋고 학교에 갈 때 이외에는 혼자 외출하는 일도 거의 없을 정도로 참한 아이였다고 하는데 미하시는 사다요를 양녀로 데리고 와서 불과 일주일 정도 지났을 때부터 자고 있는 방에 들어와 몸에 손을 대기 시작했다고 하니 가업을 잇게 하려 했다는 말 자체를 신뢰하기조차 어렵다.

사건의 내용을 더 이상 구체적으로 설명할 필요도 없을 것이므로 각 심급간의 판단의 차이에 대해 정리해보기로 한다. 2심에서 적용한 법률을 보면 피고의 간음 범행으로 인해 상해의 결과에 이르게 한 소위는 형법 제181조[62]에 해당하고 이후 간음을 한 각 행위는 동법 제177조[63]에 해당하여 이른바 연속행위에 속하므로 동법 제55조, 제10조 제2항에 따르고 결국 제181조를 적용하여 유기의 징역형을 선택하여 주문과 같이 처단하고 공소 재판 비용은 형사소송법 제201조, 형법시행령 제62조에 따라 그 부담을 정하는 것으로 하였다고 한다.

이를 1심과 비교하면, 1심에서는 연속의 범행이라고 인정하지 않았고 또 몇 차례라고 인정한 범행과 상해와의 관계를 분명히 하지 않고 막연히 제181조의 규정을 적용하여 처단한 것은 잘못되었다고 보고 있다.

---

[62] 형법 제181조 제176조 내지 제179조의 죄를 범함으로써 사람을 사상(死傷)에 이르게 한 자는 무기 또는 3년 이상의 징역에 처한다.
[63] 형법 제177조 폭행 또는 협박으로 13세 이상의 부녀를 간음한 자는 강간의 죄로 보고 2년 이상의 유기징역에 처한다. 13세 미만의 부녀를 간음한 자도 같다.

이에 대해 피고가 상고한 이유를 보면, 첫째 피고인의 변호인 미야케(三宅長策)가 제시한 것으로, 판결이유를 보니 처녀막의 열상을 범행으로 인하여 발생한 상해로 보고 형법 제181조를 적용하였는데 본건과 같이 미성년의 소녀에 대한 간음에 있어서 처녀막 열상은 범행에 수반되는 당연한 결과로서 별죄를 구성하는 것이 아니다. 이것은 마치 사람을 총살할 때 총창(銃創)이 생기는 것과 조금도 다르지 않다. 현재 간음에 관한 학설로는 무릇 3가지 설이 있다. 단지 양성(兩性)의 음부접촉만으로 범죄가 성립한다는 견해가 없지 않지만 통설은 음경의 몰입을 요구하는 것 같다. 이 설처럼 몰입이 간음의 성립조건이다. 처녀막의 열상이 그 몰입에 의하여 피할 수 없는 결과인 이상 처녀막의 열상은 범죄의 구성요건이지 중벌조건이 아니다. 즉 본 범죄는 형법 제176조[64]의 처벌행위일 뿐이다.

둘째, 피고인의 변호인 타카하시(高橋章之助)가 제시한 것인데, 아직 아무런 처녀막 손상을 입지 아니한 13세 미만의 부녀를 간음하려고 하면 처녀막을 파괴하지 않고 그 행위를 능히 할 수 없다는 것이 일반의 학상의 정론으로 움직일 수 없는 바이다. 그렇다면 본건 피고사건에 있어서 피고인의 간음행위로 인하여 사다요의 처녀막에 열상을 입혔다고 하여도 그것은 간음행위에 수반하여 당연히 발생할 수 있는 사실이므로 치상의 결과가 있다는 한 가지 점만을 포착하여 원심이 갑자기 피고인의 행위가 간음치상죄를 구성한다고 판단하여 형법 제181조에 문의(問擬)한 것은 심원한 재판의학상의 학리에 집착하고 한갓 유현한 법리의 해석에 빠져 형벌법조규정의 정신을 일탈하여 결국 적용 법조를 그르치

---

[64] 형법 제176조 13세 이상의 남녀에 대해 폭행 또는 협박으로 외설행위를 한 자는 6월 이상 7년 이하의 징역에 처한다. 13세 미만의 남녀에 대해 외설행위를 한 자도 같다.

기에 이른 것이다. 무릇 형법 제181조는 강제외설죄, 강간죄 그리고 이들 범죄에 준하는 죄를 범하고 그로 인하여 사상(死傷)의 결과를 발생시킨 경우에 적용하여야 하는 법조임은 굳이 말할 필요도 없다. 그러나 사상(死傷)의 사실에 있어서는 간음행위와 사상(死傷) 간의 인과관계 외에 다시 세밀하게 그 사실관계를 명확히 할 필요가 있다. 누구도 이 사상(死傷)이라는 사실에 대하여 범죄자가 그 인식을 가질 것을 요구하지 않는 것은 본조가 결과범을 처벌하는 규정이기 때문임이 자체로 명백하다. 그러나 간음행위에 수반하여 필연적으로 발생하는 사실은 가령 그 행위의 결과로 상해를 발생시켰다고 하더라도 이 법조의 적용을 받아야 하는 것이 아니다. 바꾸어 말하면, 이 법조가 적용되는 경우는 범행으로 인하여 당연히 발생할 수 있는 사실을 제외한 결과로 비로소 사상(死傷)을 발생시킨 경우로 한정하여야 한다. 이렇게 해석하지 아니하면 도저히 다음과 같은 부조리에 이르게 됨을 면할 수 없다. 예를 들어 마찰 등에 기인한 충혈 역시 인체의 조직분자의 훼손에 의하여 발생하는 것으로 일종의 창상(創傷)이라고 해석하여야 한다면 간음행위로 인한 국부의 마찰에 의하여 피간음자의 기관, 기타에 충혈을 발생시킨 것 역시 간음치상으로 제181조를 적용하지 않으면 안 되고 형법 제177조 후단의 규정은 이를 적용할 이유가 없어 이 규정을 존치할 필요를 찾아 볼 수 없게 된다. 입법자의 진의가 어찌 이런 것이겠는가? 과연 그렇다면 간음행위로 인하여 당연히 발생하는 피간음자의 국부기관 기타의 충혈 또는 간음행위로 인하여 필연적으로 열상을 입을 수 있는 피간음자인 13세 미만 부녀의 처녀막의 기계적 손상은 가령 인체에 일종의 창상을 주는 결과를 야기하더라도 이것을 지목하여 간음치상이라고 하는 것은 결코 타당하지 않다. 간음행위에 수반하여 당연히 발생할 수 있는 사실이 아닌 결과가 발생한 경우 즉 필연적으로 간음행위로 인하여 발생할 수 있는 사실 이외의 상해 결과가 있는 경우에만 제181조를 적용하여야 함을 알 수 있다. 위에서 본 바와 같이 간음행위로 인한 국부출혈의 일종인 창상과 본건 사다요의 처녀막 열상은 모두 상해라는 점에서 관찰하면 하나는 50보 다른 하나는 100보 정도로 그 정도가 서로 같다고는 할 수 없어도 당연히 필연적으로 발생할 수 있는 사실이라는 점에 있어서는 조금도 다름이 없다. 전자의 사실은 당연히 간음으로 인하여 야기되는 것이고 그와 함께 후자의 사실 역시 본건 사다요와 같이 13세 미만의 부녀를 간음함으로 인하여 필연적으로 발생할 수 있는 사실이라고 보게 되면 피고인의 행위는 형법 제177조 후단에 해당한다고 하여야 함은 불을 보는 것보다 명료하다. 그럼에도 원판결은 피고인에게 적용할 법조를 형법 제177조 후단으로 하지 않았다. 더욱이 사다요가 고소권을 포기하였으므로 피고인에게 면소의 선고를 하여야 함에도 불구하고 원판결이 피고인의 행위를 갑자기 제181조로 의율한 것은 매우 심한 위법이라고 사료된다는 것이다.

이에 대해 3심 재판부는, 처녀막을 상열(傷裂)함은 사람의 신체를 상해함에 다름이 아니다. 그리고 형법 제181조는 범인이 폭행으로 인하여 타인을 사상에 이르게 한 것인지 폭행으로 인하지 않고 간음 그 자체로 인하여 타인을 사상에 이르게 한 것인지를 묻지 아니하고 적용하여야 하는 것이어서 원심법원이 13세 미만의 유녀를 간음함으로 인하여 그 처녀막을 열상시킨 사실을 인정한 이상은 형법 제177조의 죄를 범함으로 인하여 사람을 상해하게 한 것이므로 같은 법 제181조를 적용함이 상당하다. 따라서 논지는 모두 이유 없다고 판시하였다.

그리고 타카하시 변호인의 또 다른 상고이유는, 처녀막의 열상은 보통 교접으로부터 발생하는 것 이상의 극상(劇傷)을 성립시키지 아니한다. 그런데도 처녀막의 열상을 가지고 범죄구성요건 이외의 상해로 판단하여 제177조의 간음행위와 제181조의 간음상해행위의 2개가 존재한다고 판단하고 중하게 처벌되는 제181조를 적용, 처벌함은 명백한 의율착오라고 하지 않을 수 없다는 것이었다.

이에 대해 3심 재판부는, 상고이유 제1점에 대하여 설명한 것처럼 13세 미만의 유녀를 간음함으로 인하여 그 처녀막을 열상시킨 때에는 형법 제181조를 적용, 처단하여야 하므로 본 논지는 이유 없다고 판시하였다.

타카하시 변호인의 세 번째 상고이유는, 연속범이 된다고 하지만 연속범이란 동일 종류의 범행이 아니면 아니 된다. 그런데도 연속범이 된다고 단정하면서 제177조의 간음행위와 제181조의 간음상해행위를 함께 인정한 것은 모순이라는 것이다.

이에 대해서도 3심 재판부는, 연속한 수개의 행위라 하더라도 동일 죄명에 속하는 것이 아니면 연속범인 일죄로 처벌할 수 없다. 그리고 13세 미만의 유녀를 간음하여 그녀를 사상에 이르게 한 행위는 형법 제181조에 의하여 법률상 독립한 일죄를 구성하고 단지 13세 미만의 유녀를 간음한 행위와는 그 죄질을 달리하므로 가사 연속하여 범행을 한 경우라고 하더라도 피차를 연속범으로 처단할 수 없다. 본건에 있어서 원판결의 인정 사실에 의하면, 피고인은 1911년 12월 18일, 19일경 13세에 달하지 아니한 토키 사다요를 상대로 강제로 간음행위를 수행하고 그로 인하여 그 처녀막을 열상시키고 이어서 같은 달 이후 1912년 4월 하순경까지 사이에 의사를 계속하여 여러 차례 사다요를 상대로 음사(淫事)를 행하였다. 최초의 간음치상의 행위는 형법 제181조에 해당하고 그 후 수회 단지 간음을 한 행위는 같은 법 제177조의 연속범을 구성하지만 피해자의 법정대리인이 1912년 5월 17일 고소를 취하하여 간음의 행위에 대하여는 면소를 선고하지 않을 수 없음에도 불구하고 원판결이 전부를 통틀어 형법 제181조의 연속범인 일죄로 판단하였음은 의율착오의 위법이 있어 원판결은 파기를 면할 수 없다. 이 점에 의하여 원판결을 파기하는 이상, 원판결이 피고인의 각 행위를 연속범으로 인정하여 법률을 적용함을 비난하는 다른 상고논지에 대하여는 일일이 설명할 것을 요하지 아니한다고 하였다.

이상의 이유로, 고등법원 재판부는 형사소송법 제286조 제287조에 의하여 원판결을 파기하고 직접 판결하였다. 즉, 피고인이 13세 미만의 토키 사다요를 간음하고 그 처녀막을 열상시킨 행위에 대하여는 형법 제181조에 의거하여 징역 3년에 처하고 그 후 의사를 계속하여 수회 동인을 간음한 행위에 대해서는 동법 제55조, 제177조에 해당하지만 고소를 취하하였으므로 동법 180조, 형사소송법 제224조에 의하여 면소를 선고하고 공소 재판비용은 동법 제201조, 형법시행법 제62조에 의하여 피고인이 부담하도록 하였다.

이상의 점을 판결요지로 다시 요약하면
1. 13세 미만의 유녀(幼女)를 간음하여 처녀막에 열상을 입게 한 때에는 형법 제181조의 범죄를 구성한다.
1. 연속한 수개의 행위라 하더라도 동일 죄명에 속하는 것이 아닌 때에는 연속범인 일죄로 처벌할 수 없다.
1. 13세 미만의 유녀를 간음하고 그로 인하여 그녀를 사상(死傷)에 이르게 한 행위는 형법 제181조에 의하여 법률상 독립한 일죄를 구성한다.
1. 13세 미만의 유녀를 간음한 행위와 13세 미만의 유녀를 간음하고 그로 인하여 사상에 이르게 한 행위는 연속하여 범한 경우에도 양자를 연속범으로 처단할 수 없다.

> 해 제

　이 문서는 국가기록원에 소장되어 있는 판결문으로 문서번호는 CJA00000060-0009이며 미하시의 강간사건에 관해 판결한 것이다. 이 사건은 일본 오오사카에 본적을 두고 있으면서 인천에 와서 살고 있던 미하시라는 자가 말로는 내연의 처와의 사이에 아이가 없으므로 가업을 이을 양녀를 들이겠다고 하여 에히메현의 토키(土岐仲蔵)의 장녀 사다요(13살)를 양녀로 데리고 왔는데 데려온 지 일주일도 안 되어서부터 어린 사다요를 여러 차례에 걸쳐 강간한 파렴치를 극한 사건이다.
　직업이 무직으로 되어 있어서 인천에서 무엇을 하던 인간인지는 알 수 없으나 가업을 잇게 해야겠다고 한 것으로 보나 상고까지 한 것으로 보아 어느 정도의 경제력은 가진 자임이 분명하다 할 것이다.
　강간이라는 범행 자체가 오랜 역사 속에서 늘 그래왔지만 결국 이 사건의 경우에도 사회·경제적으로 약자인 피해자가 떳떳하게 자기주장을 하기 힘든 범죄이다. 사다요의 법정대리인이 보인 행태처럼 결국은 돈과 힘에 굴복하여 소를 취하하기 일쑤이고 특히 이 사건에서 피고 미하시의 변호를 맡은 자들이 보여주는 뻔뻔함에 대해 자기 항변조차 제대로 못하고 주저앉는 경우가 보통이다.
　법리상으로 그 행위가 연속죄이냐 하나의 죄를 구성하느냐를 논하는 것 자체가 피해자인 여성으로서는 치욕을 경험하게 하는 것이다.
　이미 판결문 속에서 그런 것들이 충분히 드러나 있으므로 다시 반복할 필요를 느끼지 못하지만 심지어 고등법원 판결문에서조차 아주 미묘한 인식이 드러나는 예를 볼 수 있다. 즉 판결문 중에 나오는 '제181조는 범인이 폭행으로 인하여 타인을 사상에 이르게 한 것인지 폭행으로 인하지 않고 간음 그 자체로 인하여 타인을 사상에 이르게 한 것인지를 묻지 아니하고 적용하여야 하는 것이어서' 운운하는 데서 '폭행으로 인하지 않고 간음 그 자체로 인하여'라고 하는 것은 이해하기 힘들다. 왜냐하면 여기서 문제가 되는 '간음'은 형법 제177조를 전제로 한 것이고 그 조항은 폭행 또는 협박에 의한 간음 즉 강간을 말하고 있으므로 강간 자체가 폭행이기 때문이다.

이 재판의 판결문을 통해 진행과정을 보노라면 오늘날 미성년자에 대한 간음 자체를 엄격하게 처벌하기에 이르게 된 이유를 알 것 같았다. 복잡한 법적 논리에 심지어 의학적 논리까지 섞어서 논지를 흐리게 하는 작태를 근본적으로 차단할 필요가 있었던 것이다.

8
간통 및 혼인 위반사건

1) 배○○ 등 판결문(1911년 형공 제69, 70호, 明治44年刑公第69, 70号, 光州地方裁判所 全州支部)

  이 판결문은 1911년 9월 29일 및 같은 해 11월 30일 광주지방재판소 전주지부에서 작성한 배○○ 및 김씨의 간통 및 혼인 위반사건에 관한 것으로 그 내용은 다음과 같다. 이 두 개 사건의 피고는 각각 전라북도 장수군 서면 상대리에 거주하는 배○○(32세, 농업)과 같은 도 용담군 일남면 용산리 거주 김씨(22세)이고 사건 자체도 각각 별개의 건으로 재판이 진행되었으나 두 사람이 동일 사건의 간통 상대자이고 담당 검사(이시카와[石川信重])와 판사(마에다[前田信兆], 아오[青 篤世], 하타[畑義三])도 같은 사람들이 맡았다. 다만 판결 내용만 달라서 피고 배○○에게는 징역 2년, 그리고 피고 김씨에게는 징역 1년 6개월이 언도되었다.

  먼저 배○○의 판결 이유를 보면, 피고 배○○은 첫째 전라북도 용담군 일남면 용산리 사는 김씨가 최○언의 아내라는 신분임을 알면서도 1911년 음력 8월 16일 이래로 김씨의 친정인 진안군 탄전면 일원리에서 몇 차례에 걸쳐 계속의 뜻을 가지고 김씨와 간통하였고, 둘째 1911년 음력 4월 10일 김씨가 자신의 남편 집에서 도망 나온 것을 진안, 용담 두 군의 경계에 있는 모 고개에서 마중하여 그와 결혼하고 그때부터 장수군 서면 상대리 자신의 집에서 부부로서 함께 살았다.

  그리고 김씨의 판결 이유를 보면, 첫째 피고 김씨는 전라북도 용담군 일남면 용산리 거주 최○언의 아내로서 1910년 음력 8월 16일부터 1911년 음력 4월 상순에 이르기까지의 기간 동안 친정인 진안군 탄전면 일원리 김 모 집에서 몇 차례에 걸쳐 계속의 뜻을 가지고 장수군 서면 상대리 배○○과 간통하였으며, 둘째 피고 김씨가 남편 최○언과 화합하지 않자 친정아버지 김 모는 피고가 남편을 버리고 배○○에게 개가하기를 원하여 그 뜻을 피고에게 알렸고 피고도 개가할 뜻을 굳히고 1911년 음력 4월 10일 남편의 집에서 도망 나와 진안군과 용담군의 경계에 있는 모 고개에서 배○○과 만나 장수군 서면 상대리 배○○의 집에 도착, 배○○과 결혼하고 이후 동거하였다.

이상의 사실은 배○○의 경우, 피고가 본 법정에서 행한 공술, 검사의 피고 배○○에 관해 행한 신문조서, 사법경찰관의 최○언, 김씨 및 피고 배○○에 대한 각 신문조서, 최○언의 청원서 등으로 이를 증빙하기에 충분하였고, 김씨의 경우도 피고의 본 법정에서의 공술, 상대 피고에 해당하는 배○○에 관한 공판시말서, 사법경찰관의 최○언, 배○○ 및 피고 김씨에 대한 각 신문조서, 최○언의 청원서 등으로 증빙이 충분하였다.

이상의 것을 법률에 비춰보면, 먼저 배○○의 경우 첫 번째 소위는 형법대전 제534조에 해당하고 두 번째 소위는 동법 제570조, 제567조에 해당하나 각 죄 모두 정상을 참작할 여지가 있어 동법 제125조에 의해 첫 번째 죄는 1등을, 두 번째 죄는 7등을 감하고 두 죄가 구발(俱發)하였으므로 동법 제129조에 의해 무거운 쪽인 두 번째 죄에 따라 처단하는 것으로 하여 주문과 같이 판결한다고 하고,

김씨의 경우는 첫 번째 소위는 배○○과 같고 두 번째 소위는 동법 제567조에 해당하나 동법 제570조에 의거 피고를 종범으로 보고 동법 제135조에 의해 수범률(首犯律)에 1등을 감하고 각 죄에 대해 정상을 참작할 여지가 있어 동법 제125조에 의해 첫 번째 죄는 1등을 감하고 두 번째 죄는 7등을 감하고 두 죄가 구발하였으므로 동법 제129조에 의해 죄가 무거운 두 번째 죄에 따라 처단하는 것으로 하여 주문과 같이 판

결한다고 하였다.

해 제

이 문서는 국가기록원에 소장되어 있는 판결문으로 문서번호 CJA0001715-0090과 CJA0001715-0091이다. 이 두 개의 사건은 별개의 건으로 재판이 진행된 것이나 각 사건의 피고인이 간통 및 혼인위반의 두 당사자에 해당하므로 함께 살펴보기로 한 것이다. 판결일자는 전자가 1911년 9월 29이고 후자는 같은 해 11월 30일로 각기 다르지만 담당 검사나 판사도 동일하고 적용 법률도 거의 같다. 그리고 판결내용은 전자가 징역 2년이고 후자는 징역 1년 6개월이다.

두 사건의 피고인 배○○(전북 장수군, 32세, 농업)과 김씨(용담군, 22세)가 이전부터 아는 사이였는지는 판결문에 기록된 것이 없어 알 수 없으나 김씨는 남편 최○언과 살기를 마다하고 친정(진안군)에 가 있으면서 배○○과 여러 차례 정을 통하고(제1죄 간통죄) 결국은 남편의 집을 나와 배○○과 결혼하고 함께 삶으로써 혼인 위반의 죄(제2죄)를 지었다. 김씨의 친정아버지도 자신의 딸이 남편 최○언과 같이 살 의향이 없음을 알고 차라리 배○○에게 재가하는 것이 낫겠다고 권고한 것으로 보아 김씨와 최○언의 부부관계가 원만하지 않았음은 분명하다 할 것이다.

하지만 당시 법률은 부부가 마음이 맞지 않는다고 해서 이혼을 허락하지 않았다. 당시 적용 법률이었던 형법대전 제11장은 '혼인 및 立嗣所干律'이고 그 제1절이 '婚姻違犯律', 제2절이 '妻妾失序 및 夫婦離異律'인데 여기 어디에도 합법적인 이혼을 정하고 있는 규정은 없다. 헤어질 수 있는 것은 오로지 더 이상의 부부로서의 관계를 유지할 수 없는 흠결이 있거나 죄를 범하여서 아내를 쫓아낼 수 있는 경우(제578조, 제579조) 또는 남편이 처첩의 모를 간음한 경우(제580조) 밖에 없다. 뿐만 아니라 아내가 남편을 버리고 개가하면 종신징역에 처할 정도로 엄하게 다스리도록 규정하고 있다(제567조). 형편이 이러하니 죽도록 싫은 남편과 살지 않으려면 목숨을 걸고 야반도주하는 수밖에 달리 방법이 없을 것도 같다.

　아무튼 이 사건 재판부는 본건에 대해 간통죄와 혼인위반이라고 하는 두 가지 범죄가 성립한 것으로 보고 판결을 내렸다. 여기에 관련되는 법 조항은 우선 남자인 배○○의 경우에는 형법대전 제534조, 제570조 그리고 제567조 등이다. 제1죄인 간통죄에 관해서는 제534조[65])에 의해 태형이 적용될 것이고 제2죄인 혼인 위반죄에 관해서는 직접적으로는 제570조[66])에 해당하나 이는 결국 제567조와 연관된다. 즉 제570조에 정한 '남편을 버리고 도주한 부녀를 취한 자'는 그 부녀와 같은 죄로 다스린다고 하므로 제567조에 정한 대로 '아내가 남편을 버리고 개가한 자'가 처하게 될 종신징역을 같이 받게 되는 것이다.

　이에 비해 여성인 김씨 쪽은 제1죄 간통죄는 같은 534조를 적용하지만 제2죄 혼인 위반죄는 먼저 제567조가 적용된다. 그런데 재판부는 이 점에 관해 김씨를 제570조의 종범으로 보았다. 배○○과 김씨의 관계를 자세히 알 수 있는 기술이 없으므로 재판부의 판단을 믿을 수밖에 없지만 이를 근거로 판단하면 두 사람의 관계는 배○○이 더 적극적이고 주도적이었다는 이야기가 된다. 이로써 김씨는 동법 135조[67])에 의해 1등

---

[65]) 유부녀를 화간한 자는 태 90이며 刁姦한 자는 태 100에 처하고 남편이 없는 경우에는 1등을 감하되 姦婦도 마찬가지다.
[66]) 범죄나 혹은 背夫하고 도주하는 부녀를 知情하고 취한 자는 부녀와 동죄하되 사형에 이른 자는 1등을 감한다.
[67]) 종범은 首犯의 률에 일등을 감한다.

을 경감 받게 된다. 그리고 두 사람에게 공히 정상을 참작할 여지가 있다고 하여 각각 제1죄에 1등, 제2죄에 7등의 경감조치를 더 받게 되었고 그 결과 배○○은 징역 2년, 김씨는 징역 1년 6개월의 형을 선고받았다.

그런데 이 사건의 경우 두 가지 범죄가 잇달아 일어난 것과 관련하여 법률 해석상 검토가 필요한 부분이 있다. 이른바 '수죄구발(數罪俱發)'에 관한 것이다. 형법대전은 이에 대해 제2편 제1장 제2절에서 '이죄 이상 구발(二罪 以上 俱發)'에 관한 규정을 두고 제3편 제1장 제8절에서 '이죄 이상 처단례(處斷例)'를 정하고 있다(제129조~제132조). 일본에서도 메이지 13(1880)년에 공포된 구 형법 제1편 제7장에서 '수죄구발'에 관해 정하고 있다. 동법 제100조 제1항은 '중죄(重罪) 경죄(輕罪)를 범하고 아직 판결을 거치지 않은 2죄 이상이 함께 발생한 때에는 무거운 쪽에 따라 처단한다'고 하고 있다. 일본은 1907년에 새 형법을 시행하면서 구형법의 흡수주의로부터 독일형법의 영향을 받아 병합죄에 관해서는 가중주의로 바뀌었다.

이에 비해 병합죄의 흡수주의는 프랑스형법뿐만 아니라 명률을 비롯한 중국의 형사법이 이를 취하고 있다고 한다. 말하자면 형법대전 제129조[68]도 같은 취지이다.

우리나라의 현행 형법에서는 병합죄 대신 경합범이라는 용어를 쓰고 있는데 여기서는 상상적 경합범과 실체적 경합범을 구분한다. 일본의 용례와 비교하면 전자는 관념적 경합에, 그리고 후자는 병합죄에 해당한다고 할 수 있다. 또 한국의 형법은 상상적 경합범에 대하여는 흡수주의, 실체적 경합범에 대하여는 가중주의를 원칙으로 하고, 흡수주의

---

[68] 2죄 이상이 동시에 구발된 경우에는 그중 무거운 쪽에 따라 처단하고 그 정도가 같은 경우에는 그중 하나를 따른다.

와 병과주의를 가미하고 있다고 한다.

그러면 다시 본건으로 돌아가서 여기서 말하는 제1죄인 간통죄와 제2죄인 혼인위반죄는 과연 '2죄 구발'에 해당한다고 보아도 좋은 것일까? 경찰의 검문에 저항하여 경찰에게 폭행을 가한 경우와 같이 하나의 행위에 상해죄와 공무집행방해죄가 동시에 성립하는 경우처럼 본건이 상상적 경합범 내지는 관념적 경합에 해당하는 것이 아님은 분명하다. 그렇다면 본건의 두 죄는 병합죄 내지 실체적 경합범에 해당한다고 보아야 할 것인데 이를 흡수주의적 방식으로 적용한 것은, 당시 결혼제도에 대한 불합리와는 별도로 법리상으로는 문제가 있다고 하지 않을 수 없을 것으로 생각된다.

2) 김씨 판결문(1911년 형공 제103호, 明治44年刑公第103号, 光州地方裁判所 全州支部)

이 판결문은 1911년 12월 6일 광주지방재판소 전주지부에서 작성한 김씨의 혼인 위반사건에 관한 것으로 그 내용은 다음과 같다. 전라북도 임실군 하신덕면 물염리에 거주하는 김씨(22세, 농업)에 대해 조선총독부 검사 이시카와(石川信重) 입회, 변론하에 마에다(前田信兆), 아오(靑篤世), 하타(畑義三) 등 3명의 판사가 징역 3년에 처하는 판결을 내렸다.

피고 김씨는 전라북도 임실군 하신덕면 물염리 박□□의 아내이나 남편과 사는 것이 싫어서 같은 동네에 사는 김△△의 어머니 박씨의 권유에 따라 1911년 9월 15일 남편의 집에서 도망 나와 순창군 어느 곳에 사는 지장조인(紙裝造人) 서□□의 집에 도착, 과부를 사칭하고 그에게 개가하였다.

위의 사실은 피고가 본 법정에서 한 공술, 검사의 피고 김씨에 대한 심문조서, 사법경찰관의 피고 김씨 및 피해자 박□□에 대한 신문조서에 의해 증빙이 충분함.

이를 법률에 비춰보면 상기 피고의 소위는 형법대전 제567조에 해당하나 정상을 참작할 여지가 있어 동법 제125조에 의해 5등을 감하여 징역 3년에 처하는 것으로 하고 주문과 같이 판결함.

해 제

이 문서는 국가기록원에 소장되어 있는 판결문으로 문서번호는

CJA0001715-0095이며 김씨의 혼인 위반사건에 관해 판결한 것이다.

이 사건은 전북 임실군에 사는 박ㅁㅁ의 아내 22살 김씨가 남편과의 결혼생활을 싫어하여 같은 동네 노파의 권유로, 자기가 살던 곳에서 상당히 멀리 떨어진 순창 어떤 동네로 도망가 그곳에 사는 한지 만드는 서성삼에게 개가함으로써 혼인 위반의 죄를 지은 건이다.[69] 피고 김씨가 어떤 형태로 몇 년 전에 결혼한 것인지 알 수 없으나 본인의 의사와는 상관없이 어른들의 결정에 따라 결혼을 할 수밖에 없었던 당시의 일반적 관행은 막상 시집가서 본 남편이 아무리 노력해도 마음을 허할 수 없는 경우 그 질곡으로부터 벗어날 수 있는 방도는 본 사건에서 보는 바와 같은 야반도주 이외에 달리 없었을 것임은 충분히 짐작할 수 있다.

본 남편 박ㅁㅁ은 농사를 짓는 농부이고 도망가서 개가한 서성삼의 직업은 '紙裝造人'이라 기록되어 있으니 아마도 한지를 만드는 일을 하는 사람이었을 것인데 물론 농부라 하여 다 부유한 것은 아니었을지라도 산골 벽지에서 한지를 만드는 사람보다는 형편이 나았을 것으로 보아 무리가 없을 것이다. 당시 한지를 만드는 일은 원료인 닥나무나 이를 삶기 위한 대량의 땔감을 구하기 쉽고 닥을 종이의 원료로 만드는 과정에서 필요한 상당한 수량의 냇물이 항시 흐르는 등의 입지 요건이 필요하였기 때문에 한지를 만드는 지통의 대부분이 산골마을에 많았고 그렇기 때문에 지역 자체에 농토가 많지 않아 한지 만들기에 종사하는 사람들은 농한기를 이용하여 종이를 만듦으로써 부족한 가계를 보충하

[69] 김씨가 살던 마을은 지금으로 보면 임실군 신덕면 신덕리 물염마을에 해당한다. 그가 도망가 개가한 서성삼의 집은 순창군이라고만 되어 있을 뿐 면이나 동네이름은 미상이다. 서성삼이 한지 만드는 일을 하고 있었다고 하므로 한지를 만드는 입지조건을 생각하여 닥나무나 땔감을 구하기 쉽고 일정 이상의 물이 항상 흐르는 냇물이 있는 곳이고 또 당시 비교적 한지 만드는 지통이 많았던 쌍치면 어디였을 것으로 가정하고 편의상 물염마을에서 쌍치면사무소까지의 거리를 재어보면 약 42킬로미터, 걸어서 11시간 가까이 걸리는 거리이다.

는 가난한 농민들이 대부분이었던 사정을 생각하면 충분히 납득할 수 있을 것이다.

아무튼 피고 김씨는 어쩌면 경제적으로는 더 힘든 사람에게 도망이라도 가서 개가를 하지 않으면 견딜 수 없는 결혼생활을 강요당한 셈이고 그런 상황으로부터 벗어나기 위해서는 경제적인 어려움도 불사할 뿐만 아니라 어쩌면 새로 개가한 남자에 대한 정확한 정보조차 없었을 것으로 보이는 정황으로 볼 때 이를 결행하기로 한 피고 김씨의 입장에서 보면 매우 불확실성이 많은 선택을 할 수밖에 없었던 것으로 보아야 할 것이다. 같은 동네 사는 김△△의 어머니 박씨와 피고인 김씨가 어떤 관계인지, 또 순창의 서성삼과 박씨는 어떤 관계인지조차 알 수 없지만 달리 판결문에 언급이 없고 또 김씨가 서성삼에게 가서 과부를 사칭하였던 점으로 미루어 볼 때 서성삼으로서나 김씨로서나 서로에 대해 사전에 알고 있었던 정보는 전혀 없었던 것으로 보아 무방할 것이기 때문이다.

이 사건을 위에서 본 사건 CJA0001715-0090, 0091(배상술 및 김씨의 간통 및 혼인 위반사건)과 비교하여 보더라도 배상술 및 김씨 사건은 담당 검사나 판사도 같고 본건에 비해 간통죄가 이른바 구발한 사건임에도 불구하고 형량은 남자가 징역 2년, 여자가 1년 6개월을 선고받아 본건의 형량(징역 3년)이 더 무겁다. 단순히 두 사건만 비교해볼 때도 형평성에 대한 이의제기가 가능할 것 같다. 이와 같은 차이가 생길 수 있는 여지는 법리 해석의 문제는 차치하고라도 결국 형법대전 제125조의 정상 참작에 대한 재량에 있는 것으로 보인다. 판결문에는 이를 적용한 구체적인 정황이나 근거는 밝히지 않고 있다.

참고로 이 건에 대해서는, 1912년 9월 13일의 은사에 관한 칙서에 근거한 특전에 기초하여 그 형이 징역 2년으로 변경되었음을 부기하고 있다.

3) 황성녀 등 판결문
   (1912년 형상 제51호, 明治45年刑上第51号, 高等法院)

이 사건의 1심 판결문은 1912년 3월 11일 경성지방법원에서 작성한, 경기도 안성군 율동면 가좌리에 사는 황성녀(42세, 주류소매업, 강원도 강릉읍내 출생)와 같은 동네에 사는 심○○(31세, 농업)의 간통 및 살인 사건에 대한 것으로 카가미(鏡長三郎) 검사 입회하에 츠카하라(塚原友太郎), 사이토오(齋藤宗四郎), 하라(原正鼎) 등 3명의 판사가 상기 2명의 피고에 대해 교수형에 처하고 압수한 식칼 1자루는 관에 몰수하라는 판결을 내렸다. 이 사건은 피고의 항소, 상고에 의해 경성복심법원 및 고등법원에서의 판결문도 함께 보관되어 있다.

우선 1심 판결문을 통해 이 사건의 내용을 간단히 살펴보면, 피고 황성녀, 즉 황이라는 성을 가진 여자는 전기 가좌리에 사는 황□□의 아내로서 1910년부터 1911년 음력 9월에 이르는 기간 동안 같은 동네에 사는 피고 심○○과 의사를 계속하여 황□□의 집에서 그의 눈을 피해 몇 차례 간통하였다. 피고 심○○은 피고 황성녀가 유부녀임을 알면서도 위와 같은 의사를 계속하여 몇 차례 간통한 것이다. 피고 황성녀, 심○○은 위와 같이 간통한 사실을 남편 황□□가 알게 되자 이 두 사람은 그 일을 그만두기보다는 거꾸로 그 남편을 죽이고 음욕을 채우기로 하고 그의 살해를 공모하여 1911년 음력 9월 황□□가 취해서 자고 있을 때 두 사람이 함께 그의 소유인 식칼(압수물)을 들고 들어가 황□□의 목을 찌르고 그가 일어나려하자 피고 심○○이 다시 견갑부를 찔러 죽였다. 피고들은 살해의 목적을 달성하고 이를 대자리(筵)에 싸서 부근인 경기도 죽산군 서삼면 용현 산자락에 묻었다.

　이상의 사실은 이 법정에서의 피고 두 사람의 공술, 검사의 피고 2명 및 이경래·황복남·황순복에 대한 신문조서, 사법경찰관의 피고 2명 및 황순복·이옥희·황복남에 대한 신문조서, 감정서 등에 기재된 것과 압수한 식칼 등에 의해 증빙이 충분하다.

　이를 법률에 비춰보면 피고 2명의 간통 행위는 형법대전 제534조[70])에 해당하여 각각 징역 1년에 처하고 피고 황성녀의 모살 행위는 동법 제498조 제1호,[71]) 제473조[72]) 전단에 해당하며 피고 심○○의 모살 행위는 동법 제473조 전단에 해당하여 각각 교수형에 처할 것이나 2죄구발에 해당하여 그 모살의 죄를 과하는 것이 간통의 죄를 과하는 것보다 형이 무거우므로 동법 제129조 전단의 규정에 따라 무거운 모살의 죄로 처단하고 압수한 식칼 1자루는 피고 소유이고 범행에 사용된 물건이므로 동법 제118조에 의해 이를 관에 몰수하기로 하여 주문과 같이 판결한 것이다.

해 제

　이 문서는 국가기록원에 소장되어 있는 판결문으로 문서번호는

---

[70]) 형법대전 제534조 유부녀를 화간한 자는 태 90이며 조간(刁姦)한 자는 태 100에 처하고 남편이 없는 경우에는 1등을 감하되 간부(姦婦)도 같다.
[71]) 형법대전 제498조 친속존장(親屬尊長)을 살해한 자는 다음에 의하여 처단한다. 1. 본장 제1절 제2절 제절 제4절의 소위로 조부모, 부모나 袒免 이상 親尊長이나 남편, 또는 남편의 조부모, 부모나 袒免 이상 친존장을 살해한 자는 교수형. 여기서 말하는 단문(袒免)이란 상복의 하나로, 왼쪽 어깨를 벗으며 머리를 풀어헤치고 사각건을 쓰는 것으로 오세 이상친(五世以上親)은 복(服)이 없이 단문만 하였다.
[72]) 형법대전 제473조 사람을 모살한 자는 모의한 자와 下手나 조력한 자는 모두 교수형에 처하되 수행만 하고 下手나 助力이 없는 자는 1등을 감한다.

CJA0000068-0051이며 황성녀, 심○○의 간통 및 살인사건에 대한 것이다. 1912년 4월 29일의 경성복심법원에서의 2심은 테라다(寺田恒太郎) 검사 간여하에 스즈키(鈴木伍三郎), 마루야마(丸山柯太郎), 타다(多田吉鍾) 등 3명의 판사가 심리하여 원심을 취소하고 피고 2명에게 사형을 선고하고 압수한 물건은 몰수한다고 하는, 결과는 같은 판결을 내렸다. 1심에 대해서는 피고 2명의 간통죄에 대해 이를 형법 183조를 적용하여야 하는데 형법대전을 적용한 것이 법률 변경의 결과 부당하다는 이유로 이를 취소하였다.

또 1912년 6월 10일 고등법원에서의 3심은, 상기 피고 2명의 상고 신청과 고등법원 검사장 코쿠부(国分三亥)의 부대상고에 의해 니시우치(西內 德) 검사의 의견을 들어 이와노(岩野新平), 아사미(浅見倫太郎), 마키야마(牧山榮樹), 이시카와(石川正), 김낙헌(金洛憲) 등 5명의 판사가 피고의 상고와 상기 부대상고에 대해 이를 모두 기각하는 판결을 내렸다.

이하, 상고 이유를 통해 이 재판에 관련된 내용을 조금 더 들여다보기로 한다.

먼저 피고인 심○○이 제기한 상고이유는, 원판결 기재 사실 중 간통모살죄에 상당하는 사실은 1911년 음력 9월 7일 피고인이 이경래의 집에서 자기 집으로 돌아가는 도중에 황ㅁㅁ의 집 앞을 지날 때에 피고인 황성녀가 이웃집으로 가고 있는 피고인을 불러 말하기를 어제 밤중에 부부싸움 도중 대패(鉋)로 남편을 살해하여 서둘러 매장하지 않으면 본인의 생명을 보존하기 어렵다고 걱정하면서 매장을 부탁하자 눈앞에 있는 그녀의 사정만 생각해 매장해주었을 뿐이며 피고인은 공모한 일도 없고 살해사건에 관계한 일도 없으므로 원판결은 타당하지 않다는 것이다.

이에 대해 고등법원 재판부는, 이는 원판결이 피고인의 간통 및 모살 행위를 인정한 것에 대하여 이를 비난하는 것이며 또 이는 사실심인 원심의 직권에 속하는 사실의 인정을 비난함에 불과하므로 적법한 상고이유가 아니라고 하여 배척하였다.

그리고 피고인 심○○이 변호사 이종하를 통해 제출한 것은, 원판결은 피고인의 행위를 모살로 인정하였으나 원래 모살이란 미리 그 살해할 것을 계획적으로 모의하고 그에 따라 그 목적을 달성하는 것으로서 만일 사전에 계획적인 모의 없이 일시적인 수단으로 살해하였다면 이것은 모살이 아니다. 그럼에도 단지 피고인 등이 공동으로 사람을 살해하였다고만 하고 그 두 사람 사이에 사전에 어떠한 계획적인 모의가 있었는지에 대해서는 증거상 나타난 것이 전혀 없음에도 불구하고 이를 모살로 인정한 것은 근거 없이 사실인정을 하여 법률적용에 위법한 결과를 발생시킨 것이라는 내용이다.

이에 대해 고등법원 재판부는, 원판결에 의하면 판결문에 기재된 증거에 의해 피고인 황성녀는 황□□의 처이고 피고인 심○○은 그 정을 알면서 두 사람이 수십 회에 걸쳐 정을 통하고 이에 대하여 황□□의 의심을 받게 되자 그 상태에서는 더 이상 정을 통하기 곤란하므로 치정(癡情)을 만족하기 위하여 남편을 살해하기로 공모하고 남편이 술에 취해 집에 돌아올 때 실행하기로 서로 모의한 후 한밤중 깊이 잠들었을 때를 노려 두 사람이 서로 합세하여 식칼로 그를 살해한 사실을 인정한 것으로 위의 살해행위가 사전 모의에 의한 모살 죄를 구성함이 명백하므로 피고인의 행위에 대하여 모살죄를 적용한 것은 정당하다고 보아 이 역시 배척하였다.

같은 변호인 이종하게 제출한 또 한 가지는, 형사소송법 제201조에 피고인이 유죄인 경우에는 법원은 직권으로 공소에 관한 소송비용의 전부 또는 일부를 부담하는 선고를 해야 한다고 규정되어 있음에도 불구하고 원판결은 피고인에게 유죄판결을 하였음에도 공소비용에 관하여 선고를 하지 않은 것은 위법한 판결이라는 것이다.

이에 대해 고등법원 재판부는, 공소에 관한 소송비용이 발생한 경우가 아니라면 이 부담의 선고를 반드시 해야 하는 것은 아니므로 그 선고가 없다는 것만 가지고는 위법한 판결이라고 속단할 수 없을 뿐만 아니라 설사 소송비용이 발생하여 그 부담을 선고하여야 할 경우라도 그 선고를 하지 않는 것이 선고를 하는 것보다 피고인의 이익이 되므로 본 논지는 결국 피고인에게 불이익한 판결을 구하는 취지가 되어 피고인이 하는 상고의 성질에 반하므로 적법한 상고이유가 되지 않는다고 하여 이 역시 배척하였다.

그리고 같은 변호사가 1912년 5월 22일에 제출한 상고추가이유서는 조선형사령 제34조 제1항에 의하면, 추가이유서는 이유서의 제출기간 경과한 후 14일내에 제출하여야 하고 이유서는 통령 제31조 제1항에 의해 상고를 신청한 날로부터 5일내에 제출하게 되어 있는바, 일건 기록의 조사에 의하면 피고인 심○○의 상고제기는 1912년 5월 1일로 그 이유서 제출의 기간인 5일에 초일을 산입하지 않고 계산할 때에는 동월 6일로 그 기간이 만료하고 위 기간 경과 후에 다시 추가이유서 제출기간인 14일을 초일을 산입하지 않고 계산할 때에는 동월 21일로 그 기간이 만료하기 때문에 동월 22일에 제출한 본 추가이유서는 법정기간의 경과 후에 제출한 것이 되어 부적법하므로 그 논지의 당부에 대하여서는 설명을 하지 않는다고 하였다.

다음으로 피고인 황성녀의 상고이유를 보면, 그의 남편이 1911년 음력 9월 19일 밤 도박장에 간다고 집을 나간 후 수개월이 되어도 돌아오지 않자 혹시 불량배에게 살해되지나 않았을까 걱정이 되어 아이를 데리고 3일간 여기저기 찾아보았지만 종적을 찾을 수 없었다. 작년 음력 12월 27일 아이가 죽산군 산중에서 완전히 부패된 시체 1구를 발견하였다 해서 따라가 보니 그곳에 칼이 하나 있었는데 그것은 남편이 병오년에 폭도에 참가했다고 돌아올 때 가지고 와서 항상 휴대하고 있었던 칼이 틀림없어서 피해의 실상은 분명하지 않지만 그 칼을 가지고 안성헌병소에 신고하게 된 것이다. 피고인 심○○과는 8년 전에 한 번 관계를 맺은 일이 있지만 그 후에 다시 관계를 맺거나 모살의 의도, 수행, 조력 등을 한 일이 전혀 없음에도 피고인에게 형법대전 제473조의 모살죄를 적용하여 사형에 처한 것은 법률의 착오라고 생각된다는 취지이다.

이에 대해 고등법원 재판부는, 위의 피고인 심○○의 변호사 이종하의 상고추가이유서 제1점에 대한 설명에서 밝힌 바와 같이 원판결이 인정한 사실에 의하면 피고인 황성녀는 남편에 대하여 예모(豫謀)에 의한 모살의 하수(下手)행위는 형법대전 제473조의 규정에 해당하고 남편을 살해한 것은 동법 제498조 제1호에 해당한다. 따라서 원판결이 법률적용에 있어 피고인 황성녀의 모살행위에 대하여 조선형사령 제41조, 형법대전 제390조 제1호, 제473조 전단을 적용한 것은 상당하고 아무런 위법한 점이 없다. 결국 본 논지는 원심의 직권에 속하는 사실의 인정을 비난하고 나아가 쓸데없이 법률적용에 착오가 있다고 논의함에 불과하므로 그 이유가 없다고 배척하였다.

또 고등법원 검사장 코쿠부가 제기한 부대상고에 대해서는, 조선형사령 제35조에 의하면 부대상고는 그 이유서를 원법원에 제출하게 되어 있고, 별도로 피고인이 하는 부대상고, 원법원 검사가 하는 부대상고 또는 상고법원 검사장이 하는 부대상고 등에 대하여 구별을 하지 않고 있으므로 그 어느 경우에나 부대상고를 하려면 위의 규정에 따라 이를 하여야 하고 그 이유서는 반드시 원법원에 제출해야 한다. 그리고 그 규정은 동령 제31조 제1항의 규정과 같이 임의적 규정이 아니므로 부대상고 이유서를 원법원에 제출하지 않고 바로 상고법원에 제출한 것은 이를 허용하지 않는 취지로 해석함이 지당하다고 하여 같은 고등법원의 검사장이 제기한 부대상고에 대해서도, 그 이유서를 원법원에 제출하지 않고 고등법원에 바로 제출한 것으로 부적법하므로 논지의 당부 여하에 관계없이 기각되어야 마땅하다고 하였다.

도무지 당시 식민지 조선에서의 최고법원인 고등법원의 검사장이 본 재판부가 판시한 바와 같이 부대상고를 원심법원에 제출하지 않으면 적법하지 않다는 사실을 몰랐다는 게 상식적으로 이해될 수 있는가. 알면서도 고등법원 검사장의 권위를 믿고 그 정도는 통할 줄 알았던 것일까.

또 피고인 심○○의 변호사 이종하가 제기한 소송비용에 관한 건도 상식적으로 이해하기 힘든 건 마찬가지이다. 소송비용을 누가 부담하여야 하는지에 대해 판결에서 언급이 없다고 하여 그 판결 전체를 뒤엎을 수 있다고 정상적인 법률 전문가가 생각할 것인가. 아니면 의뢰인에게 뭔가를 하고 있음을 보이기 위해 상고이유서를 길게 쓰기 위한 방편에 불과한 것인가.

9
분묘발굴 사건

1) 황○○ 등 판결문(1910년 형 제105호, 明治43年刑第105号, 京城地方裁判所 仁川支部)

이 문서는 황○○(개성군 중서면 공녕리, 농업, 26세), 이○○(주소와 직업 같음. 24세) 두 사람의 분묘발굴 사건에 대해 시미즈(志水高次郎) 검사 입회·심리하에 1910년 12월 23일 '경성'지방재판소 인천지부의 오오타니(大谷信夫, 재판장), 박재선(朴齋璿), 시이(四位義正) 등 3명의 판사가 내린 판결문이다. 황○○, 이○○ 두 사람에게 각각 태 80에 처하고 압수한 둥근 숟가락 1개, 철봉 2개는 이를 몰수하고 그밖의 물건은 각 소유자에게 돌려주도록 하였다.

그 내용을 살펴보면 첫째, 이 두 사람은 1910년 음력 7월 강화군 길상면 덕장산 남쪽 기슭에 있는 다른 사람 소유의 산 네 군데에서 피고 등의 소유 삽, 철봉을 사용하여 고려도자기 9개 외 1점을 파내어 해관관(該管官)에게 보내지 않았다.

둘째, 피고 두 사람은 같은 해 9월 초순경 둘 이외의 다른 사람 3명과 함께 같은 군 고부동 부근 산기슭에서 위와 같은 도구를 사용하여 고려도자기 대소 20개 정도를 파내어 해관관에게 보내지 않았다.

상기 사실은 피고 두 사람의 본 법정에서의 공술, 검사가 작성한 검증조서, 증인 황일현의 심문조서 및 압수물건 등으로 증빙하기에 충분하다.

이를 법률에 비춰보면 각각 형법대전 제646조[73])에 해당하고 각각 2개

---

[73]) 형법대전 제646조 관·사유지 내에서 매장물을 堀得하여 符印과 鍾鼎이나 이상한 물건이 있는데도 해당 관리관에게 보내지 아니한 자는 태 80에 처한다.

이상의 죄 구발(俱發)에 해당되어 동법 제129조[74])에 비춰 무거운 쪽인 두 번째 소위에 따라 처단하고 압수한 물건 중 둥근 숟가락, 철봉은 범인 소유의 물건이고 또 범죄에 사용된 것이므로 동법 제118조에 의거 처분하도록 하고 주문과 같이 판결하였다.

해 제

이 문서는 국가기록원에 소장되어 있는 판결문으로 문서번호 CJA0000002 중 내부적으로 매겨져 있는 일련번호 0453~0455에 해당하며 황○○, 이○○ 두 사람의 분묘발굴 사건에 대해 시미즈(志水高次郞) 검사가 입회·심리하고 조선총독부 판사 오오타니, 박재선, 시이 등 3명이 판결을 담당하였다.

이 사건은 경기도 개성에 주소를 둔 황○○, 이○○ 두 사람이 두 차례에 걸쳐 강화도에서 고려도자기를 도굴한 건이다. 도려자기를 도굴하는 일이 정확히 언제부터 성행하였는지 파악해볼 필요가 있겠는데 시기가 약간 다르기는 하지만 당시 신문을 보면 이를 추정하는 데 도움이 되는 기사들이 더러 있다.

예를 들어, 『황성신문』의 「發塚蒐磁」,[75]) 「발굴자 처형」,[76]) 『대한매일

---

[74]) 형법대전 제129조 2죄 이상이 동시에 俱發된 경우에는 그 重한 者를 從하야 처단하고 그 各等한 자는 從一科斷함이라.
[75]) "근일 고려자기를 니현(泥峴) 日人家에서 買入하는데 願賣次로 가지고 오는 자가 심히 많다 하기로 이유를 물은 즉 이런 자기를 오오사카박람회(大阪博覽會)로 이송할 터인 고로 다수의 금액을 들여 각처 향곡인에게 돈을 주어 고려총을 堀毀하고 얻을 수 있다고 하는데 개성 등지로부터 구입하는 수가 가장 많다더라."(『황성신문』, 1903.6.19)
[76]) "얼마 전 일본인 오가와(小川亦吉)라 이름하는 자가 개성 등지의 我國人에 분묘를 발굴하고 고려자기를 도굴한 일로 당지 이사청에서 심사한 결과 重禁錮 15일에 처하였다더라."(『황성신문』, 1908.8.12)

신보』의 「묘기도적 피착」,[77] 「자기도적」,[78] 「고려자기 도적」,[79] 그리고 『매일신보』의 「다수 고분을 破堀—고려자기를 얻기 위하여. 고총 수십 장을 무란파굴—」[80] 등이다. 이들 기사만 읽어보아도 금방 그려지는 대체적인 윤곽은 이미 1903년 오오사카에서 열린 박람회를 준비하는 과정에서 거기에 전시할 도자기를 확보하기 위해 조선사람들에게 돈을 주고 도굴을 부추기고 사주하는 사례가 나타나고 1908년 기사에서는 일본인들이 직접 도굴에 나섰다가 체포되거나 처벌 받은 사례가 나타나며 도굴 지역도 개성, 장단 등의 고려 왕릉이 있는 지역, 그리고 신라 왕릉이 있는 경주지역 등에 집중되는 것을 알 수 있다. 그리고 1913년 매일신보에 올라온 기사는 일본인 사카구치라는 자가 사주하여('가라침을 인하여') 도굴 위치를 지목하고 비용을 지불하여 도굴해 온 도자기를 매입하는 구체적인 사례이다.

이 사건도 도굴이 이루어진 것이 강화도였는데 그렇게 보면 경주, 개

---

[77] "일본인 전전과 영도와 전종 등 7명이 지난 11일에 장단군 송천면 개성대묘리에 사는 김종대 씨의 무덤을 파고 고려자기를 도적하다가 개성경찰서에 피착되었다더라."(『대한매일신보』, 1908.4.1)
[78] "지난 20일에 양복 입은 자 4명이 경주군에 있는 신라 선덕여왕 능침을 파고 고려자기를 가져갔다더라."(『대한매일신보』, 1908.4.24)
[79] "장단군과 개성군과 풍덕군 등지에 한인 도적과 일인 도적들이 오래된 무덤을 파고 고려자기를 도적하여 가는 폐가 종종 있음으로 자손이 있는 무덤에는 밤마다 파수한다더라."(『대한매일신보』, 1909.11.18)
[80] "지난 8일 인천지청에서 공판한 결과 징역4개월씩의 선고를 받은 경기드 개성군 중서면 석하동 崔鏡益(25세, 농업)과 같은 면 봉명동 黃應烈(35세, 농업)과 장단군 홍화면 능현동 趙明瑞(32세, 농업) 등 3명은 개성군 읍내면에 거주하는 '내지인' 판구(阪口, 사카구치)라는 자의 가라침을 인하여 그 자에게, 여비로 현금 2원씩을 받아 가지고 지난 4월 12일 강화군 선원면 선향동 남산 수풀 사이에 있는 여러 백 년 된 무덤(古墳) 여러 수십 개를 파고 거울(鏡) 2개와 사발 8개와 5점의 고려기(高麗器)를 절취한 후 거울과 밋사발은 전기 '내지인'에게 현금 3원을 받고 팔어먹은 터이더니 근일 그 사실이 발각되어 강화경찰서에 체포된 자이라더라(인천지국)."(『매일신보』, 1913.9.12)

성, 장단 등 옛 도읍지에서 가까운 지역에서 시작된 도굴이 점차 먼 지역으로 확대되는 과정을 거치는 것으로 보이고 1913년 무렵에는 그것이 강화도에까지 미친 것으로 이해된다.

'탈아입구'론을 내세우면서 서구화, 근대화를 서두르던 일본은, 식민지 경영에 그치지 않고 식물자원이나 동물자원 약탈에서 문화재 약탈로까지 확산되어 나가는 서구 제국주의의 침탈수법을 이와 같은 분묘도굴에 이르기까지 그대로 답습하고 있음을 여실히 보여주고 있다 하겠다.

2) 조○○ 판결문(1913년 공형 제125호, 大正2年公刑第125号, 光州地方法院 全州支廳)

이 판결문은 1913년 3월 22일 광주지방법원 전주지청에서 작성한 조○○의 훼기(毁棄)사건에 관한 것으로 그 내용은 다음과 같다. 전라북도 김제군 반산면 신평리 거주 조○○(41세, 농업)에 대해 조선총독부 검사 무라카미(村上淸) 간여하에 심리한 이노우에(井上文司) 판사는 그에게 태 30에 처하는 판결을 내렸다. 그리고 압수한 물건은 원 소지자에게 돌려주도록 하였다.

피고는 1912년 음력 10월 2일 전라북도 김제군 일북면 황은리 남쪽에 있는 황산이라 불리는 산 동쪽 기슭에 있는 같은 군 이서면 장동리 김화경의 조모 분묘에 접해 그 북쪽 위에 자신의 아버지 묘를 설치하기 위해 그의 조카 조한섭 및 고용인 장명국에게 명하여 상기 김화경의 조모 분묘 윗부분 봉분을 평평하게 훼손하여 자기 아버지의 분묘를 설치하였다.

상기 피고의 소위를 법률에 비춰보면 형법 제261조[81)]에 해당하므로 징역형을 선택하고 그 형기 범위 안에서 피고를 징역 1월에 처하기에 상당하나 태형에 처할만한 정상이 있다고 인정하여 조선태형령 제1조

[81)] 형법 제261조 앞 3조에 기재된 것 이외의 물건을 훼손 또는 상해한 자는 3년 이하의 징역 또는 500원 이하의 벌금 혹은 과료에 처한다.
이 부분은 형법 제40장 훼기 및 은닉의 죄에 해당하며 261조에서 말하는 앞 3조란 258조부터 269조를 일컫는데 258조가 공무소용으로 제공하는 문서, 259조가 권리, 의무에 관한 타인의 문서, 260조가 타인의 건조물 또는 선박에 대해 이를 훼손하는 경우의 처벌을 규정하고 있다.

및 제4조를 적용하여 처분하였다. 또 압수한 물건은 몰수할 것이 아니므로 형사소송법 제202조에 따라 처분하도록 하고 주문과 같이 판결하였다.

해 제

이 문서는 국가기록원에 소장되어 있는 판결문으로 문서번호는 CJA0001722-0117이며 조○○의 훼기사건에 대해 판결한 건이다. 이 사건은 전라북도 김제군 반산면 신평리에 사는 조○○이 1913년 3월 22일 자신의 아버지 묘를 설치하기 위해 자기 아버지 묘소 앞에 기존에 있던 남의 묘소의 봉분 윗부분을 깎아내어 훼손한 건이다.

왜 이런 일을 벌였는지 판결문에서 아무런 설명이 없으나 이는 이른바 조상 묘를 명당자리에 세우려고 하는 풍속과 관련해서 이해해야 할 사안이다. 좌청룡 우백호 남주작 북현무 같은 논리에 근거한 이른바 풍수지리설에 따라 자신의 아버지 묘소로 정한 자리에서 볼 때 이미 그 앞에 있던 묘소가 명당의 요건의 일부를 가렸기 때문에 봉분의 윗부분을 깎아내어서라도 명당으로서의 요건을 갖추고자 한 것일 것이다. 이는 풍수지리설이 원래 도읍을 정한다든가 취락의 위치를 정하는 등 살아있는 자의 이른바 양택의 조건을 갖추는 논리였는데 이 양택의 논리는 점차 관심의 대상에서 멀어지고 오직 조상의 묘소를 명당자리에 설치함으로써 후손이 잘되기를 바라는, 죽은 자의 누울 자리를 말하는 이른바 음택의 논리만 남아 본래 취지와는 상당히 거리가 먼 민간 풍속으로 기능하고 있는 것이다. 이 사건은 말하자면 그런 원래 취지에서 보면 다소 비뚤어진 풍속의 역기능에 의한 것이라 할 것이다.

10
삼림령 위반사건

1) 위○○ 판결문
(1912년 형 제137호, 明治45年刑第137号, 光州地方法院)

이 판결문은 1912년 5월 14일 광주지방법원 장흥지청에서 작성한 위○○의 삼림 방화사건에 관한 것으로 그 내용은 다음과 같다. 전남 완도군 군내면 황진리에 사는 위○○(魏奉瑞, 65세, 농업)에 대해 검사사무취급 조선총독부 경부 스가하라(菅原淸治) 입회하에 스즈키(鈴木林次) 판사가 심리를 진행하여 징역 1월에 처하는 판결을 내렸다.

피고 위○○는 1912년 음력 1월 15일 전라남도 완도군 군내면 황진리 자지평(字支坪)에 있는 국유림 약 4백 평을 개간을 목적으로 방화하여 그 태운 자리에 약 2백 평을 개간하여 밭으로 만들었다.

이상의 사실은 피고가 본 법정에서 행한 공술, 순사 요네자와(米沢春次郞)의 보고서 및 실태보고서, 기타 피고에 대한 청취서로 증빙이 충분하다.

이를 법률에 비춰보면 피고의 삼림개간행위는 1911년 제령 제10호 삼림령 제22조 제5호에 해당하며 이의 수단인 방화 행위는 동령 제19조 제1항에 해당하므로 형법 제8조에 의해 동법 제54조[82] 후단, 제10조의 규정에 따라 그중 가장 무거운 방화죄로 피고를 징역 1월에 처하도록 하였다.

---

[82] 형법 제54조 ①하나의 행위로 둘 이상의 죄명에 저촉되거나 또는 범죄의 수단 혹은 결과인 행위로 다른 죄명에 저촉될 때는 그중 가장 무거운 죄로 처단한다. ②제49조 제2항의 규정은 앞 항의 경우에 이를 적용한다.

해 제

이 문서는 국가기록원에 소장되어 있는 판결문으로 문서번호는 CJA0002042-0072이며 위○○의 삼림 방화사건에 대한 판결문이다. 이 사건은 완도군 군내면 황진리 자지평이라는 곳에 있는 삼림을 개간을 목적으로 일부러 불 지름으로써 삼림령을 위반한 건이다.

밭이란 원래 수풀이 우거진 곳에 불을 질러 나무를 없애고 갈아서 경작지로 만들어 온 것이 인류 농경의 역사이다. 지금도 인도네시아 같은 나라에서 매년 산불이 크게 번져서 엄청난 재해로 연결되는 경우가 있는 것도 그런 연유에서이다. 이를 한자를 통해서 생각해보면 우리나라에서는 밭을 '田'으로 쓰고 논은 '畓'으로 쓰는데 이 '畓'이라는 글자는 중국이나 일본에서는 안 쓰는 글자이다. 그에 비해 일본은 '田'을 논으로 쓰고 밭은 '畑'로 쓴다. 일본의 용례가 원래 밭의 뜻을 더 직접적으로 나타낸다고 할 수 있다.

어떻든 1910년대 초 조선에서는 여전히 화전이 상당히 많이 있었고 그런 의미에서는 삼림령을 통해 이를 단속하는 것 역시 종래의 관습과의 충돌을 피할 수 없다.

2) 이○○ 판결문(1912.07.24. 京城地方裁判所)

이 문서는 이○○(경성부 인창면 석관리, 농업, 58세)의 삼림령 위반에 대해 조선총독부 검사 모로스미(兩角 斌)가 간여·심리하에 1912년 7월 24일 '경성'지방재판소 카마다(鎌田祝) 판사가 내린 판결문이다.

사건의 내용은, 1911년 12월경 몇 차례에 걸쳐 경성부 석관리 국유림에서 직경 약 2~5치(6~15센티미터), 길이 약 7자(약 2미터) 남짓한 소나무를 도벌하여 껍질을 벗긴 통나무로 자신의 집 도장에 숨긴 것. 이 사실은 산림감시 마와타리(馬渡三市)의 고발서에 1912년 6월 23일 오전 8시 '경기도' 인창면 석관리 소재 국유림 순시 때 도벌목 밑둥치를 발견하고 동장을 통해 피고 이○○의 승낙을 얻어 조사한 결과 그 숲의 밑둥치와 같은 것을 자인하였음을 기재하고, 도난신고서 중의 적송 통나무 길이 약 2미터, 직경 6~15센티미터의 것 27개를 1911년 1월부터 6월에 걸친 기간에 인창면 석관리 소재 국유림 내에서 도난당했다고 기재함.

동대문경찰설 순사 아나츠구(穴次淸太郎)의 실황명분서 중 1902년 6월 24일 삼림령 위반 피고사건 수사상 필요에 따라 피고 이○○의 승낙을 얻어 이○○의 창고 처마 밑에 쌓아둔 소나무를 살펴본바 길이 약 2미터짜리 27개가 있는데 피고는 20년 전에 구입한 것이라고 주장하나 십몇 년이 지난 것이라고 보기 어렵고 그 가족들의 이야기에 의하면 3년 전에 주소, 이름을 모르는 사람에게 샀다고 기재. 검사가 작성한 마와타리에 대한 청취서 중에는 이○○이 국유림 도벌을 한 것으로 인정되어 고발한 이유로 그 마을에 있는 국유림을 순찰하다가 도벌한 밑둥치를 발견하고 누가 도벌했는지 조사하기 위해 동장을 지낸 적이 있는 김영

조에게 이야기했더니 그가 말하기를 이○○이 도벌한 것이 아닌가 하고 그 집에 조사하러 갔다가 약 2미터 정도로 잘라진 소나무 27개를 발견함. 그 목재는 도벌지인 의릉(懿陵)에서 생육하는 소나무의 특징을 지니고 있었다. 즉 생육지의 뿌리부분과 윗부분의 크기가 큰 차이가 없고 보통의 민유림에는 흔하지 않은 것이라 자신의 판단에 의하면 작년(1901년) 12월경 벌채한 것으로 생각되어 도벌된 잘린 나무와 부합한다고 한 공술, 기재를 종합하여 증빙은 충분하다고 봄.

법률에 비춰 이 행위는 형법 제55조, 1011년 제령 제10호 삼림령 제20조에 해당하여 징역형을 선택해 피고에게 징역 1개월에 처할 것이나 조선태형령 제1조 제4조를 적용하여 피고에게 태 30에 처하고 압수한 소나무는 형법시행법 제61조에 따라 처분하도록 하여 피해자에게 돌려주도록 함.

해 제

이 문서는 국가기록원에 소장되어 있는 판결문으로 문서번호는 CJA0000072-0249이며 이○○의 삼림령 위반사건에 대해 판결한 것이다. 이 사건은 앞에 나온 화전을 일구기 위해 불을 지름으로써 삼림령을 위반한 것과는 달리 산에 있는 나무를 잘라다가 집에 보관해뒀다가 발각된 건이다.

아직 1910년대 초반 상황에서는 전통적인 공유지로서의 동산 같은 것이 많이 있었고 따라서 농사에 필요한 도구를 만들든가 혹은 집을 짓기 위해 조금씩 쓸 만한 재목을 준비하는 일은 흔했다고 할 수 있을 것이다. 따라서 이 또한 종래의 관습과 충돌을 피할 수 없는 삼림령의 시행이라는 측면에서 이해해야 할 사건이라 할 것이다.

11
도박사건

이○○ 판결문
(1911년 형상 제142호, 明治44年刑上第142号, 高等法院)

　이 판결문은 1911년 12월 6일 고등법원 형사부에서 이○○의 도박사건에 관하여 판결한 것이다. 1심은 신의주구재판소, 2심은 1911년 10월 12일 평양지방재판소 신의주지부에서 행해졌으나 그 1심이나 2심 판결문은 발견하지 못해 이 3심 판결문을 토대로 사건의 내용을 살펴보면 다음과 같다.

　평안북도 철산군 여한면(餘閑面) 동서평리(東西平里)에 사는 피고 이○○(31세, 농업)에 대해 평양지방재방재판소 신의주지부가 내린 유죄판결에 대해 피고가 상고함으로써 고등법원의 이와노(岩野新平, 재판장), 히라야마(平山銓太郞), 아사미(淺見倫太郞), 마키야마(牧山榮樹), 김낙헌(金洛憲) 등 5명의 판사가 젠(膳鉦次郞) 검사의 의견을 듣고 심리하여 상고를 기각하는 판결을 내렸다.[83]

　이 사건의 개요를 정리하기 위해서는 사실심인 1심과 2심 판결문을 보아야 하겠지만 이를 구할 수 없으므로[84] 상고심 판결문에 인용된 것들로부터 이를 정리해보면, 피고 이○○은 1911년 음력 7월 9일부터 22일까지 계속하여 평안북도 철산군 여한면 동서평리 강가동(姜哥洞)[85]의

---

[83] 이 고등법원에서의 판결이 상고를 기각하는 것이어서 이것만으로는 형량을 알 수 없는데 1, 2심 판결문이 없어서 1, 2심의 형량도 확인할 수 없기 때문에 결국 이 사건이 어떤 판결을 받았는지는 확인이 되지 않는다.

[84] 남북 분단에 의해 현재 북한에 속한 지역의 판결문은 확보되지 못한 것이 많은 것으로 판단된다. 따라서 이 사건처럼 1, 2심이 현 북한지역에서 이루어진 경우는 서울에 있던 고등법원 판결문만 남아 있게 된 것이다.

[85] 상고이유 제2점에서는 '동서평리 姜哥洞山中에서'라고 표기하고 있어서 동서평리에

산중에서 와주(窩主)가 되어 '치하'[86]라고 하는 도장(賭場)을 개장(開張)하고 주상(主商)으로서 가입자와 함께 금전으로 승패를 다툰, 다시 말해 '치하' 도박을 한 혐의로 재판을 받은 사건이다.

그 내용을 3심 판결문을 통해 좀 더 자세히 살펴보기로 한다.

피고 이〇〇의 변호사 안병찬(安秉瓚)이 제출한 상고이유 제1점은 다음과 같다. 원심에서 제1의 범죄사실로서 "치하"라고 부르는 도박장(賭場)을 개장하여 와주가 되었다고 인정하여 형법대전 제673조[87]를 적용하였지만, 같은 조의 범죄는 타인으로 하여금 도박을 행하게 하기 위하여 도박 장소를 제공한 행위 즉 도박행위를 할 기회를 부여한 행위를 처벌하기 위한 것에 지나지 않으므로 자기가 일정한 장소에서 도박을 행할 목적으로 자기가 발기인이 되어 도박꾼을 유인하여 모이게 함과 동시에 도박을 행한 결과 도박장(賭場)을 개장한 사실이 있다 하더라도 이것으로 제673조의 죄를 범하였다고 할 수 없음은 말할 필요도 없다. 이와 같은 행위는 단순한 도박죄를 구성하는 데 지나지 않는다. 따라서 같은 조의 죄를 구성하기 위해서는 범인의 목적이 타인에게 도박행위를 할 기회를 제공하는 데 있을 것을 요한다. 이른바 "치하"도박이란 주상이라 불리는 자가 도박의 발기인이 되어 다른 도박가입자를 유인하여 모이게 하고, 1호부터 36호까지의 채색(彩色)을 사용하여 가입자가 임의

사는 강 씨들의 동산인지, 아니면 동서평리에 속하는 강가동이라는 집성촌의 산인지 그 뜻을 확정하기가 어려웠으나 동 제4점 이하에서는 '姜哥洞의 산중에서'라고 여러 차례 표기하고 있어서 여기서는 동서평리에 속하는 '강가동'이라는 집성촌의 자연마을이 있고 그 마을의 산에서 도박장을 설치한 것으로 해석하였다.

[86] '치하'는 중국어로 "子華"라고 쓰는 도박의 일종으로, 36종의 숙어를 기재한 종이를 나눠주고 박주가 숨긴 숙어를 예상하는 도박이라고 한다. 중국에서 유행하였던 것으로 일본에는 메이지시대에 전해져서 1910년대 전반까지 성행하였다고 한다.

[87] 형법대전 제673조 : 도방(賭房)을 개장(開張)하여 와주(窩主)를 한 자는 제616조 절도와주률(竊盜窩主律)에 의하여 1등을 감한다. 단, 음식을 賭한 자는 幷히 勿論홈이라.

로 어떤 하나의 호를 내면 주상도 또한 임의로 어떤 하나의 호를 내어 가입자가 낸 호수와 주상이 낸 호수가 부합하는 경우에는 가입자가 이기고 그렇지 않은 경우에는 주상이 이기게 된다. 이와 같은 방법으로 주상과 가입자 사이에 승패를 다투는 것이기 때문에 "치하" 드박은 주상과 가입자가 서로 상대하여 당사자가 우연한 일로 인하여 이익을 얻거나 손해를 입는 것을 목적으로 행하는 것 즉 주상이 스스로 도박을 행하는 자가 되고 타인에게 도박의 장소를 공급하는 자가 아니라는 것은 현저한 사실이다. 이 사건 기록을 살펴보더라도 피고인은 "치하" 도박의 주상이 되어 가입자와 함께 금전을 걸고 승패를 다투는 하나의 도박이라는 사실은 명백하다. 그리고 원심에서 판단의 자료로 제시한 제1심 공판조서(公判始末書) 및 사법경찰관의 피고인에 대한 신문조서를 살펴보아도 피고인이 "치하" 도박의 주상이 되어 가입자와 함께 금전을 걸고 승패를 다툰 것, 즉 원심에서 인정한 제2의 도박범죄사실을 인정하기에 적합한 취지의 기재가 있을 뿐 타인의 도박행위에 기회를 제공한 행위 즉 도박의 장소를 제공하였다고 하는 원심판결 제1의 범죄사실을 인정할 만한 기재는 전혀 없다. 결국 원심판결은 가공의 사실을 인정한 위법을 면할 수 없다고 주장하였다.

이에 대해 고등법원 재판부는, 도박장(賭房) 개장의 와주는 도박의 주상과는 범죄의 요소를 달리하기 때문에 와주인 동시에 주상인 경우에는 이를 두 개의 죄로서 처분하여야 하는 것은 상당하다. 그러므로 원심이 도박장(賭房)을 개장하여 와주가 된 행위와 재물을 걸고 도박한 행위를 두 개의 죄로 판단하여 처분한 것은 상당하다. 그리고 원심은 피고인이 진술한 공판조서(公判始末書) 및 사법경찰관의 신문조서의 기재를 종합하여 와주인 사실을 인정한 것이므로 소론(所論)과 같이 가공의 사실을 인정한 위법이 있다고 할 수 없다고 하여 이를 배척하였다.

상고이유 제2점은 다음과 같다. 본건 기록 중 제1심 검사 치가(千賀順市)의 공소장(公判請求書)에 기재된 공소사실에 의하면 피고인은 1911년 음력 7월 9일 이후 22일까지 계속하여 철산군 여한면 동서평리 강가동 산중에서 와주가 되어 "치하" 도박을 개장하여 승패를 다툰 자라고 하여 단순한 도박범의 사실만으로 공소를 제기하였을 뿐이고 도박장(賭房)을 개장하여 와주가 된 사실은 공소사실의 범위 외에 속한다는 것은 문리(文理)상 실로 명백하다. 위의 청구서에 기재된 상단의 문구에 피고인은 와주가 되어 등등의 기재가 있으므로 얼핏 보기에는 도박의 와주를 가리키는 것처럼 보이지만 형법상의 와주는 도박에 한정하는 것이 아니므로 당해 기재 중 와주를 반드시 도박의 와주로 간주하여야 할 이유는 없다. 어떠한 와주가 도박을 행하였는지를 알 수 없을 뿐만 아니라 한 걸음 양보하여 당해 공소사실 중에 기재되어 있는 와주를 "치하" 도박의 와주로 간주하여야 한다고 가정하더라도 당해 기재의 끝부분 문구에 승패를 다툰 자라고 하는 요약된 문언을 기입한 것과 도박 와주 및 단순 도박의 두 개의 범죄사실에 대한 기소라는 점을 표명한 문언을 사용하지 아니한 점으로 보면 결국 본건 공소는 피고인이 "치하" 도박을 행한 하나의 사실에 대해서만 제기된 것이기 때문에 원심판결이 인정한 제1의 범죄사실에 대해서는 공소 제기된 바 없다는 점이 명백하므로 원심은 공소 없는 사실에 대하여 심판한 위법이 있다고 하였다.

이에 대해 고등법원 재판부는, 본건 제1심 검사의 공소장(公判請求書)에 피고인은 와주가 되어 "치하" 도박을 개장하여 승패를 다투었다는 취지의 기재가 있으며 도박에 관하여 와주인 사실과 함께 도박에 관하여 승패를 다툰 사실에 대하여 공소의 제기가 있었다는 점은 명백하므로 원심이 제1의 범죄사실인 도박장(賭場)을 개장하여 와주가 되었다는 점에 대하여 심리, 판결한 것에 대해서는 추호의 위법도 없다고 하여 이를 배척하였다.

　상고이유 제3점은 다음과 같다. 형법대전 제673조의 범죄는 명문상 제1은 도박장(賭房)을 개장한 사실, 제2는 와주 노릇을 한 사실의 두 가지 요소로써 바로 성립하고 이익을 도모하였느냐 어떤가는 같은 조의 범죄를 구성하는 데 아무런 영향을 미치지 않는 것처럼 보이지만 법의 정신에 비추어 볼 때 이익을 도모하는 것은 당연히 같은 조의 범죄의 요소라고 해석하지 않을 수 없다 할 것이다. 그리고 도박 와주인 자는 도박에서 이긴 자로부터 그 취득한 금액의 10분의 1 또는 일정한 금액의 이익 즉 이른바 고리(房錢)를 받을 목적으로 도박장을 개장하고 도박꾼들을 접대하여 그 고리의 이익을 도모하는 것이 조선에서 행하는 일반적인 와주의 통례이다. 그렇기 때문에 같은 조에서 도장(賭場) 개장이라 하지 않고 굳이 도방(賭房)이라고 명기한 까닭은 그 고리의 이익을 도모함을 포함하는 의미를 표명한 것이다. 따라서 도박 와주의 통례로 보아 같은 조에서 이른바 도방을 개장한다는 구절을 해석하면 와주가 도방을 개장하여 도박꾼들을 접대함과 동시에 이른바 고리의 이익을 취하는 사실을 포함한다는 것은 논리상 명백하다. 또 같은 조의 단서에서 음식을 내기하는 것은 논할 것도 없다고 한 것은 생각건대 그 와주가 이익을 도모할 의지가 없기 때문에 처벌할 수 없는 것이다. 그리고 원심이 판시한 제1의 범죄사실에는 범죄의 구성요소인 이익을 도모한다는 사실 인정이 없기 때문에 원심이 피고인의 행위 중 위의 특별요소가 결여되었음에도 불구하고 형법대전 제673조를 적용한 것은 법률적용에 착오 있는 재판임을 면할 수 없다고 주장하였다.

　이에 대해 고등법원 재판부는, 형법대전 제673조에서 도박장을 개장하여 와주 노릇을 한 자는 어떠한 형에 처한다고 규정하고 그 이익을 도모하였는가 아닌가에 대해서는 특별한 명문의 규정을 두지 않았으므로 이익을 도모하였는가의 여하는 같은 조의 범죄요건이 아니다. 따라서 원심판결에서 피고인이 이익을 도모하였다는 사실을 인정하지 아니하였다 하더라도 그것 때문에 범죄구성요건을 결여한 위법이 있다고 할 수는 없다고 하여 이를 배척하였다.

상고이유 제4점은 다음과 같다. 형법대전 제673조에서 도박장(賭房)을 개장 운운하고 있는데 이른바 방(房)이라는 것은 인가의 실내를 가리키는 것으로서 산야나 도로에서 도박을 개장하더라도 이것을 도박장(賭房)이라고 부를 수 없는 것은 같은 조에서 도장(賭場)과 같은 넓은 의미의 규정을 두지 않고 특별히 도방(賭房)이라고 일컬은 법률의 취지에 비추어 조금도 의심의 여지가 없다고 하였다. 그리고 원심판결 기재 제1의 범죄사실에 의하면 피고인은 평안북도 철산군 여한면 동서평리 강가동의 산중에서 도박장(賭場)을 개장하였다고 하여 도박의 장소가 방(房)이라는 사실의 기재가 없음에도 불구하고 형법대전 제2조를 인용하지 않고 단순히 제673조를 적용한 것은 법률적용에 착오 있는 재판임을 면하지 못한다고 주장하였다.

이에 대해 고등법원 재판부는, 형법대전 제673조에서 이른바 도박장(賭房)이라 함은 도박에 제공되는 장소를 총칭하는 것으로 해석하여야 할 것이고 형법대전의 시행 이전 형전(刑典)의 통법(通法)인 명율잡기도박조(明律雜記賭博條)에 개장도방(開張賭房) 운운하고 있는 것을 참고하더라도 가옥의 내외에 관계없음이 법률의 취지임을 충분히 알 수 있다. 따라서 본건 피고인이 강가동의 산중에서 행한 도박행위에 대하여 형법대전 제673조를 적용하고 인율비부(引律比附)에 관한 형법대전 제2조[88]를 적용하지 아니하였다 하더라도 조금도 부당하지 않다고 하여 이를 배척하였다.

　상고이유 제5점은 다음과 같다. 형법대전 제673조의 범죄는 이익을 도모할 목적으로 도방을 개장하여 도박꾼을 접대하는 행위를 하였다 하여 그것으로 바로 완성되는 것은 아니다. 접대를 받는 자들이 도방에 모여 도박행위에 착수한 때로부터 이 범죄를 완성하는 것으로 해석하여야 하는 것이라면, 도방이라는 것은 이미 도박을 하고 있는 방을 말하고 현재 아무도 모이지 않거나 사람들이 모였다고 하여도 도박을 하지 않고 있을 때에는 설령 그 방에서 도박을 하려는 목적을 지니고 있다 하더라도 그 방(房)을 바로 도방이라고 할 수 없음은 명백하다. 그리고 원심에서 판시한 제1의 범죄사실에서 피고인의 접대를 받은 자가 피고인이 개장한 도박장(賭場)에서 도박을 한 사실을 인정하지 않고 바로 형법대전 제673조의 기수죄(旣遂罪)로써 논한 것은 이유불비로서 그 타당성을 도저히 인정하기 어렵기 때문에 위법한 재판임을 면할 수 없다.
　이에 대해 고등법원 재판부는, 피고인은 강가동의 산중에 도박장(賭場)을 열고 다수의 우두머리들을 접대하고 편의를 제공하여 도박의 와주가 되어 운운하는 기재가 있어 피고인이 도방을 개장하여 모여든 사람들이 도박을 행한 사실을 인정한 것이 명백하므로 원심판결은 추호의 위법도 없다고 보아 이를 배척하였다.
　또 피고인 본인이 제출한 상고이유 제1점은, 원심이 도박을 한 행위에 대하여 도박개장죄에 근거하여 처단한 것은 법의 취지를 위반하여 부당하다는 것이지만 이에 대하여는 제1점에서 설시한 것으로써 이해

---

88) 형법대전 제2조 : 범죄훈 자가 본 법률에 정조(正條)가 無훈 경우에는 引律比附호야 처단하되 사형에는 비부흠을 得지 못홈이라.

할 수 있을 것이라 하여 이 또한 받아들이지 않았다.

이상의 판결요지를 정리하면 다음과 같다.

1. 도박장(賭房) 개장의 와주(窩主)인 동시에 도박의 주상(主商)인 경우 이를 두 개의 죄로 처벌한 것은 상당하다(변호사 상고이유 제1점).
1. 형법대전 제673조에서 도박장(賭房)을 개장하여 와주(窩主) 노릇을 한 자는 이익을 도모하였느냐의 여하에 상관없이 범죄를 구성한다(동 제3점).
1. 형법대전 제673조에서 이른바 도박장(賭房)이라 함은 도박을 목적으로 사용되는 장소를 총칭하는 것으로 해석하여야 한다(동 제4점).

해 제

이 문서는 국가기록원에 소장되어 있는 고등법원 판결문으로 문서번호는 CJA0000465-0073(사건번호 : 1911년 刑上 제142호)이며 이○○의 도박사건에 관한 것이다. 이 사건은 평안북도 철산군 여한면 동서평리에 사는 이○○이 그 동네에 속하는 마을 중 하나인 강가동의 산중에 '치하'라는 도박장을 개장하고 주상으로서 가입자와 함께 그 도박을 한 혐의로 재판을 받은 건이다.

이 사건에 대한 판결문은 1심인 신의주구재판소 및 2심인 평양지방재판소 신의주지부의 것을 입수할 수 없어서 상고심인 고등법원의 판결문만으로 사건의 내용을 파악할 수밖에 없었다. 따라서 피고인 이○○이 유죄판결을 받았음을 알 수 있을 뿐 그 형량이 어느 정도인지는 알 수 없다.

여기서는 다만 피고인 이○○의 변호인 안병찬[89]과 피고인 본인이 제기한 상고이유를 중심으로 이 사건을 정리해보기로 한다. 변호인이 제기한 상고이유는 다섯 가지이다.

제1점은, 원심 즉 평양지방재판소 신의주지부의 항고심에서 제1의 범죄사실로 제기된 것이 피고가 '치하'라고 하는 도박장을 개장하여 와주가 되었다는 점인데 이에 대해 재판부가 형법대전 제673조를 적용한 것은 가공의 사실을 인정한 위법이라는 것이다. 다시 말하면, 형법대전 제

---

[89] 安秉瓚(1854~1921). 평안북도 의주 출생. 1905년 을사조약 체결 시 법부(法部) 주사로 을사오적을 죽일 것과 나라를 바로 잡을 것을 국왕에게 상소하였으나 오히려 경찰에 구속되었다. 1909년 친일단체인 일진회의 중심인물 이용구(李容九)와 송병준(宋秉畯) 등을 대역미수(大逆未遂) 국권괴손죄(國權壞損罪)로 경성지방재판소에 고소하였다.
같은 해 10월 26일 안중근(安重根)의사의 의거가 있자 변호사 자격으로 변호를 담당하기 위해 여순(旅順) 법정으로 갔다. 그러나 일제는 관선변호인만 인정하고 안병찬의 변호는 인정하지 않았다.
같은 해 12월 22일 이재명(李在明)이 이완용(李完用)을 자상(刺傷)하고 일제에 붙잡혀 1910년 4월 13일 경성지방재판소에서 재판을 받게 되자 이면우(李冕宇)와 함께 변호를 담당하였다. 1911년 9월에는 이른바 테라우치(寺內正毅) 총독 암살음모 사건의 혐의로 붙잡혀 고통을 당하였다.
1915년 10월부터는 평안북도신의주에서 변호사업을 개업했으며, 1919년 3·1운동에 참여한 뒤 만주로 망명하였다. 같은 해 4월 안동현(安東縣)에서 대한독립청년단을 조직하고 총재에 추대되어 활동하다가, 같은 해 8월 안동현에서 붙잡혀 1년 6개월의 금고형을 선고받았다.
옥고를 치르던 중 병보석으로 가출소하게 되자 즉시 탈출하였다. 1920년에는 남만주의 관전현(寬甸縣)에서 조직된 대한청년단연합회의 총재로 추대되었다. 같은 해 4월 2일 상해임시정부로부터 평안북도 독판부(督辦府)의 독판에 임명되어 활동하였다.
같은 해 5월에 붙잡혔으나 관전현 지사(知事)의 호의로 석방되자 상해로 가서 독립운동을 전개하였다. 같은 해 9월 임시정부의 법무차장과 법률기초위원회 위원장에 임명되었다. 1921년 공산주의로 전향해 그해 봄 이르쿠츠크에서 개최된 공산당 대표회의에 상해대표로 참석하였으며, 고려공산당 조직 시 중앙위원으로 선출되었다. 같은 해 여름 상해로 돌아온 안병찬은 이르쿠츠크파 고려공산당 상해지부를 조직해 활동하였다. 그 뒤에도 계속 이르쿠츠크파를 위해 활동하다가 같은 해 모스크바로부터 돌아오는 길에 반대파인 상해파에게 암살되었다. 일설에 의하면 마적에 의해 암살되었다고도 전한다. 1963년 독립장이 추서되었다.

673조는 '도방을 개장하여 와주를 한 자'라고 하고 있어서 동 조가 규정하고 있는 범죄는 타인이 도박을 할 수 있도록 하기 위해 도박 장소를 제공하는 행위이고, '치하'라는 도박은 주상과 가입자가 함께 금전을 걸고 승패를 다투는 도박이며 제1심 공판조서 및 사법경찰관의 신문조서도 피고인이 '치하' 도박의 주상이 되어 가입자와 함께 도박을 하였음을 기재하고 있을 뿐 타인의 도박행위에 기회를 제공하는 행위 즉 도박 장소를 제공했다고 하는, 원심 판결 제1의 범죄사실을 인정할 만한 기재는 아무 것도 없기 때문이라는 것이다.

동 제2점은, 제1심 검사가 공소장에 기재한 공소사실에 의하면 '피고인은 1911년 음력 7월 9일부터 22일까지 철산군 … 동서평리 강가동의 산중에서 와주가 되어 "치하" 도박을 개장하여 승패를 다툰 자'라고 하여 단순한 도박범의 사실만으로 공소를 제기하였을 뿐이고 도방을 개장하여 와주가 된 사실은 공소사실의 범위 외에 속하는 것이 문리상 명백하여 원심판결이 인정한 제1의 범죄사실에 대해서는 공소 제기된 바 없는 것이므로 원심은 공소 없는 사실에 대해 심판한 위법이 있다는 것이다.

동 제3점은, 형법대전 제673조의 범죄는 법의 정신에 비춰볼 때 단지 도박장을 개장하고 와주 노릇을 한 것 외에 이로써 이익을 도모하는 것이 포함된다고 보고, 원심이 판시한 제1의 범죄사실에는 범죄의 구성요소인 이익을 도모한 사실 인정이 없기 때문에 원심이 피고인의 행위 중 이 특별요소가 결여되었는지의 여부에 상관하지 않고 동 조를 적용한 것은 법률적용에 착오가 있는 재판이라는 것이다.

동 제4점은, 형법대전 제673조가 '도방(賭房)을 개장하여'라고 하고 있는데 방은 인가의 실내를 가리키는 것이고 본건의 원심판결 기재 제1의 범죄사실은 '강가동의 산중에서 도장(賭場)을 개장'하였다고 하여 도박

장소가 방이라는 사실 기재가 없음에도 불구하고 형법대전 제2조를 인용하지 않고 단순히 제673조를 적용한 것은 법률적용에 착오가 있는 재판이라는 것이다.

동 제5점은, 형법대전 제673조의 범죄는 이익을 도모할 목적으로 도방을 개장하여 도박꾼을 접대한 것만으로 완성되는 것이 아니며 도방이란 이미 도박을 하고 있는 방을 말하는 것이므로 설령 그 방에서 도박을 하려는 목적으로 모여 접대를 받았다고 하더라도 도박을 하지 않고 있을 때는 그 방을 도방이라고 할 수 없는데 원심에서 판시한 제1의 범죄사실에서는 피고인의 접대를 받은 자가 피고인이 개장한 도방에서 도박한 사실을 인정하지 않고 바로 동 조의 기수죄를 논한 것은 이유불비로서 그 타당성을 인정하기 어려워 위법한 재판이라는 것이다.

또 피고인 본인이 제출한 상고이유 제1점은, 원심이 도박을 한 행위에 대해 도박개장죄로 처단한 것은 법의 취지를 위반한 부당한 판결이라는 것이다.

이상의 점에 대해 고등법원 재판부는, 도박장을 개설하고 스스로 도박을 한 것은 와주인 동시에 주상에 해당한다고 보아 두 개의 죄로 처분하는 것이 합당하다고 판결하였다. 상고이유 제3점의 이익 도모 여부는 범죄요건이 아니라고 보았고 제4점의 실외는 도방이 아니라는 주장에 대해서는 도박에 제공되는 장소를 총칭하는 것으로 해석하여야 한다고 하여 변호인 및 피고인 본인이 제기한 상고이유 전체에 대해 이를 배척하였다.

이상, 고등법원 판결문에 나타난 변호인 및 피고인 본인의 상고이유와 이에 대한 재판부의 판결 내용을 정리한 데서 알 수 있는 바와 같이 두 사람이 제기한 상고이유 중 가장 기본적인 문제제기는, 피고인은 단지 도박을 하였을 뿐인데 왜 도박장개장의 죄를 묻느냐는 것이다. 판결문에서는 도박장을 개설한 행위를 제1 범죄사실, 그리고 도박을 한 행위는 제2 범죄사실로 설정하고 있다. 제1 범죄사실인 도박장 개설에 대해서는 형법대전 제673조가, 그리고 제2 범죄사실인 도박죄는 동 제672조가 규정하고 있다.

그밖의 것으로는, 법률에서는 '도방'을 이야기하고 있는데 야외에서 도박을 한 것이므로 '방'이 아니지 않느냐라는 것과 도박장을 개장한 와주는 이익을 도모하려는 목적이 있을 게 당연한데 이익을 도모했는지 여부에 대해서는 확인도 하지 않았던 것 아니냐는 문제제기이다.

1심 및 2심 판결문이 없어서 1심 및 2심에서 주로 다툰 문제가 무엇이었는지 정확히 알 수 없으나 본 판결문에서의 주된 쟁점이 제1 범죄사실인 도박장개장죄에 관한 것이라는 점에서 볼 때 상기 제2 범죄사실인 도박죄에 대해서는 이를 인정하는 대신 제1 범죄사실인 도박장개장죄에 초점을 맞췄던 것으로 보아도 좋지 않을까 싶다.

그런데 본건의 상고이유와 재판부의 판결이 오늘날의 형법을 기준으로 볼 때 이해하기 어려운 측면이 있다. 일반적으로 범죄에 대한 인식이 시대적 상황에 따라 달라지는 것들이 있게 마련이고 도박의 경우에는 유난히 그런 측면이 강하다고 할 수 있을 텐데[90] 본 사건에 적용된 법규가 조선의 기존 법령체계에 속하는 형법대전이어서 당시 일본 형법이나 오늘날의 우리 형법과 같은 이른바 근대법적 체계의 것과는 상당히 다르기 때문이다. 따라서 본건에서 제기한 상고이유나 재판부의 판결을 이해하기 위해 본건 범죄에 대한 당시 법규와 오늘날의 법규가 어

---

[90] 도박의 종류는 시대에 따라 특히 많이 달라지는데 예를 들면 인터넷 도박게임, 무허가 카지노업 같이 예전에는 전혀 볼 수 없었던 것이 끊임없이 등장하는 것이다.

떻게 다른지를 살펴보기로 한다.

본 사건은 일제 식민지하인 1911년에 이루어졌으나 판결문에서 보는 바와 같이 적용법규는 조선의 기존 법령체계에 속하는 형법대전이다. 형법대전과 일본 형법[91] 및 우리나라 형법이 본건 사건에 적용된 범죄에 대해 어떻게 규정하고 있는지를 표로 정리한 것이 다음 표이다.

죄목별	법전		조 문
도박죄	형법대전 672조		賭技로 재물을 편취흔 자는 現賊만 并호야 제595조 竊盜律에 준호야 科斷홈이라
	일본형법	당시(1907년 법45) 185조	우연한 승패(輸贏[92])에 따라 재물을 걸고 도박을 한 자는 1천円 이하의 벌금 또는 과료에 처한다. 단 일시 오락으로 물건을 걸고 도박을 한 자는 그러하지 아니하다.

---

[91] 일본에서 근대적 의미의 형법은 메이지 13(1880)년 서양의 근대적 형법을 이어받으면서 시작되었다. 이는 메이지 정부가 초청한 프랑스인 보아소나드(Gustave Emile Boissonade de Fontarabie)의 초안을 토대로 작성되어 프랑스 형법 특히 나폴레옹 형법전으로부터의 영향을 강하게 받았다고 한다. 이를 구형법이라 부른다.
그 후 독일 형법의 영향 아래 메이지 40(1907)년에 현행 형법이 제정되었다. 이 법전의 특색은 범죄의 유형이 구형법에 비해 포괄적이고 법정형의 폭이 넓어진 점이다. 예를 들어 구형법에서는 살인행위에 대해 모살죄, 고살죄, 독살죄 등 7가지로 구분하고 이에 대해 사형 또는 무기도형(無期徒刑)을 법정형으로 정하고 있었으나 현행 형법에서는 이를 보통살인죄 하나로 정리하고 이에 대한 법정형으로 사형, 무기 혹은 3년 이상의 징역을 규정하고 있다.
이 현행 형법은 1908년 시행 이래 지금까지 여러 차례에 걸쳐서 부분적인 개정이 이루어져 왔고 전면개정 또한 시도되었다. 전면개정이 처음 시도된 것은 제1차 세계대전 후의 정세 변화에 대응하기 위한 것으로 1921년에 시작되었으나 1940년 일본이 전시체제로 들어서면서 논의가 중단되었는데 그간의 성과를 초안의 형태로 만든 것이 '개정형법 가안(假案)'이다. 그리고 제2차 세계대전 후인 1956년에 다시 논의가 시작되었으나 이 또한 결론을 맺지 못한 채 1974년에 '개정형법 초안'을 발표하였을 뿐 미완으로 끝났다.
표에서 '당시'로 표시한 것은 본건 당시 적용한 1907년 제정(법률 제45호) 법률을 가리키고 '현행'으로 표시한 것은 '표기의 구어화와 현대어화'를 반영한 1995년 개정(법률 제91호) 법률을 가리킨다.

	현행(1995년 법91) 185조		도박을 한 자는 50만円 이하의 벌금 또는 과료에 처한다. 단, 일시 오락으로 물건을 건 것에 불과한 때에는 그러하지 아니하다.
	우리 현행 형법 246조 1항		도박을 한 사람은 1천만 원 이하의 벌금에 처한다. 다만, 일시 오락 정도에 불과한 경우에는 예외로 한다.
도박 개장죄	형법대전 673조		賭房을 開張ᄒ야 窩主를 作흔 자는 제616조 竊盜窩主 律에 의ᄒ야 1등을 감흠이라.
	일본 형법	당시 186조 2항	도박장을 개장하여, 또는 도박꾼을 결합하여 이익을 도모한 자는 3년 이하의 징역에 처한다.
		현행 186조 2항	도박장을 개장하여, 또는 도박꾼을 결합하여 이익을 도모한 자는 3월 이상 5년 이하의 징역에 처한다.
	우리 현행 형법 247조		영리의 목적으로 도박을 하는 장소나 공간을 개설한 사람은 5년 이하의 징역 또는 3천만 원 이하의 벌금에 처한다.

이 표에서 알 수 있는 바와 같이 본건에서 적용된 도박죄나 도박개장 죄에 한정해서 보더라도 형법대전의 규정은 당시 일본의 형법이나 현행 우리나라 형법과 크게 다르다. 우선 일본 및 우리 형법은 (단순)도박죄에 비해 도박개장죄에 대한 처벌이 훨씬 무거운 데 비해 형법대전은 거꾸로다. 즉 일본 및 우리 형법에서는 도박개장죄에 대해 3년 또는 5년 이하의 징역형에 처하도록 하고 있는 데 반해 도박죄는 벌금형에 그치고 있다. 그런데 형법대전은 도박죄에 대해서는 절도율에 준하여 처단한다고 하고 있는 데 반해 도박개장죄에 대해서는 그보다 1등을 감한다고 하고 있어 후자의 처벌이 더 가볍다.[93] 또 일본 및 우리 형법은 이익

---

[92] 輸贏 : 'しゅえい'라고 읽으며(관용어로서는 'ゆえい'로도 읽는다) 승부를 뜻한다. '輸'는 '지다', '贏'은 '이기다'이다. 한자로는 '수영'으로 읽히지만 국어사전에는 등록되어 있지 않다.
[93] 도박개장죄를 규정하고 있는 형법대전 673조는 '賭房을 開張ᄒ야 窩主를 作흔 자는

도모를 도박개장죄 성립의 필수요건으로 규정하고 있는 데 반해 형법대전에서는 이에 대한 언급이 따로 없다.

이상의 점을 염두에 두고 본건 피고인 및 변호인이 제기한 상고이유의 의미를 되짚어보면 다음과 같은 좀 색다른 해석이 가능하지 않을까 싶다. 어떤 의미에서는 그들도 당시 적용 법률에 비춰봤을 때 패소할 가능성이 크다는 생각을 했을지도 모르지만 그럼에도 불구하고 그런 주장을 한 데는 나름의 근거가 있었던 게 아닐까 하는 것이다. 첫째, 오늘날의 형법에서는 도박개장죄가 범죄의 성격상 도박행위를 교사하거나 준비시키는 행위에 불과하지만 인간의 사행심을 이용하여 영리를 꾀하는 점에서 도박행위보다 반사회적 요소가 더 많다고 보아 (단순)도박죄보다 가중처벌하고 있다. 이에 비해 형법대전은 도박죄는 절도율, 도박개장죄는 절도와주율에 의거하고 있는데, 직접 절도를 한 자에 비해 절도와주는 1등을 감하고 있다. 여기서 '와주'라고 하는 것은 '도둑이나 노름꾼 따위의 소굴의 우두머리 또는 그들의 뒤를 봐주는 사람'을 뜻하는데 직접 도둑질을 하고 다니는 자에 비해 그들의 소굴의 우두머리이거나 또는 뒤에서 그들을 봐주는 사람을 더 가볍게 처벌하는 이유는 '신수불행(身雖不行)' 다시 말해 그 범죄행위를 직접 행하지 않았기 때문이라는 것이다. 현행 형법이 직접 그 범죄행위를 하지 않았다고 하더라도 반사회적 요소가 더 많다고 보는 것과 시각이 전혀 다른 것이다. 당시 적용 법률인 형법대전에서는 그들이 극구 부정하려 했던 도박개장죄보다 그들이 순순히 인정한 도박죄가 훨씬 무겁게 다뤄지고 있음에도 불

> 제616조 竊盜窩主律에 의호야 1등을 감한다고 되어 있는데 이 616조는 '竊盜窩主는 左開에 依호야 處흠이라. 1. 와주가 身雖不行이나 主謀호고 分贓훈 자는 제595조 竊盜律에 의호되 主謀호고도 不行不分贓훈 자는 1등을 減흠이라' 하여 이 역시 도박죄가 의거하고 있는 595조 절도율에 의거하되 형은 1등을 감한다고 하고 있는 것이다. 1등 만큼 형이 경감되는 것이다. 조문 중의 '分贓'은 '장물을 나눔'을 뜻한다.

구하고 굳이 전자를 부정하려 한 데는 그들의 생각 속에서 전자가 더 무거운 죄로 인식되고 있었던 것은 아닐까?

둘째, 앞에서 이미 언급한 바와 같이 형법대전에서는 이익 도모 여부가 전혀 언급되지 않고 있는 데 반해 우리나라의 현행 형법(제247조)[94]이나 일본의 현행 형법(제186조 제2항)[95]은 도박개장죄의 구성요건으로 영리를 목적으로 할 것을 명확히 규정하고 있다. 피고인 및 변호인이 당시 현행 법규였던 형법대전 제673조에는 전혀 명시되어 있지 않은 이익 도모를 범죄 구성요소로 해석함이 당연하다고 주장함으로써 패소를 스스로 자초했을지도 모르지만 그럼에도 불구하고 굳이 그런 주장을 편 데는 그들 나름의 뭔가 근거가 있지 않았을까?

이렇게 입론하면 그들이 마치 미래의 형법 취지를 예견이라도 했을 법한 주장처럼 들릴지 모르지만 사실은 이 사건이 진행되고 있던 시점에서는 이미 현행 일본형법이 일본에서 시행되고 있었다. 이 사건이 발생한 시점이 1911년인데 현행 일본형법이 시행된 것은 1908년부터였기 때문이다. 우리나라 형법도 일본형법의 영향을 받은 것이고 또 피고인은 어떨지 몰라도 법률전문가인 변호인은 비록 조선에서의 당시 법률이 형법대전이었다고 하더라도 일본 형법의 내용을 잘 알고 있었을 것이고 그것이 그들의 주장과 일정한 관련이 있었을 것이라는 추정을 가능하게 한다. 그간의 사회적 변화가 반드시 옳은 방향으로만 이루어졌을지는 알 수 없지만 적어도 그 시점에서는 앞으로의 추세에 맞는 주장을 할 수 있었던 실질적 근거가 되었던 것이라는 주장을 해도 크게 잘못된 것

---

[94] 형법 제247조(도박장소 등 개설) 영리의 목적으로 도박을 하는 장소나 공간을 개설한 사람은 5년 이하의 징역 또는 3천만 원 이하의 벌금에 처한다.
[95] 일본 형법 제186조 제2항 도박장을 개장하거나 또는 노름꾼을 결합하여 이익을 꾀하는 자는 3개월 이상 5년 이하의 징역에 처한다.

은 아닐 것이다. 이는 또 한국의 법률과 일본 법률의 관계를 생각하는 데도 도움이 되는 사례일 것이다.

12
횡령사건 등

1) 이○○ 판결문
(1912년 형 제77호, 明治45年刑第77号, 光州地方法院 長興地庁)

이 판결문은 1912년 11월 26일 광주지방재판소 장흥지청에서 작성한 이○○의 횡령 피고사건에 관한 것으로 그 내용은 다음과 같다. 전라남도 보성군 용문면 연동리 거주 이○○(14세, 농업)에 대해 검사사무취급 조선총독부 경시 이마무라(今村嘉之助) 입회, 심리를 거쳐 스즈키(鈴木林次) 판사가 징역 7개월에 처하는 판결을 내렸다.

피고는 1911년 3월 24일 장흥구재판소에서 준절도죄로 태 90에 처해졌음에도 불구하고 여전히 개전의 정을 보이지 않고 다음과 같은 몇 가지 죄를 범하였다.

1) 피고는 1911년 음력10월 10일경 전라남도 보성군 벌교포에서 같은 군 용문면 동외리 거주 김중채 소유의 조선말 한 마리의 매각을 주선하여 그 말을 31원에 다른 사람에게 매각하고 그 대금 중 29원 40전을 산 사람으로부터 받아 이를 판 사람(김중채)에게 주지 않고 횡령하였고

2) 피고는 같은 해 음력8월 그믐께 전라남도 보성군 벌교포에서 거기 사는 오구로(小黑貞五郎) 소유 조선말 한 마리의 기탁을 받아 기르는 중 그해 음력 9월 2일경 소유자의 승낙을 받지 않고 제멋대로 다른 사람과 말을 교환하고 그 차액 4원을 받아 횡령하였으며

3) 피고는 1912년 음력 정월 12일경 전라남도 보성군 용문면 고청동 주막업 조종삼의 집에 숙박 중 같은 도 동복군 읍내면 신기리 거주 행상인 강운숙 소유 누룩 50개의 매각을 주선해서 2원 98전에 다른

사람에게 매각하고 그 대금 전액을 산 사람으로부터 받아놓고도 그중 1원 12전을 강운숙에게 주고 그 나머지 1원 86전을 횡령하였다.

이상의 사실은 본 법정에서의 피고의 공술, 피해자 오구로의 고소장, 사법경찰관의 피해자 김중채에 대한 청취서, 동 강운숙에 대한 고소조서, 피고에 대한 신문조서, 기타 피고의 전과조서에 의해 증빙이 충분하다.

이를 법률에 비춰보면 피고의 1)~3) 소위는 모두 형법 제252조에 해당하는 병합죄이므로 동법 제45조, 제47조, 제10조에 의해 무거운 2)의 죄에 대해 정해진 형의 장기에 그 반수를 더한 것을 장기로 하고 그 형기 범위 내에서 피고를 징역7월에 처함이 상당하다고 보아 주문과 같이 판결하였다.

해 제

이 문서는 국가기록원에 소장되어 있는 문서번호 CJA0002042-0160의 판결문으로 이○○의 횡령 피고사건에 관해 판결한 것이다. 이 사건은 전남 보성군 용문면 연동리에 사는 이○○이 말이나 누룩을 매각할 수 있도록 주선한다고 하면서 그 대금을 판 사람에게 전해주지 않고 횡령한 건이다.

입건된 사건은 3건인데 첫 번째는 말 매각을 주선하고 그 대금 31원 중 29원 40전을 받아 착복한 건이고 두 번째는 말을 기탁 받아 키우기로 해놓고 이를 다른 사람의 말과 바꾼 뒤 그 차액 4원을 착복한 것이며 세 번째는 누룩 50개의 매각을 주선하고 그 대금 2원 98전을 받아 그중 일부인 1원 86전을 착복한 것이다.

이 세 건은 1911년 음력10월부터 1912년 1월 사이에 행해진 것인데 그에게는 1911년 3월에 이미 준절도죄로 태형에 처해진 전과가 있었다. 하지만 본 판결문에서는 이 전과에 의한 가중처벌 여부에 대한 별도의 언급은 없다.

그리고 상기 세 건의 범죄에 대해서는 이를 병합죄로 보았다. 당시 형법 제252조는 '자기가 점유하는 타인의 물건을 횡령한 자는 5년 이하의 징역에 처한다'고 하고 있고 동 47조는 '병합죄 중 2개 이상의 유기징역 또는 금고에 처해야 할 죄가 있을 때에는 그중 가장 무거운 죄에 대해 정해진 형의 장기에 반수를 더한 것을 장기로 한다'고 하고 있다. 본 판결에서는 위의 세 건 중 2)가 가장 무거운 죄라고 보고 상기 조항을 적용 징역7월을 선고하였다.

판결문에 의하면 이ㅇㅇ은 1897년 12월 22일생으로 판결이 내려진 시점에서 만 14세의 미성년자였으나 이 점에 관해 따로 언급하지는 않고 있다. 아직 일제 강점하에 들어선 지 2년밖에 안 된 시점이기는 하지만 이 시점에서의 법원 체계나 적용 법률은 이미 일본 체제로 바뀌어 있었는데 당시 일본 형법체계상으로 보면 아직 소년법이 제정되기 전이었기도 하고 이후 제정된 소년법이나 우리나라의 현행법을 기준으로 보더라도 이 사건은 따로 소년법을 적용할 사안이 아니었기 때문이다.

참고로, 일본에서 소년법이 처음 제정된 것은 1922년(법률 제42호, 이하 '구 소년법'이라 함)이고 이 때의 '소년'은 '만 18세 미만'이었다. 2차대전 후 미군정하의 1948년(법률 제168호)에 전면 개정된 일본 현행법에서는 '만 20세 미만'으로 되어있다. '소년'에 대한 형사처분 가능연령은 '구 소년법'에서와 마찬가지로 전후 개정 소년법에서도 만 16세 이상이었는데 소년범죄의 흉악화·저연령화에 대응하여 2000년에 14세 이상으로, 2007년에 12세 이상으로 낮춰졌다. 또 '소년' 기준도 2014년에 국민투표법이 개정되어 선거권 연령이 '18세 이상'으로 바뀐 데 따라 '20세 미만'에서 '18세 미만'으로의 개정이 검토되고 있다.

우리나라의 경우는, 소년법은 아니지만 관련법령으로서 먼저 일제하 1912년의 '조선감옥령'이 18세 미만 소년의 분리 구금 조항을 두고 있어서 소년 사법의 제도적 시초를 이루었고 1923년에 공포된 '조선감화령'(제령 제12호)도 비행소년에 대한 보호교육을 체계화한 것으로 볼 수 있으며 직접 소년법에 해당하는 것으로는 1942년에 시행된 조선소년령(제령 제6호)을 들 수 있다. 해방된 이후에도 미군정법령 제21호(법률, 제 명령의 존속)에 의해 이 소년령이 그 효력을 유지하다가 1958년 7월 24일에 와서 겨우 한국의 소년법이 제정·공포되었다(법률 제489호).[96]

아무튼, 이 판결문에 기록된 내용만으로는 피고인 이○○이 어떤 조건 하에 놓여 있었던 것인지 알 수 없으나 그의 직업이 농업으로 되어 있고 다른 사람의 말을 매각하는 데 중재 역할을 하고 그 과정을 통해 매각 대금을 중간에서 착복하는 등의 행위로 미루어 볼 때, 그는 일반적인 성인으로서의 생활을 하고 있었던 것으로 보는 것이 더 자연스러울 것 같다. 다른 판결문이 거의 다 연령만 기재한 것과 달리 여기서는 출생년월일을 기재하고 있는데(30년 12월 22일생)[97] 이를 기준으로 하면 그의 나이가 만 14세여서 소년법으로 보아야 하지 않을까 싶기도 하였으나 조금 시각을 달리 하면 우리 식의 세는 나이로는 16살이고 게다가 당시 출생기록이 그리 정확하다고 볼 수 없는 점을 감안하면 실제 나이는 좀 더 들었을 수도 있다. 만약 그렇다면 그 당시로서는 이미 결혼을 하여 가정을 이루고 있었을 지도 모른다. 하지만 이미 가정을 이루고 있는 가장이라면, 그 어린 나이에 이미 전과가 있고 본 사건이 일어난

---

[96] 崔鍾植, 「韓国における少年司法の歷史」(『法制研究』71(3), 534~541쪽 참조).
[97] 명기되어 있지 않으나 '메이지30년'으로 보이고 이를 환산하면 1897년이다.

몇 달 사이에 3건이나 횡령사건을 저질렀을 정도이니 그 가족으로서는 더욱 문제가 심각할 수도 있겠다.

또 한 가지는, 우리나라에서는 일반적으로 농민이 농사일에 말을 사용하는 경우는 거의 없었던 것으로 생각되는데 이 사건에서는 말이 자주 등장한다. 벌교지역의 특수한 사정이 있었던 것인지 살펴볼 필요가 있어 보인다.

2) 류○○ 판결문
   (1913년 형공 제9호, 大正2年刑控第9号, 大邱覆審法院)

이 사건의 1심 판결문은 1912년 12월 12일 광주지방법원 전주지청에서 작성한 류○○의 독직 및 횡령사건에 관한 것으로 그 내용은 다음과 같다. 전라북도 전주군 난전면 신기리 거주 류○○(27세, 무직)에 대해 조선총독부 검사 무라카미(村上淸) 간여, 심리하에 타도코로(田所次助, 재판장), 하타(畑義三), 정섭조(鄭燮朝) 등 3명의 판사가 징역 5년에 처하는 판결을 내렸다. 뇌물로 받아 쓴 35원은 이를 추징하고 압수한 50원짜리 수입인지 1장은 피해자에게, 그밖의 것은 각 제출자에게 돌려주도록 하였다. 또 피고가 조선총독부 군서기로 전주군청에서 토지건물증명사무에 종사하던 중 그 직무에 관해 1910년 7월 하순 장석선에게 뇌물을 요구하여 직무에 상당한 행위를 하지 않은 점 및 1911년 2월 7일 홍순기로부터 뇌물로 5원을 받았다는 점에 대해서는 무죄를 선고하였다.

피고는 조선총독부 군서기로서 전주군청에서 봉직하며 토지건물증명사무에 종사하던 중

첫째, 1910년 11월 25일 익산군 동일면 석탄리 신성권이 전주군청에 제출한 팔자 김순오 외 3명과 살자 동양척식주식회사 간의 토지매매증명신청서를 수리하고 이를 보관하던 중 그해 12월 2일 동 군청에서 이 신청서에 등록권으로서 첨부해둔 수입인지 12원을 횡령하여 소비하였다.

둘째, 1911년 음력 8월 10일경 전주군 전주남문안 피고의 집에서 자신

의 아버지 류△△를 통해 같은 군 조촌면 춘평리 박성구가 제출한 토지매매증명신청서에 대해 신속하게 증명을 부여해주도록 청탁을 받고 15원을 수뢰하여 소비하고 더 나아가 계속의 의사를 가지고 같은 달 22일 전기 집에서 박성구로부터 이전과 동일한 청탁을 받고 20원을 수뢰하여 소비하였다.

셋째, 1912년 3월 28일경 전주군 부서면 다가정(多佳町) 송수창이 전주군청에 제출한 토지소유권보존증명신청서을 수리하고 이를 보관하던 중 같은 날 동 군청에서 그 신청서에 등록세로 첨부한 수입인지 78원을 횡령 소비하였다.

넷째, 1912년 3월 29일 전주군 부남면 곤지리 이원일이 전주군청에 제출한 토지소유권보존증명신청서를 수리하여 보관하던 중 그해 4월 29일 경 동 군청에서 그 신청서에 등록세로 첨부해둔 수입인지 23원을 횡령, 소비하였다.

다섯째, 1912년 7월 15일 전주군 창덕면 삼례 와타나베(渡邊爲吉)의 대리인 타카다(高田增藏)가 전주군청에 제출한 토지매매증명신청서를 수리하여 이를 보관하던 중 그해 8월 2일 동 군청에서 그 신청서에 첨부되어 있던 수입인지 중 50원짜리 인지 1장을 떼어내 횡령, 소비하였다.

이상의 사실은 증인 홍순기의 청취서 중에서 신성권이 사환으로서 팔자 김순오 외 3명과 살자 동양척식주식회사 간의 토지매매신청서에 수입인지 12원을 첨부하여 전주군청에 제출, 군서기 류○○에게 건네줬는데 그 뒤 류○○가 전기 12원의 수입인지가 분실되었으므로 증명을 서두르려면 다시 한 번 수입인지 12원을 첨부해야 한다고 해서 다시 수입인지 12원을 첨부하였다는 취지의 기재, 박성구의 예심조서 중 두 번째 건과 같은 취지의 기재, 증인 송수창의 청취서 중 1912년 3월경 토지소유권보존증명신청서에 수입인지 70여 원을 첨부하여 전주군청에 제출할 때 류○○에게 건네줬는데 1912년 10월 15일 류○○가 상기 신청서에 첨부된 수입인지 70여 원은 자기가 써버렸으므로 임실군청에 착임하면 현금으로 변상할 것이니 지금 한 번 더 수입인지를 붙여달라고 하는 편지를 보내왔다는 기재, 증인 이원일의 청취서 중 1912년 3월 29일경 토지소유권보존증명신청서에 수입인지 23원을 첨부하여 전주군청에 제출, 군서기 류○○에게 건네줬는데 그 사람이 경찰서에 잡혀갔다는 말을 듣고 전주군청에 증명신청서를 조사해보니 문기만 있고 증명신청서 및 수입인지는 없어서 어쩔 수 없이 그냥 돌아왔다가 11월 초순경 류○○의 동생 류◇◇가 그 수입인지에 대한 변상으로 두 번에 걸쳐 현금 10원과 수입인지 13원을 받았다는 기재, 증인 타카다의 예심조서 중 1912년 7월 15일 와타나베의 대리인으로서 토지매매증명신청서를 전주군청에 제출하였으나 10월 30일 서류가 불완전하다고 신청서가 반려되었는데 그 신청서에 첨부해둔 수입인지 중 50원짜리 인지 1장이 10원짜리 수입인지 5장으로 바뀌어 있었다는 기재, 그리고 피고에 대한 제1회 내지 제4회 예심조서 중 판시와 같은 취지의 기재 및 본 법정에서의 피고의 판시와 같은 취지의 자백으로 증빙이 충분하였다.

위의 제1, 제3 및 제5의 소위는 형법 제253조에 해당하고 제2의 소위는 동법 제197조 제1항 전단, 제55조에 해당하여 병합죄에 대해 동법 제47조에 따라 제3의 죄를 중하다고 보아 소정의 가중치를 더하고 그 형기 내에서 처단하고 수뢰하여 소비한 35원은 동법 제197조 제2항에 의해 이를 추징하며 압수한 50원짜리 수입인지 1장은 형법시행령 제61조, 그밖의 것은 형사소송법 제202조에 의해 처분하는 것으로 하였다.

피고는 주문 제4항에 기재된 공소에 관련된 범죄를 행했다고 인정할 중빙이 충분하지 않으므로 이 공소에 대해서는 형사소송법 제236조, 제

224조에 의해 무죄를 언도하는 것으로 하고 주문과 같이 판결하였다.

이상의 1심 판결에 대해 피고 류○○는 유죄 부분에 대해 공소를 신청함으로써 1913년 2월 22일 대구복심법원에서 오카모토(岡本至德) 검사 심리하에 나가누마(永沼直方), 사이토오(齋藤庄三郎), 김의균(金宜均) 등 3명의 판사가 이를 심의, 동 공소를 기각하는 판결을 내렸다.

해 제

이 문서는 국가기록원에 소장되어 있는 판결문으로 광주지방법원 전주지청의 판결문과 대구복심법원의 판결문 두 가지가 있는데 문서번호는 전자가 CJA0001722-0119이고 후자가 CJA0000704-0041이다. 이 사건은 조선총독부 군서기로 전주군청에서 토지건물증명사무를 담당하던 류○○가 자신의 업무를 이용하여 횡령을 거듭함으로써 독직 및 횡령의 죄로 처벌된 사안이다.

피고 류○○는 1908년 11월에 전라북도의 군 주사(主事)로 임명되었던 것이 당시 신문을 통해 확인되는데[98] 그 시점에서의 나이가 23세였다. 그리고 4년이 지난 1912년 시점에서도 일제하에서 여전히 군서기로 재직하고 있었던 것이다. 직위의 고하 여부와 상관없이 토지매매증명신청서나 토지소유권보존증명신청서 등을 접수, 보관하는 업무를 하면서 거기에 붙여둔 수입인지를 떼어서 가로채는 등의 구차한 범죄를 1910년부터 1912년까지 여러 차례에 걸쳐 저지른 것으로 보아 죄질이 상당히 나쁜 것으로 볼 수 있을 것이다. 왜 그런 범죄에 이르게 되었는지 그 배

---

[98] 『황성신문』, 1908.12.2.자.

경이 무엇인지 알 길이 없으나 그간의 그의 직위가 승진이 순조롭지 못했던 것으로 보아도 좋을지, 그리고 그 핸디캡을 뇌물로 보전하기 위해 그런 범죄에 손을 댄 것인지 뭔가 이를 보완할 수 있는 관련 자료가 추가될 수 있기를 바란다.

  그리고 이 사건과 직접 관련이 없는 사안이기는 하나 여기에 제출된 토지매매증명신청서가 제1, 제2 두 건 모두 동양척식주식회사에 전답을 매각하는 사례였다. 일제 초기 논농사가 많은 호남지역에서 일제의 토지매입이 이미 이 시기부터 적극적으로 추진되고 있었음을 볼 수 있는 자료라는 점에서 흥미롭다.

3) 오○○ 판결문(1913년 형상 제70호, 大正2年刑上第70号, 高等法院)

　이 사건은 1913년 5월 30일 광주지방법원 전주지청의 타도코로(田所次助, 재판장), 이노우에(井上文司), 정섭조(鄭燮朝) 등 3명의 판사가 타나카(田中信助) 검사 간여·심리하에 오○○(전라북도 태인군 사곡면 사리, 농업, 32세)의 횡령, 사인(私印)·사문서 위조 행사, 사기취재 사건에 대해 징역 2년에 처한 데 대해 피고가 항소함으로써 같은 해 6월 30일 대구복심법원 형사부의 히라야마(平山勘次, 재판장), 타치ガ-와(立川二郎), 김의균(金宜均) 등 3명의 판사가 시부야(渋谷有孚) 검사의 간여하에 심리하여 원심을 깨고 징역 1년 6개월에 처하자 피고가 다시 상고하고 이에 대해 코쿠부 검사가 부대상고를 신청함으로써 같은 해 11월 17일 고등법원의 이와노(岩野新平, 재판장), 젠(膳鉦次郎), 마키야마(牧山榮樹), 이시카와(石川正), 히라지마(平島直太郎) 등 5명의 판사가 코쿠부 검사의 의견을 듣고 심리하여 이를 기각하는 판결을 내렸다.

　위에서 언급한 바와 같이 이 사건의 1심 판결은 피고 오○○에 대해 징역 2년에 처하고 미결 구속일수 70일은 본형에 산입하며 압수 인장 2개, 김선문(金先文) 외 3명의 보증서, 차주(借主) 오치국(吳治局), 보증인 김성문(金成文) 명의금 50원의 차용증서, 오치국의 토지매도서는 이를 몰수하고 기타는 제출인에게 돌려주도록 하였으며 공소 재판비용은 전부 피고가 부담하도록 하였다. 다만 피고가 공전영수원 봉직 중 지세 납부의 담보로 삼평리 이장으로부터 징수 보관하던 벼 5섬을 횡령하였다고 하는 공소 및 오치국의 토지매도서, 송덕오(宋德五)의 인장 및 서명을 사용하여 보증서를 위조 행사하였다는 공소는 무죄로 판결하였다.

그 이유로는 첫째, 피고는 1912년 5월 1일 전라북도 태인군 사곡면 공전영수원을 배명받기 위해 신원보증서를 태인군청에 제출할 필요가 생겨 같은 달 11일 사곡면사무소에서 같은 면에 근무하는 김선문, 조완여(趙完汝)의 이름 아래에는 사전에 위조해뒀던 인장을 찍고 오정화(吳正化), 오기연(吳基淵)의 이름 아래에는 미리부터 맡아서 가지고 있던 그 사람들의 도장을 도날(盜捺), 그 위조를 완성하여 같은 날 이를 태인군청에 제출, 행사하였다.

둘째, 피고는 앞에서 말한 공전영수원에 취직할 때 전임자 오성보(吳成寶)로부터 인계받은 사곡면 수해구휼금 중 47원을 그 직무상 보관 중 1912년 5월 1일부터 음력 12월말까지 사이에 같은 면 사리의 피고인 집에서 이를 횡령, 소비하였다.

셋째, 피고는 같은 군 북촌면 상삼리 거주 오케가와(桶川丑太郎)로부터 돈을 편취하려고 1912년 음력 11월 중에 앞에서 말한 피고의 집에서 형 오치국 명의의 논 23두락의 매매증서를 위조하고 그 아래에 미리부터 맡아 보관하고 있던 도장을 도날하여 그 위조를 완성한 뒤 같은 해 음력 12월 9일 오케가와 집에 가서 오치국인양 가장하여 돈을 빌려 줄 것을 요청, 오케가와의 집에서 차주 오치국, 보증인 김성문 명의로 50원의 차용증서를 위조하고 그 아래에 각각 미리 맡아 보관하고 있던 도장을 도날하여 그 위조를 완성하고 거기에 앞서 말한 위조 논 매도서를 첨부하여 오케가와에게 주고 같은 날 같은 장소에서 오케가와로부터 금 50원을 편취함.

이상의 사실은, 김경찬(金敬贊)의 청취서 중 그의 아버지 김선문이 피고의 신원인수보증서에 날인한 적이 없음은 물론 그 신원을 보증한 적이 없다는 기재, 조완여·오정화·김선문의 각 청취서 중 피고 오○○의 신원보증을 한 적이 없다는 기재, 증인 김준희(金俊喜)의 예심조서 중 수해구휼금은 조금도 다른 세금으로 유용한 적이 없고 해당금액 47원은 피고가 썼다는 기재, 증인 오케가와의 예심조서 중 피고를 오치국이라 생각해 문기를 믿고 금 50원을 빌려주었다는 기재, 및 피고에 대한 사법경찰관의 제1회, 제2회 심문조서에 같은 취지의 기재가 있음으로 미루어 증빙 충분함.

상기 제1의 사문서 위조 소위(所爲)는 형법 제159조 제1항,[99] 그 행사는 동법 제161조 제1항,[100] 제159조 제1항에 해당하고 제2의 횡령 행위는 동법 제253조[101]에 해당하며 제3의 사문서위조 행위는 동법 제159조 제1항에 해당하고 각 행사는 동법 제161조 제1항, 제159조 제1항에 해당한바 각 행위가 복수의 죄에 관련되는 경우이므로 동법 제54조 제1항, 제10조에 의해 위조한 토지매도서 행사의 죄를 무거운 것으로 하고 사기취재는 동법 제246조[102]에 해당하며 제1의 사문서 위조와 그 행사 및 제3의 사문서위조와 그 행사, 사기취재는 모두 수단과 결과의 관계에 있으므로 동법 제54조 제1항, 제10조에 의해 제1에 관해서는 그 행사, 제3에 관해서는 사기취재를 무거운 것으로 하고 병합죄에 대해서는 동법 제45조,[103] 제47조[104]에 비춰 사기취재를 무거운 것으로 하여 거기에

---

[99] 형법 제159조 ①행사를 목적으로 타인의 인장 또는 서명을 사용하여 권리, 의무 또는 사실증명에 관한 문서 혹은 도서를 위조하거나 위조한 타인의 인장 또는 서명을 사용하여 권리, 의무 또는 사실증명에 관한 문서 혹은 도서를 위조한 자는 3월 이상 5년 이하의 징역에 처한다.

[100] 형법 제161조 ①앞 2조에 기재된 문서 또는 도서를 행사한 자는 그 문서 또는 도서를 위조 혹은 변조하거나 허위의 기재를 한 자와 같은 형에 처한다.

[101] 형법 제253조 업무상 자기가 점유한 타인의 물건을 횡령한 자는 10년 이하의 징역에 처한다.

[102] 형법 제246조 ①사람을 기망하여 재물을 편취한 자는 10년 이하의 징역에 처한다.

[103] 형법 제45조 확정재판을 거치지 않은 2개 이상의 죄를 병합죄라 한다. 만약 어떤 죄에 관해 확정재판을 받았을 때에는 그 죄와 그 재판 확정 전에 범한 죄에 한해 이를 병합죄로 한다.

[104] 형법 제47조 합병죄 중 2개 이상의 유기 징역 또는 금고에 처하여야 할 죄가 있을

소정의 가중치를 더해 그 형기 내에서 처단하고 미결구류 일수는 동법 제21조에 의거 그 일부를 본형에 산입한다. 압수한 위조 인장 및 위조문서는 동법 제19조 제1항, 제3조 제2항에 따라 몰수하고 그밖의 것은 형사소송법 제202조에 따라 각 제출인에게 돌려주며 공소재판비용은 동법 제201조 제1항에 의거 피고가 부담한다.

피고가 공전영수원 봉직 중 지세 납부의 담보로 삼평리 이장으로부터 징수보관한 벼 5섬을 횡령하였다는 공소 및 오치국의 토지매도서에 송덕오의 도장 및 서명을 사용하여 보증 문서를 위조 행사하였다는 공소는 모두 증빙이 충분하지 않아 형사소송법 제236조, 제224조에 따라 이 공소에 대해서는 기각할 것을 언도하기로 하여 주문과 같이 판결하였다.

대구복심법원에서의 2심판결이 원심을 깨고 징역 1년 6개월에 처하는 판결을 내린 이유에 관해서는, 원심에서 기재한 세 가지(1. 사인·사문서 위조 및 행사 2. 횡령, 3. 사문서 위조 및 행사, 사기취재) 사실 중 둘째 항목에 표현이 약간 다른 부분이 있을 뿐 기본적으로 동일하다.[105] 그리고 이 사실 중 첫 번째 항목에 대해서는 사법경찰관의 김경찬에 대한 청취서 중에 아버지 김선문이 피고의 신원인수에 관해 보증

때는 그중 가장 무거운 죄에 대해 정해진 형의 장기에 그 반수를 더한 것을 장기로 한다. 단, 각각의 죄에 대해 정해진 죄의 장기를 합산한 것을 넘어서는 안 된다.

[105] 즉, 원심에서는 피고가 '공전영수원에 취직할 때 전임자 오성보(吳成寶)로부터 인계받은 사곡면 수해구휼금 중 47원을 그 직무상 보관 중 1912년 5월 1일부터 음력 12월말까지 사이에 같은 면 사리의 피고인 집에서 이를 횡령, 소비하였다'고 한 데 대해 복심에서는 '공전영수원으로서 전임자 오성보로부터 사곡면 수해구휼금 47원을 위탁받아 이를 보관 중 1912년 5월 말경 및 같은 해 음력 12월 중의 두 번에 걸쳐 계속할 의사를 가지고 자기 용도로 써버렸다'고 하고 있다. 이는 후술하는 바와 같이 계속의 의사를 가지고 두 번에 걸쳐 횡령 행위가 이루어진 것으로 보아 원심이 형법 제55조를 적용하지 않은 것은 오류라는 판단과 관련된다.

서에 날인한 적도 없고 신원을 보증한 적도 없다는 기재, 동상 조완여, 오정화에 대한 청취서에 피고의 신원을 보증한 적이 없다는 기재 및 피고의 해당 법정에서의 판시와 같은 취지의 자백, 두 번째 항목에 대해서는 오성보로부터 사곡면 수해구휼금 47원을 받아 보관 중 1902년 5월 말경 및 음력 12월 중의 두 번에 걸쳐 이를 다른 데에 유용, 사용하였다는 피고의 해당 법정에서의 공술, 증인 김준희의 예심조서 중 수해구휼금은 조금도 다른 세금으로 유용한 것 없이 해당 금액 47원을 피고가 썼다는 공술 기록, 증인 김경일(金京一)의 예심조서 중 1912년 음력 12월 25일 피고가 반환해야 할 수해구조금을 써버려서 만약 그 사실이 알려지면 큰일이라고 생각, 다음날 군아에 가야하므로 영수증을 써달라고 부탁했다는 공술 기록 및 사법경찰관의 피고에 대한 신문조서 중 판시사실에 부합하는 공술의 기재, 세 번째 항목에 대해서는 피고의 해당 법정에서의 판시, 2통의 증서(증 제4호)를 판시한 일시, 장소에서 오케가와에게 교부하고 50원을 빌렸다는 공술, 증인 오케가와의 예심조서 중 피고를 오치국이라고 생각하고 2통의 문기를 믿고 50원을 피고에게 빌려줬다는 공술의 기재, 사법경찰관의 김성문에 대한 청취서 중 약식도에 날인할 필요가 있어서 인장을 피고에게 맡긴 적은 있지만 돈을 빌리는 데 보증인이 되는 것을 승낙한 적은 없음은 물론이고 피고로부터 위와 같은 부탁을 받은 적도 없다고 진술한 기록 및 사법경찰관의 피고에 대한 신문조서 중 판시사실에 부합하는 공술을 기재한 것이 있어 이를 종합하여 고찰한바 판시 사실 전체를 인정할 증빙이 충분하다고 보았다.

  이를 법률에 비춰볼 때, 제1의 사문서위조 행위는 형법 제159조 제1항, 동 행사는 동 제161조 제1항 및 동 제159조 제1항에 해당하고 제2의 횡령 행위는 동 제252조 제1항[106])에, 제3의 사문서 위조 행위는 동 제159조

제1항에 해당한다고 보고 계속할 의사에 의해 행한 2개의 행위로 동일한 죄명에 저촉되므로 동 제55조를 적용하여 하나의 죄로 처단해야 하고, 2통의 위조 사문서의 행사는 각각 형법 제161조 제1항 및 제159조 제1항에 해당하는데 동시의 행사 다시 말해 하나의 행사행위가 몇 개의 죄명에 저촉되는 경우이므로 동법 제54조 제1항 전단 및 제10조를 적용하고 그중 가장 무거운 위조인 논의 방매문기 행사의 죄의 형에 따라 그 사기취재는 형법 제246 제1항에 해당한다. 그리고 제1의 사서위조와 그 행사 및 제3의 사서위조와 그 행사 및 사기취재는 모두 순서대로 수단과 결과의 관계에 있는 견련죄(牽連罪)이므로 형법 제54조 제1항 후단과 동 제10조를 적용하고 제1에 대해서는 위조사문서 행사죄, 제3에 대해서는 사기취재죄를 무겁다고 보아 그 각 형에 따르기로 하고 있다. 또 병합죄에도 걸리므로 형법 제45조, 제47조, 제10조를 적용하고 그중 가장 무거운 사기취재죄에 정해진 형의 장기(長期)의 반수를 부가하되 그 형의 범위 내에서 피고를 징역 1년 6개월에 처하고 압수품 중 위조에 관련된 인장 2개(증 제1, 2호), 위조문서 3통(증 제10호 및 증 제4호)은 형법 제19조 제1항 제3호에 의거하되 특히 위조한 보증서는 태인군 아의, 계약서 및 방매문기는 오케가와의 소유에 속하는 것이라 할지라도 그 위조된 인장 및 문서는 법률상 그 작성은 물론 그것을 소지하는 것도 금하고 있어 그 누구에 대해서도 이의 소유를 허용할 수 없다. 따라서 같은 조 제2항에도 불구하고 몰수한다. 그밖의 것은 형사소송법 제202조에 준해 각 소유자에게 돌려준다. 공소에 관한 소송비용은 동법 제201조 제1항에 의해 피고에게 그 전부를 부담케 한다.

---

106) 형법 제252조 ①자기가 점유한 타인의 물건을 횡령한 자는 5년 이하의 징역에 처한다.

그런데 원심은 첫째, 제2의 범죄사실을 계속할 의사를 가지고 두 번 횡령했음에도 불구하고 1902년 5월 1일부터 음력 12월 말일까지의 사이에 한 번 횡령한 것으로 판단하여 형법 제55조를 적용하지 않는 위법이 있었고 둘째, 위의 범죄사실에서 공전영수원이라는 공무원이 그 직무상 보관 중이던 보관금을 횡령한 것처럼 판시하여 이에 대해 형법 제253조를 적용하여 처단하고 있으나 현행법령 중(법률, 제령, 칙령, 조선총독부령, 도령, 경무부령을 포함함) 공무에 종사하는 직원으로서 공전영수원이라는 것을 설정한 규정은 없으므로 형법에서 이른바 공무원이라고 부를 수 없다. 또 지세 기타 공과의 징수보관 또는 수해구휼금의 보관, 할여 등은 군수 또는 면장의 직무권한에 속하는 행정상의 공무이며 공무는 이를 한 개인에게 위탁하는 것을 허용할 수 없을 뿐만 아니라 설령 군수가 공전영수원이라는 이름으로 조세 기타 공과를 징수, 보관할 사람을 임명하는 일이 있다고 하더라도 그 피임명자는 이로 인해 공무집행을 할 수 있는 하등의 권한을 취득한 것이 아니다. 따라서 본건 피고의 횡령은 그 직무상 자기가 점유한 타인의 돈을 횡령한 것이라 할 수 없다. 그렇다면 원심이 직무상 횡령죄로 인정하여 형법 제253조를 적용하고 동법 제252조 제1항을 적용하지 않은 것은 위법이다. 셋째, 제3의 범죄사실 중 2개의 문서위조는 그 사이에 범의가 계속되어 연속범으로 인식해야 할 것을 원심은 2개가 각각 독립된 위조죄로 인정하여 형법 제55조를 적용하지 않은 것은 위법이며 넷째, 병합죄의 규정을 적용할 때 형법 제10조를 정용하지 않고 막연하게 사기취재죄를 중한 것으로 한 것은 위법이다. 다섯째, 제1심에서의 본건 심리경과 상황을 보면 억지로 심리를 지연한 듯한 감이 없지 않고 미결구류 70일을 본형에 산입할 필요가 없음에도 불구하고 이를 산입한 부당함이 있고 여섯째, 피고에게 과한 징역 2년형은 그 무게가 적당하지 못한 부당함이 있다고 인정된다. 이상의 이유로 원판결은 취소를 면하기 어렵고 피고의 공소는 이유 있다 할 것이며 따라서 형사소송법 제261조 제2항에 의해 주문과 같이 판결한다고 하였다.

상고심이 위에서 언급한 바와 같이 상고 및 부대상고를 심리하고 이를 기각하는 판결을 내린 이유를 간략히 살펴보기로 한다. 우선 상고이유부터 살펴보면,

첫째, 신원보증서의 위법성 여부. 피고 오○○은 1912년 5월 1일 전라북도 태인군 사곡면의 공전영수원(公錢領收員)이 되어 제출한 신원보증서에 대한 원심의 사실 인정이 부당하다는 것. 즉, 보증인 4명 중 김정문은 본인의 승낙을 받아 도장을 새겼고 조완여, 오희연은 피고인이 보관하고 있던 도장을 본인 승낙을 받고 찍었으며 오정화의 경우는 형제 사이이므로 별도의 승낙을 받지 않고 찍었으므로 특별히 하자를 인정하기 어렵다는 것이다.

둘째, 수해금의 횡령 여부. 피고인은 전임자로부터 금 47원을 인계받았으나 그 돈은 면장 김준희가 횡령한 것이지 피고인이 소비한 것이 아니라는 것이다. 피고인은 오히려 인민을 위하여 금 460여 원을 스스로 납입하였다. 이는 군청에 조회하면 판명될 것이다. 또 오케가와로부터 돈을 빌린 것은 그 사람이 1912년 5월 29일 피고의 집에 와서 땅을 전당하면 돈을 빌려주겠다고 말해 형 오치국과 상담한 뒤 같은 날 형 치국이 직접 오케가와 집에 가서 본건 토지의 전당문기에 최상식(崔庠植), 송덕오 두 사람을 보증인으로 세워 돈 50원을 빌린 것으로, 그 토지는 형 치국의 소유가 아니라 피고의 소유임은 형 치국의 청취서를 조사하면 분명히 알 수 있을 것이다. 따라서 동인(즉 치국) 및 김준희, 윤성안(尹成安)을 증인으로 다시 환문하여 피고에게 원통한 마음이 없도록 판

결하여 달라는 것이다.

하지만 이에 대해서는 이 논지가 고등법원의 직권에 속하지 않는 증인 환문을 요구하고 또 원심의 직권에 속하는 사실의 인정을 비난하는 것이어서 상고에 적합하지 않다고 하고 있다.

다음으로 부대상고의 취지에 대하여.

첫째, 원판결은 제2의 사실에 대해 피고가 사곡면 수해구휼금 47원을 보관 중 계속할 의사를 가지고 두 번에 걸쳐 이를 횡령한 사실을 인정하고 이에 대해 제1심이 형법 제55조를 적용하지 않은 것이 위법이라고 보아 그 판결을 취소하였음에도 불구하고 자신 역시 이 조항을 적용하지 않은 것은 위법이라고 하고 있다. 이에 대해서는, 형법 제55조는 특히 이를 명기하지 않고 있더라도 판결문상 이를 적용하고 있음을 알 수 있으면 되고 원심판결이 제1심 판결에서 이 조항을 적용하지 않은 것이 위법이라고 보아 이를 취소한 것이라면 원판결에 이 조항을 적시하지 않았다 하더라도 이를 적용한 판지임이 자명하므로 본 논지는 이유 없다고 하고 있다.

둘째, 원판결은 전기 피고가 횡령한 돈이 공전영수원으로서 위탁받은 것임을 인정하면서도 현행법령 중 공전영수원을 공무에 종사하는 직원으로 설정한 규정이 없으므로 피고는 형법상 이른바 공무원이라 할 수 없고 또 공전 보관은 군수 또는 면장의 권한에 속하는 행정상의 공무이므로 이를 일 개인인 피고에게 위탁하였더라도 피고에게 공전 보관의 직무가 생긴 것은 아니므로 피고의 행위는 형법 제253조에 해당하지 않는다는 이유로 이 조항을 적용한 제1심 판결을 취소하고 동법 제252에 의해 처단한 것은 위법이라 하고 있다. 왜냐하면 공전영수원은 구한국 국세징수법 제11조에 의해 설정된 면의 공리로서, 동법은 한국 '병합' 때 제령 제1호에 의해 제령으로서 그 효력이 지속되었고 1911년 제령 제14호

국세징수령이 공포됨으로써 공전영수원은 같은 령 제2조에 의해 시정촌리원(市町村里員)과 같다고 간주되어 현재 각 면에서 공전영수원이라는 직원을 두고 조세 기타 공금을 취급하도록 하고 있는 이상 공전영수원은 공리가 아니라고 말할 수 없다는 것. 설령 한 걸음 양보해서 공전영수원이 현행법령상 이를 공리로 인정하는 성문의 법령이 없다고 하더라도 적어도 한국 '병합' 이래의 관례상(1912년 2월 탁지부장관 통첩 제59호 참조) 각 면에서 부윤 또는 군수가 임명하는 공전영수원이라는 직원을 두고 업무로서 공금을 취급하게 하고 있다는 사실로 보아 피고가 공전영수원으로 공금을 보관 중에 이를 횡령한 행위는 형법 제253조에 해당함에 추호도 의문의 여지가 없으므로 원판결은 이 점에 관해 법률 해석 및 적용을 잘못한 것이라는 것이다.

하지만 공전영수원은 업무로서 수해구휼금을 보관하는 자가 아니므로 원심에서 피고가 공전영수원으로서 보관한 사곡면 수해구휼금을 자기 용도로 소비한 것으로 인정하고 그 소위에 대해 형법 제252조 제1항을 적용하여 처벌해야 할 것으로 보고 제1심 판결이 직무상 횡령죄로 형법 제253조를 적용 처단한 것을 위법하다고 판결한 것은 상당하므로 본 논지 역시 이유 없다고 하였다.

이에 본건 상고 및 부대상고에 대해서는 양쪽 다 이유 없다고 보아 형사소송법 제285조에 의해 주문과 같이 판결하였다.

해 제

이 문서는 국가기록원이 소장하고 있는 판결문으로 CJA0000707-0088에는 2심인 대구복심법원의 판결문이, 그리고 CJA00001724-0136에는 1심인 광주지방법원 전주지청부터 2심 대구복심법원, 3심 고등법원의 판결문까지 다 들어있다.

　사건 내용은 위의 '내용'에서 상세히 언급하였으니 요점만 정리하면 범죄 사실은 크게 세 가지이다. 전북 태인군에 사는 오○○(32세)이라는 자가 같은 군 사곡면 공전영수원으로 취업하여 활동하는 과정에서 생긴 사건인데 첫째, 그 취업을 위해 신원보증서를 제출함에 있어서 그에 필요한 타인의 도장을 위조하고 그 위조한 도장을 이용하여 신원보증서를 위조하였다. 둘째, 전임자로부터 받은 태인군 수해구휼금을 횡령하였다. 셋째, 형의 논을 이용해 돈을 편취하기 위해 논 매매문기를 위조하고 형을 가장하여 차용증서를 위조하여 돈을 편취하였다(사기취재). 이 밖에도 공전영수원으로 봉직 중 지세 납부의 담보로 받은 벼를 횡령한 건이 더 있으나 이에 대해 1심에서는 증빙이 충분하지 않다고 보아 공소를 기각하였다.

　이 세 가지 행위에 대한 판결을 두고 1심과 2심 사이에는 상당한 이견이 있었다. 그중 제2의 사실에 관해서는, 피고가 전임자로부터 인계받아 보관하던 수해구휼금을 1912년 5월 1일부터 음력 12월 말까지 사이에 횡령한 것이 1심은 한 번의 행위로 본 데 대해 2심은 계속의 의사를 가지고 두 번에 걸쳐 이루어졌다고 본 점, 그리고 그것이 업무상 횡령에 속하느냐(1심) 아니냐(2심)를 두고 의견이 엇갈려 1심에서는 형법 제253조(업무상 자기가 점유하는 타인의 물건을 횡령한 자는 10년 이하의 징역에 처한다)를, 2심에서는 동법 제252조 제1항(자기가 점유하는 타인의 물건을 횡령한 자는 5년 이하의 징역에 처한다)을 각각 적용하였다. 제3의 사실에 관해서도 두 번의 사문서 위조 행위가 1심은 2개가 각각 독립된 위조죄라고 본 데 대해 2심은 2개의 문서위조는 그 사이에 범의가 계속되어 연속범으로 인식해야 한다고 보았다. 그 결과 1심이 형법 제55조를 적용하지 않은 것은 위법이라고 2심은 판단하였다.

이에 비해 3심은 상고는 물론 부대상고까지 이유 없다고 기각함으로써 특별히 이견이 발생하지 않았다. 다만 두 번째 상고 이유인 수해금의 횡령 여부에 관해, 상고심은 그 상고 이유가 '고등법원의 직권에 속하지 않는 증인 환문을 요구하고 또 원심의 직권에 속하는 사실의 인정을 비난하는 것이어서 상고에 적합하지 않다'는 이유로 이를 기각하고 있는데, 상고심이 사실심이 아니어서 증인 환문을 요구하는 것이 설령 고등법원의 직권에 속하지 않는 사항이라고 하더라도 상고 이유가 다시 검토할 필요가 있는지 없는지에 대한 판단은 필요하지 않은지 모르겠다. 만약 재검토할만한 이유가 있어 보인다면 고등법원에서 사실심리를 할 수는 없다고 하더라도 단지 자신의 직권에 속하지 않는 사항이라는 이유로 기각할 것이 아니라 원심(2심) 법원에서 다시 검토해볼 수 있도록 환심 판결을 하는 것이 만의 하나라도 있어서는 안 될 억울함을 피하게 하는 일이 아닐까 하는 것이다.

그리고 현행 한국 형법은 물론이고, 일본 형법 이외에는 거의 그 예를 찾아볼 수 없는 이른바 견련죄에 관해 약간 언급해두고자 한다.

견련범(牽連犯)은 범죄의 수단 또는 결과인 행위가 다른 죄명에 저촉되는 것을 말한다(당시 형법 제54조 제1항. 현행 일본 형법에도 문장만 약간 수정되었을 뿐 거의 그대로이다).[107] 예를 들어 다른 사람의 주거

---

[107] 형법 제54조 ①1개의 행위가 수 개의 죄명에 저촉되거나, 또는 범죄의 수단 또는 결과인 행위가 다른 죄명에 저촉될 때는 그중 가장 무거운 형으로 처단한다. ②제49조 제2항의 규정은 전항의 경우에 이를 적용한다. 그리고 일본의 현행 형법은 다음과 같이 문장의 일부만 약간 수정하였다. ①1개의 행위가 2개 이상의 죄명에 저촉되거나, 또는 범죄의 수단 또는 결과인 행위가 다른 죄명에 저촉될 때는 그중 가장 무거운 형으로 처단한다. ②제49조 제2항의 규정은 전항의 경우에도, 적용한다. 참고로, 형법 49조는 ①병합죄 중 무거운 죄에 대해 몰수를 부과하지 않을 경우라도 다른 죄에 대해 몰수 사유가 있을 때는 이를 부가할 수 있다. ②2개 이상의 몰수는, 병과한다.

에 침입하여 절도를 행한 경우 주거침입죄(형법 130조 전단)와 절도죄(형법235조)는 견련범이 된다. 견련범에 대해서는 가장 무거운 형에 의해 처단한다. 위의 예에서는 법정형이 무거운 절도죄의 형에 의해 처단되며 별도로 주거침입죄의 형으로 처단되는 일은 없다(흡수주의). 이 점에서 가중주의가 적용되는 병합죄보다 처단형이 가볍게 된다.

이와 같은 견련범을 규정하고 있는 일본 형법은 스페인형법을 참고로 한 것으로 추정되고 있는데 일본 형법을 모법으로 하고 있는 한국형법에도 해방 후 이 규정은 빠졌다(현재 논의되고 있는 일본의 개정형법 초안에서도 이의 삭제를 검토하고 있는 것으로 알려져 있다).

견련범은 원래 복수의 죄가 성립할 때 과형 상 일죄(처단 상 일죄)로 취급하는 것이다. 일본의 판례에서는 그 취지에 관해, 몇 개의 죄 사이에 그 죄질 상 보통 그중 하나가 다른 것의 수단 또는 결과의 관계에 있으며 게다가 구체적으로도 범인이 이런 관계에서 그 복수의 죄를 실행하려 한 경우에는 그중 가장 무거운 범죄에 관해 정해진 형으로 처단하면 그로써 가벼운 죄에 대한 처벌도 충족시킬 수 있는 게 통례이므로 이들 복수의 죄의 범행목적이 단일의 것이라는 점까지 고려한다면 이미 복수의 죄로서 처단할 필요가 없을 것이기 때문이라고 한다(일본 최고재판소 1948년 12월 21일 판결).

견련범의 성립 요건으로서는, 범죄의 수단 또는 결과 사이에 밀접한 인과관계가 있어야 하며 범인이 현실에서 범한 두 죄가 우연히 수단, 결과의 관계에 있는 것만으로는 견련범이 되지 않는 것으로 보고 있다(최고재판소 1949년 7월 12월 판결).

또 견련범이 성립되기 위해서는 범인이 주관적으로 복수의 죄의 한 쪽을 다른 쪽의 수단 또는 결과로 생각하고 실행한 것만으로는 부족하고 그 복수의 죄 사이에 죄질 상 통상 수단-결과의 관계가 존재할 필요가 있다고 해석하고 있다(최고재판소 1949년 12월 31일 판결).

판례는 주거침입과 절도·강도·살인·강간·상해·방화와의 사이, 문서위조와 그 행사와 사기 사이 등에 대해 견련범을 인정하고 있다.

이와 관련하여 가막쇠 현상이라는 개념이 있는데 이는 하나의 수단이 되는 범죄로부터 복수의 범죄가 파생하여 발생한 경우, 수단이 되는 범죄와 결과가 되는 복수의 범죄가 각각 견련범의 관계가 성립된 결과 전체로서 하나의 죄로 취급되는 것을 말한다. 예를 들어 주거에 침입하여 세 사람을 살해한 경우, 3개의 살인죄와 하나의 주거침입죄가 각각 견련범이 됨으로써 전체적으로 하나의 죄로 보아 가장 무거운 죄형에 의해 처단된다(최고재판소 1949년 5월 27일 결정). 3개의 살인죄만이라면 병합죄가 되어 병합죄 가중이 이루어지는 데 대해 주거침입죄가 가막쇠의 역할을 함으로써 하나의 죄가 되기 때문에 이를 가막쇠현상이라 하는 것이다.

이는 판례·통설에서 인정되었던 견해인데, 가막쇠가 되는 범죄가 기소되어 인정됨으로써 거꾸로 처단형의 범위가 가벼워지는 불균형이 발생하기 때문에 이를 반대하는 주장도 있다.

견련범은 '가장 무거운 형으로 처단'되는데 판례는 이 규정을, 몇 개의 죄명 중 가장 무거운 형을 정하고 있는 조문에 의해 처단된다고 하는 취지와 더불어 다른 조문의 최소한의 형보다도 가볍게 처단하는 것은 안 된다는 취지를 포함하는 것으로 해석하고 있다(최고재 1953년 4월 14일 판결).

이 사건이 주는 사회적 의미는, 우선 일제 초기 식민지 관료가 되기 위한 일부 조선인들의 행태를 엿볼 수 있게 한다는 점이다. 비록 말단 면사무소에서 세금 기타 잡부금 등을 거두러 다니는 공전영수원이라고 하는 보잘 것 없는 직책을 얻기 위해(판결문에서도 논의되고 있는 바와 같이 이 직책이 과연 공무원으로 인정되는 것이었는지 아닌지조차 분명하지 않다) 5명이나 되는 신원보증인을 세워야 했는데 그때나 지금이나 신원보증을 서주는 것이 적잖이 부담스러운 일이었던 모양이어서, 어떤 연유로 맡아 보관하고 있던 도장을 본인의 승낙도 받지 않고 몰래 신원보증서에 찍거나 심지어 본인 몰래 도장을 만들어서 찍기까지 하는 일을 했어야 했던 것이다.

그리고 제3의 사실은 자신의 형의 논을 자기 논인 양 서류를 만들어서 돈을 빌린 것인데 이것이 곧 편취가 되는 것은 논리의 비약이 있는 것으로 보인다. 빌려준 근거가 위조된 문서였기 때문에 문제가 된 것이기는 하지만 빌렸으니까 갚을 의사가 있다면 아직 편취는 아니어야 하지 않을까? 아무튼 그런 돈이 왜 필요했는지를 알 수 있다면 우리가 궁금해 하는 이 사건의 사회적 의미가 보다 폭넓게 파악될 수 있을지도 모른다. 예를 들어 그런 직책을 얻기 위해서 어느 정도의 금품 제공이 필요하고 그것을 조달하기 위한 목적에서 돈을 빌렸다든지 ….

13
방화사건

오성녀 판결문(1913.08.21. 京城地方法院)

    이 문서는 오성녀의 방화사건에 관해 1913년 7월 17일 '경성'지방법원 예심 판사 미즈노(水野重功)가 공판에 회부하는 결정문과 같은 해 8월 21일 카키하라(柿原琢郎) 검사 심리하에 '경성'지방법원 형사합의부 츠카하라(塚原友太郎), 이토오(伊藤淳吉), 하타(畑義三) 판사가 내린 판결문이다.

    그 내용을 요약하면, 주소 부정의 오성녀가 1913년 6월 25일 경성부 용산면 동막에 있는 강덕문 집에 들어가 그의 처 신성녀에게 구걸을 청했으나 신 씨는 한 집에 사는 이웃 김성녀와 더불어 구걸을 거절하고 빨리 나가라고 말하자 오성녀는 그들의 태도에 분개하여 나가라고 안 해도 갈 거라고 큰소리로 말하고 그 집을 나와 부근에 있는 탁원규 집에 들렀으나 거기서도 마찬가지로 구걸을 하지 못하자 지니고 있던 종이말이 담배(卷煙草)에 불을 붙여 피우면서 걷다가 강덕문의 집 앞을 지나면서 앞서의 앙갚음을 할 요량으로 그 집 문간채와 본채의 이음새 부분 초가지붕에 담배를 던지고 사라졌는데 초가지붕 일부가 약간 탔을 때 신성녀가 이를 발견하여 불을 끔으로써 소기의 목적을 달하지는 못했다는 것이다.

해 제

    이 문서는 문서번호 CJA0000034-0055로 보관되어 있는 자료로 1913년 7월 17일 '경성'지방법원의 미즈노 예심판사가 공판에 회부한 결정문과

1913년 8월 21일 '경성'지방법원 형사합의부의 츠카하라(塚原友太郎), 이토오(伊藤淳吉), 하타(畑義三) 판사가 내린 판결문으로 구성되어 있다.

이 사건은 비록 방화미수 사건이기는 하나 예심에서 정식재판에 회부하고 형사합의부가 이를 맡아 징역 1년 6개월을 선고한 것으로 보아 이 사건을 매우 무겁게 다루고 있음을 알 수 있다. 사건의 내용은 주거부정의 오성녀가 구걸을 하러 들어갔다가 거절당하자 앙심을 품고 그 집에 불을 지르려고 담뱃불을 초가지붕에 던졌는데 여주인이 이를 발견하여 조기에 진화함으로써 방화미수에 그친 것이다.

왜 해당 재판부는 이 사건을 그렇게 중하게 다뤘던 것일까? 당시 상황에 비춰서 추측해보면 첫째 주거부정인 자가 저지른 범죄라는 의미에서 사회불안을 조성할 소지가 있는 자로 보았을 가능성, 둘째 고의로 범죄를 저질렀다는 점 등을 생각할 수 있을 것이다.

단정할 수는 없지만 구휼의 관행이 꽤 일반적이었을 것으로 생각되는 당시 상황으로 볼 때 구걸하러 온 사람에게 매정하게 내좇는 주인여자의 행동에서 상당히 야박한 인심을 엿볼 수 있다 할 것인데 이것이 서울이기 때문에 더 심했던 것인지 모르겠다.

그리고 사건과 직접 관계 없는 사안이기는 하나 여기에 등장하는 여인들은 하나같이 이름이 없다. 피고는 오성녀이고 집주인은 신성녀, 그리고 이웃은 김성녀, 그런 식이다. 이들의 이름에 해당하는 성녀 곧 姓女는 이름이 아니다. 다시 말하면 오성녀는 오 씨 성을 가진 여자이고 신성녀는 신 씨 성을 가진 여자라는 뜻이다. 이게 당시의 현실이었다.

물론 여자들도 아명은 있었다. 어릴 때 집에서 부르던 이름이다. 그러나 시집을 가게 되면 그저 무슨 성을 가진 아무개 서방네이거나 아이가 태어나면 아무개 엄마, 그리고 친정마을 이름을 딴 택호 등으로 불릴 뿐 자신의 이름은 없던 사회다.

그래서 초창기 이화여전 학생들이나 기독교 신자들은 그들 집단 안에서 부르는 이름이 필요하게 되어 그들 신앙과 관련된 이름을 붙이곤 했다. 유난히 ○신도라는 이름이 많았던 것도 그래서이다.

14
공갈(협갈)취재 사건

1) 홍○○ 판결문
   (1911년 형공 제208호, 明治44年刑控第208号, 大邱控訴院)

이 사건의 1심 판결문은 1911년 11월 13일 광주지방재판소 전주지부에서 작성한 홍○○의 협박공갈취재 사건에 관한 것으로 그 내용은 다음과 같다. 전라북도 익산군 군내면 원두리에 거주하는 홍○○(25세, 무직)에 대해 조선총독부 검사 이시카와(石川信重) 입회, 심리하에 아오(青 篤世), 타루미(垂水宰吉), 하타(畑義三) 등 3명의 판사가 징역 3년에 처하는 판결을 내렸다.

피고 홍○○은 전라북도 남원 헌병분대에서 헌병보조원으로 근무 중 1911년 9월 3일 같은 도 남원군 매내면장(梅內面長)이 같은 면 풍촌리에 사는 절도범인 여홍서(呂洪西)가 도주한 건에 관한 보고서를 제출하자 이를 보고 자신의 직무를 이용하여 그 동네 이장 박천래(朴舛來) 및 여홍서로 하여금 묘지기를 하게 한 자 등을 협편(脅騙)하여 재물을 취하려고 기도하여, 같은 날 그 이장 및 김순칠(金順七), 김맹찬, 김용려를 남원헌병분대에 출두하라는 취지를 기재한 서면을 작성하여 안계룡이라는 자를 시켜 이를 박천래의 집에 가져가게 하여 박천래 및 여홍서를 산지기로 일하게 한 김낙삼, 김응천, 김순칠 등 4명이 안계룡과 함께 같은 달 4일 오전 8시경 그의 집에 도착하자 피고는 안계룡의 집에 이르러 이장 박천래에게는 '너는 동네에 여홍서와 같이 남의 소를 횡령하려 하는 자가 살도록 그대로 방치하고 더 나아가 그가 자신의 죄가 발각될 것을 두려워하여 도주하기까지 방임하고 이를 헌병대에 고발하지 않은 대단히 좋지 못한 짓을 하였기에 그 행위에 대해 엄벌할 것'이라고 말하고 또 김낙삼, 김응천, 김순칠 등 3명에게는 '너희들은 도둑질을 할 수 있도록 여홍서를 묘소의 산지기로 일하게 하고 그의 부정행위를 신고하지 않은 채 그대로 둔 것에 대해 분대장에게 보고하여 무거운 징역 처분을 받도록 할테니까 그리 알라'고 말하고 더 나아가 안계룡에게 이들은 중대한 죄를 지은 범인들이므로 바깥으로 도망가지 못하도록 감시하라고 명령해두고 귀가하였다. 안계룡은 그 명령에 따라 상기 4명을 자기 집 객실에 가두고 외출을 금하고 그 옆방 출구에 서서 이를 경계하고 있었다. 같은 날 오후 피고는 또 안계룡의 집에 이르러 김가 등에 대해 갖가지 협박 섞인 말을 하고 떠나려고 할 즈음 그 집에 같이 살고 있던 이해기라는 자가 한편으로는 피고와 교섭하여 20원을 건네주고 끝내는 대신 김가 등을 풀어주는 것으로 하고 다른 한편에서는 김가 등에게 피고가 돈 25원을 주면 없었던 것으로 해주기로 했음을 알림으로써 김응천이 돈 마련을 위해 풀려나 일단 자기 집으로 돌아가 25원을 조달하여 이튿날 아침 이를 가지고 안계룡의 집으로 와 안계룡에서 주었고 피고는 이해기로부터 20원을 받았다.

　이상의 사실은 피고가 본 법정에서 한 공술 및 남원구재판소에서의 공술, 그리고 피고, 박천래, 김낙삼, 김응천, 이해기, 안계룡에 대한 헌병군조의 심문조서 등에 의해 그 증빙이 충분함.

　이를 법률에 비춰보면 상기 피고의 소위는 형법대전 제517조 전단의 재물을 협편(脅騙)할 의사를 가지고 계획하고 일을 꾸며 사가(私家)에 감금한 것에 해당하므로 징역 10년에 처할 것이나 정상을 참작할 여지가 있어 동법 제125조에 의해 3등을 감하여 징역 3년에 처하고 압수물건 중 6원(범인이 소지하고 있던 돈)은 각 피해자의 소유이고 범죄에 의해 획득한 것이므로 동법 제165조에 의해 각 피해자에게, 그밖의 것은 제출자에게 돌려주는 것으로 하고 주문과 같이 판결함.

이에 대해 피고가 항소함으로써 같은 해 12월 15일 대구공소원에서 열린 2심에서는 조선총독부 검사 오카모토(岡本至德)가 심리에 간여하여 요코타(橫田定雄), 사이토오(齋藤庄三郎), 김응준 등 3명의 판사가 1심 판결이 상당하므로 피고의 항소는 이유가 없다는 취지로 민형소송규칙 제33조에 의거 공소를 기각하는 판결을 내렸다.

해 제

이 문서는 국가기록원에 소장되어 있는 판결문으로 문서번호는 CJA0001715-0099이며 홍○○의 협박공갈취재 사건에 관해 판결한 것이다.

이 사건은 전북 남원 헌병분대에서 헌병보조원으로 일하던 홍○○이 자신의 직무를 이용하여 주민을 협박하여 돈을 갈취한 건이다. 사건의 발단은, 남원군 매내면 풍촌리에 사는 여홍서라는 자가 그 동네 사는 김씨네 가문의 묘를 지키는 산지기 노릇을 하면서 남의 소를 훔치고 이 범행이 발각될 것을 두려워하여 도주한 사건에 대해 그곳 면장이 남원 헌병대분소에 보고서를 제출한 데서 비롯되었다.

이제 일제 식민지가 막 시작된 시점에서 일찍이 일본 헌병보조원으로 일하기로 한 시류에 민감하고 약삭빠르기 그지없을 것 같은 이미지에 어울리게 피고 홍○○은 그 서류를 얼핏 보자 관련자들을 협박하여 돈을 긁어낼 방도가 떠올랐다. 그 동네 이장에게는 그런 도둑놈이 동네에 사는 것을 방치하고 헌병대에 고발하지 않아 도망가게 한 것, 그리고 김씨 일파에게는 그런 도둑놈이 그 동네에 살면서 도둑질을 할 수 있도록 산지기로 일하게 한 것과 그를 헌병대분대장에게 신고하지 않은 것을 이유로 협박하고 감금하여 돈을 뜯어냈다.

소도둑이 살던 동네의 이장이었다는 것, 그리고 그가 자기 집안의 산지기였다는 것이 협박의 원인이 된 피해자들로서는 참으로 어처구니없는 날벼락을 맞은 것이겠지만 피고 홍○○이 언제부터 일제의 헌병보조원으로 일하기 시작했는지는 알 수 없으나 일찍부터 일제의 앞잡이 노릇을 하는 데 그치지 않고 그것을 지렛대로 삼아 무고한 사람들을 협박하여 재물을 긁어모으는 인간 유형이 이미 이 시기부터 발호하고 있었음을 확인하는 것은 뼈아픈 노릇이다. 특히 일제 식민지 시기가 한국경제 발전의 역사적 기반의 일부가 되었다는 역사인식 속에는 이와 같은 가치관이나 사회의식의 측면에서 미친 부정적 영향 같은 것에 대한 고려가 전혀 끼어들 틈조차 없었다는 데 심각한 문제가 있기 때문이다.

2) 최○○ 등 판결문
(1913년 공형 제106호, 大正2年公刑第106号, 京城地方法院)

이 문서는 최○○(30세, 무직), 김□□(29세, 순사보), 김△△(22세, 순사보) 세 사람의 공갈취재(恐喝取財) 사건에 관해 1913년 1월 31일 '경성'지방법원 타카기(高木安太郎)108) 예심판사가 본건을 공판에 회부하기로 한 결정문과, 같은 해 3월 25일 미즈노(水野重功)109) '경성'지방법원 판사가 내린 판결문으로 구성되어 있다.

사건의 개요를 간단히 정리하면, 조선총독부 순사보로 '경성' 북부경찰서에 근무했던 김△△(1912년 6월 11일부터 12월 17일까지)와 김□□(같은 해 2월경부터 12월 17일까지)은 그해 12월 6일 밤 사복 차림으로 최○○과 함께 서대문에서 종로로 가는 전차를 타고 가다가 야주개(夜珠峴)에서 탄 손희숙, 오성영, 신경서, 오경구 등 4명이 시골에서 올라온 시골뜨기임을 눈치 채고 이들을 공갈하여 돈을 빼앗은 사건이다. 이들 피고 3인은, 손희숙 등이 종로에서 내려 전동의 모피점, 야주개의 주막 등을 거쳐서 숙소인 서부 반송방(盤松坊) 석교의 유영환 집에 이르기까지 미행, 그들이 취해 고성방가함을 기화로 그들의 숙소에 침입하여 그들의 이름, 주소 등을 수첩에 적고 포승줄로 묶는 등의 방식을 겁을 주

---

108) 타카기 야스타로오.
109) 미즈노 시게카즈(1885~1960). 야마가타(山形)현 츠루오카(鶴岡)시에서 태어남. 쇼오나이(庄內)번의 츄우로오(中老)였던 미즈노 토오야(水野藤弥)의 손자. 토오쿄오대학 법과 졸업(1907년 7월) 후 판사에 임명되어 그해 11월 경성지방법원 판사로 부임, 1910년 이후 조선총독부 지방원 판사, 일제 말기에는 조선총독부 고등법원 검사국 검사장을 역임하였으며 일제 패전 후 일본으로 돌아가 고향에서 변호사를 하였다.

고 소지품을 조사해 상당한 돈을 가지고 있음을 알고 이를 갈취하였던 것이다.

해 제

이 문서는 1913년 공형 제106호, 최○○, 김□□, 김△△ 등 세 명의 피고의 공갈취재 사건에 대한 판결문이다. 문서번호 CJA0000044-0066으로 보관되어 있는 이 자료는 1913년 1월 31일 '경성'지방법원의 타카기 예심판사가 본건을 정식 재판에 회부하기로 한 결정문 3쪽과 본건 판결문 11쪽으로 구성되어 있다.

이 사건은, 일제 식민지로 전락한 지 2, 3년밖에 경과되지 않은 시기에 일본 순사(보)로 취직하여 일제에 협력하던 자들이 공모하여 시골에서 올라온 순진한 '촌놈'들을 상대로 권력으로 협박하고 공갈하여 돈을 갈취한, 역겨운 사건이다. 해방 후 상당기간 시골에서 상경한 사람들이 서울역에 도착하자마자부터 서울 깍쟁이들에게 사기나 소매치기 등을 당하는 일이 빈번하였던 기억을 되살릴 뿐만 아니라 그러한 악행이 식민지 초기부터 이루어진 관행의 연장선에 있었음을 새삼 깨닫게 한다.

당시에도 이 사건이 세인의 관심을 끌었던 것으로 보이는 것은 『매일신보』 1913.3.21 치 2쪽에 '同車尾行의 공갈'이라는 제목의 5단 기사로 실렸던 점에서도 미루어 짐작할 수 있다.[110]

---

[110] 『每日申報』, 1913.3.21, 2쪽, 소장처: 한국연구원.
崔眞成, 金錫煥(순사보), 金南洙, 孫禧淑, 吳成洙, 辛敬瑞, 吳敬九, 劉英植, 水野(경성지방법원 판사), 境(경성지방법원 검사), 경성부, 마산부

15
강도살인 사건

이○○ 등 판결문
(1913년 형공 제231호, 大正2年刑控第231号, 京城覆審法院)

이 판결문은 1913년 9월 8일 공주지방법원이 언도한 이○○, 박○○, 김○○, 고○○ 등 4명의 피고의 강도살인 사건에 대한 판결에 불복하여 피고 등이 제기한 항소에 따라 같은 해 10월 13일 경성복심법원이 행한 항소심 판결문이다. 충청남도 태안군 안면도 내고장(內古場) 고도(古島)에 주소지를 두고 전라북도 만경군 몽산리에 거주하는 이○○(40세, 뱃사람), 전라북도 임파군 용호리에 사는 박○○(44세, 뱃사람), 충청남도 서산군 화변면 창촌리에 사는 김○○(24세, 뱃사람), 전라남도 지도군 고군산면 진촌에 사는 고○○(34세, 어업)에 대해 동 재판부는 니시(西內德) 검사 간여하에 쿠스노키(楠 常藏), 요코타(橫田俊夫), 아오야마(靑山暢性) 등 3명의 판사가 심리하여 4명의 피고 모두에게 사형을 언도하였다.

이들 4명의 피고 중 이○○·박○○·김○○은 1913년 3월 29일 전라북도 익산군 목천포에 사는 박창렬 소유의 배에 승선, 땔감을 사러 전라남도 지도군 고군산도를 향해 출항하였다가 그날 밤은 익산군 동자포에서 정박하여 거기서 피고 고○○을 편승시키고 이튿날인 30일 아침 그곳을 출발하였으며 그날 밤은 다시 전라남도 만경군 돌산저(乭山底)에 정박하고 31일 이른 아침 거기를 떠나 목적지를 향해 항행하던 중 이영문·지동이·박춘일·한기룡 등 4명이 충청남도 태안군 안면도 중도리에 사는 문태률 소유의 범선에 해조류를 싣고 가는 것을 발견하자 피고 이○○이 그 배를 습격하여 재물을 겁취(劫取)하자고 제안, 피고 박○

○・김○○・고○○ 모두 이에 찬동, 그 배를 추격하여 오전 10시경 고군산도를 약 1.5리 정도 남겨둔 해상에서 그 배에 접근하여 피고 4명이 상대방 배에 자신들의 배를 갖다 대고 그들을 옮겨 타게 한 후 먼저 박춘일을 묶은 뒤 식칼로 그의 목을 찔러 바다에 빠뜨려 죽인 다음 피고 이○○은 계속할 의사를 가지고 같은 방법으로 이영문을 살해하고 그 다음에는 피고 이○○과 피고 김○○이 계속의 의사를 가지고 같은 방법으로 지동이를 살해하고 또 피고 박○○과 고○○도 계속의 의사를 가지고 한기룡을 묶어 바다에 던져 살해한 뒤 이들 피고 4명은 그 배 안에 있던 선구(船具), 잡품 및 해조류를 탈취하였다.

이상의 사실은 검사의 피고 이○○에 대한 신문조서 중에 이○○이 그해 3월 31일 박○○, 김○○, 고○○ 등 3명과 공모하여 고군산도 부근 해상에서 조선형 범선에 돌격하여 그 배에 타고 있던 사람 4명을 살해하고 잡품을 강탈하였음이 틀림없다는 취지의 공술을 한 기록, 피고 김○○, 동 박○○에 대한 각 예심조서 중에 있는 피고 박○○ 등에게 판시한 것과 부합하는 사실의 각 공술, 증인 문태률의 예심조서 중 자신은 그해 음력 2월 20일 자기 소유의 범선에 해조류를 싣고 이영문(62세), 박춘일(39세), 지동이(40세 정도), 한기룡(22세)을 승선시켜 충청남도 한산군 기포리로 가도록 전라남도 목포를 출발하게 해놓고 다음날 기선으로 기포리에 도착해 그 배가 도착할 것을 기다렸으나 며칠이 지나도록 소식이 없어서 혹시 난파를 당했나 생각하고 군산으로 갔더니 고군산도에 사는 박운서라는 사람이 배를 주었다기에 가서 봤더니 자신의 배가 틀림없었고 선체의 오른쪽 중앙 침수선 부분에 직경 약 2푼 정도의 구멍이 뚫려 있어서 보통의 난파로 보기 어렵고 또 진촌리 사는 김윤선이라는 사람이 이○○으로부터 선구를 샀다기에 가서 봤더니 그 선구가 자신의 소유물이라, 그래서 이○○이 탔던 배가 몽산포에 정박하고 있는 것을 찾아내 그 배에 들어가보니 자신에게 낯익은 선구 몇 개가 있어서 함께 있던 김○○에게 그게 어디서 났는지를 물으니 표류한 것을 주웠다고 대답했는데 그 사람의 안색이 변하고 대단히 당황한 표정이었다는 취지의 공술이 기재되어 있어 이를 인정하기에 충분하였다.

이상의 피고 4명의 소위는 모두 형법대전 제478조,[111] 형법 제55조에 해당하므로 조선형사령 제42조에 의해 피고 등을 각각 사형에 처하고 압수한 물건은 형사소송법 제202조에 따라 모두 이를 원 소유자에게 돌려주고 공소 재판 비용은 형사소송법 제201조 제1항, 형법시행법 제67조에 의해 전부 피고 등이 연대 부담하도록 하였다.

이상이 경성복심법원의 판결 내용과 그 이유인데, 원심(공주지방법원)의 판시는 피고 등의 각 강도 살인 소위를 연속범으로 인정하지 않았으며 따라서 형법 제55조를 적용하지 않고 막연하게 형법대전 제478조, 조선형사령 제42조에 따라 피고 등을 각각 사형에 처단한 것은 부당하다고 보고 피고의 항소가 이유 있으므로 이를 취소한다고 하였다.

해 제

이 문서는 국가기록원에 소장되어 있는 경성복심법원의 판결문으로 문서번호는 CJA0000217-0021이며 이○○(40세), 박○○(44세), 김○○(24세), 고○○(34세) 등의 강도살인 사건에 대해 판결한 것이다.

이 사건은 1913년 3월 29일 상기 4명의 피고인(이들은 직업이 고○○만 어업이라고 되어 있고 나머지는 다 '船乘業'으로 표기되어 있다)이 전라북도 익산군 목천포에 사는 박창렬 소유의 배를 타고 땔감을 사러

---

[111] 형법대전 제478조 강도나 절도를 행할 때 사람을 죽인 자는 수종(首從)을 불문하고 다 교수형(絞)에 처한다.

전라남도 지도군 고군산도를 향해 가던 중 지나가는 배를 습격하여 거기에 타고 있던 4명의 선원을 죽이고 그 배에 실려 있던 해조류와 선구 등을 훔친 건이다.

피해를 입은 배는 충청남도 태안군 안면도 중도리에 사는 문태률 소유의 범선인데 선주인 문태률은 목포에서 화물(해조류)을 싣고 피해를 당한 4명의 선원에게 그 배를 운항하게 하고 자신은 기선으로 이튿날 도착 예정지였던 충남 한산군 기포리에 가서 기다렸다는 것인데 물건을 싣고 가던 배가 도중에 사고를 당한 것이었다.

지나가는 배를 보고(거기에 실린 해조류가 돈이 될 것 같아서였는지에 대해서는 기록이 없다) 이를 습격하여 재물을 겁탈하자고 제안한 이○○이나 이에 동의하고 범행에 가담한 여타 3인의 피고인들에게 전과가 있었는지 여부는 기록이 없어 알 수 없고 또 겁탈을 제안했는데 거기에 암묵적으로 살인까지를 포함했던 것인지 확인할 길이 없으나, 이 범행을 제안했던 이○○이 살인으로 진행되는 데 앞장선 것은 분명해 보인다. 특히 마지막으로 한기롱을 묶어 바다에 빠뜨린 박○○과 고○○의 경우 이○○의 험악한 기세에 눌려 억지로 끌려들어간(적어도 살인에 관해서는) 측면은 없었는지 신문과정에서 밝힐 수 있었으면 좋았을 것 같다는 생각은 든다. 왜냐하면 그들이 저지른 범죄도 생명을 앗아가는 끔찍한 행위이지만 그 결과 그들 또한 생명을 잃어야 하는 지경에 이르렀기 때문에, 그들 4명의 피고인들 사이에 차등을 두어 누구에게 정상을 참작할 수 있겠느냐는 논의를 하기 위해서가 아니라 조금이라도 개전의 여지가 있는 점이 보인다면 그 점을 파고들어 한 인간이라도 더 자신의 행위를 되돌아볼 기회를 제공할 필요가 있지 않을까 해서이다.

이미 말한 대로 그들에게 전과가 있었는지 여부는 알 수 없지만 그들의 범행 이후 꼬리가 잡히는 과정을 보면 증거나 흔적을 남기지 않으려는 치밀함과는 거리가 먼 점으로 볼 때 우발적인 충동에 의한 범죄일 가능성이 있다고 하면 더 더욱 그렇다.

참고로 이 사건은 피고인이 상고함으로써 고등법원에서의 판결문이, 약간 다른 형태로나마 남아 있다.[112] 이를 참고하여 상고심에서 논의된 사항을 잠깐 살펴보면, 판결은 상고를 기각하는 것으로 언도되었기 때문에 결과는 똑 같으나 상고 이유에 다소 주목할 만한 논점이 포함되어 있다.

먼저 4명의 피고인 중 이○○, 박○○, 김○○ 3인의 상고이유의 요지는, 피고인 본인들은 본건 범행을 하지 않았음에도 불구하고 원심이 충분한 증거조사를 하지 않고 판결하였으니 위법이고, 본인들은 범죄지에 간 일이 없었으므로 다시 법률적용을 논의하여 줄 것을 바란다는 것이다. 하지만 고등법원 재판부는 이에 대해 '이는 원심의 전권에 속하는 사실인정 및 심리의 정도를 비난하는 것에 불과하므로 적법한 상고이유가 아니'라고 하여 이를 기각한다. 3심이 사실심이 아니라는 점은 누구나 다 알고 있을 터인데 이를 상고하는 변호인은 왜 이런 내용으로 상고를 하였는지 이해하기 힘들다.

그리고 피고인 고○○의 변호인 타카하시(高橋章之助)가 제출한 상고이유는 두 가지인데 제1점의 요지는 다음과 같다. 즉 원판결은 피고인 고○○ 외 3인이 박춘일, 이영문, 지동이, 한기룡 등 피해자들이 배에 타면 습격하여 재물을 탈취하기로 공모하고 드디어 당해 선박을 추적하여 배에 옮겨 탄 사실을 인정한 다음에 "먼저 피고인 4인은 박춘일을 결박하고 또 칼로 동인의 인후부를 찌르고 바다에 빠뜨려 살해하고 또 피고

---

[112] 고등법원서기과 편찬, 『고등법원 민사·형사 판결록』 제2권(형사편), 105~108쪽.

인 박○○, 고○○은 의사를 계속하여 한기룡을 결박하고 바다에 빠뜨려 살해"한 사실, 그리고 결국 재물을 탈취한 사실을 인정하였다. 그러나 원판결과 같이 피고인 고○○ 등 4인이 재물을 겁취(劫取)할 것을 공모한 사실을 인정한다 하더라도 피고인 고○○이 단지 폭행·협박을 가하여 재물을 강취하게 된 것인지, 더 나아가 살인을 감행하기에 이른 것인지 위 판결만으로는 이를 알 수 없다. 고○○이 다른 피고인 등과 함께 박춘일, 한기룡을 결박하고 폭행을 가한 사실은 이를 인정할 수 있다 하더라도 도대체 위 판결만으로는 칼로 박춘일을 찌른 자가 누구인지 그를 바다에 빠뜨린 자가 누구인지 또는 한기룡을 바다에 빠뜨린 자가 누구인지, 고○○도 결박 이외의 행위에 가담하였는지 여부 등은 도대체 이를 알 수 없다. 과연 그렇다면 원판결이 위 판결부분 이외에 하등 설시하는 바 없으므로 고○○의 강도 살인 행위를 인정함에 있어서 그 이유에 불비가 있음을 면할 수 없다고 생각한다.

이에 대해 고등법원 재판부는, 그러므로 원판결을 살펴보면, 원심법원은 "(전략) 피고인 이○○은 당해 선박을 습격하여 재물을 겁취할 것을 제안하고 피고인 박○○, 김○○, 고○○은 모두 이에 찬동하였고, 피고인 4인은 박춘일을 결박하고 또 칼로 그의 인후부를 찌르고 바다에 빠뜨려 동인을 살해하고, 또 피고인 박○○, 고○○은 의사를 계속하여 한기룡을 결박하고 바다에 빠뜨려 살해하고, 이로써 승조원 전원을 살해한 다음, 피고인 4인은 당해 선박 내에 있던 선구잡품(船具雜品) 및 해조(海鐘)를 탈취하였다"고 인정하였다. 위 사실에 의하면, 피고인 고○○은 그 외 3인과 공동하여 칼로 박춘일을 찌르고 그를 바다에 빠뜨려 살해하고, 또 피고인 고○○은 그 외 1인과 공동하여 한기룡을 결박하고 그를 바다에 빠뜨려 살해한 다음 재물을 탈취한 것으로, 피고인 고○○에게 강도살인의 행위가 있었음이 판결문상 명백하므로 원판결에는 소론과 같은 이유불비가 없다고 판결하였다.

또 추가이유가 두 가지 있는데 제1점의 요지는 다음과 같다.

원판결은 피고인 고○○ 외 3인이 박춘일, 이영문, 지동이, 한기룡 등이 승선한 선박을 습격하여 재물을 겁취할 것을 공모하고 드디어 당해 선박을 추적하여 옮겨 타서 위 4명을 살해한 다음 같은 배 안에 있는 선구 잡품 및 해조를 탈취한 사실을 인정하고, 위 피고인 등의 행위에 대하여 형법대전 제478조, 형법 제55조, 조선형사령 제42조를 적용하였다. 그런데 피고인 등이 재물강취라는 동일한 의사 아래 선구 잡품 및 해조를 탈취하여 1개의 강도죄를 범하였음은 과연 원판결이 인정하는 바와 같다 하더라도, 피고인 등의 행위는 강도를 행할 때에 위 4인을 죽음에 이르게 한 것이어서 피해자별로 각각 별도로 강도살인죄를 구성한다고 하지 않을 수 없어 결국 병합죄로 처단하여야 하고 따라서 형법 제46조에 의하여 형법대전 제478조를 적용하여야 함에도 원판결에서 형법 제55조를 적용한 것은 의율에 착오가 있는 것으로 생각된다고 하였다.

이 점에 대해 고등법원은, 원심이 피고인 등의 강도살인의 행위를 연속한 일죄로 인정한 것에 대하여 이를 병합죄라고 주장하는 것은 자기에게 불이익이 돌아가는 것이어서 상고이유가 될 수 없다고 하였다.[113]

같은 추가이유 제2점의 요지는, 원심 공판시말서(429면부터 430면까

---

[113] 상고의 추가 이유로 이 점을 들고 있는 것은, 경성복심법원의 2심에서, 1심 판결이 이를 연속범으로 취급하지 않은 것은 부당하다고 지적하고 형법 제55조를 적용한 것을 두고 오히려 이를 병합죄로 처단해야 한다고 주장하는 것이다. 하지만 형법 제55조가 연속범에 대해서는 하나의 죄로 처단하라는 취지인데 반해, 이를 병합죄를 규정한 형법 제45조는 확정재판을 거치지 않은 복수의 죄 등에 대해서는 이를 병합해서 처단해야 한다는 취지이므로 고등법원이 기각 사유로 밝힌 것처럼 피고에게 오히려 더 불리하다. 그럼에도 불구하고 피고의 변호사가 병합죄와 관련하여 동법 제46조를 거론하며 이런 주장을 한 것은 제46조가 병합죄 중 하나가 사형에 처해지는 경우는 다른 형을 부과하지 않는다는 구절만 본 착각에 의한 것이라 여겨진다.

지)를 보면 "재판장은 피고인에게 진술할 기회를 주고 또 본건 기록 중 (중략) 1. 각 피고인과 각 증인의 예심신문조서, 1. 원심 공판시말서를 읽어 들려주고 각 피고인에게 의견을 구하였다"고 기재되어 있고 또 제1심 공판시말서(390면부터 392면까지)를 보면 "재판장은 증거조사를 하고 일건 기록 중 (중략) 1. 또한 예심정에서 김○○ 박○○ 이○○ 고○○의 각 신문조서 (중략) 기타 일체의 증거서류를 읽어 들려주고 그 때마다 의견의 유무를 묻고"라고 기재되어 있다. 그런데 1913년 8월 19일의 공주지방법원의 피고인 김○○에 대한 제2회 예심조서(340면부터 342면까지), 같은 피고인 고○○에 대한 제2회 예심조서(343면부터 346면까지), 같은 피고인 박○○에 대한 제3회 예심조서(347면부터 349면) 및 같은 피고인 이○○에 대한 제4회 예심조서(351면부터 359면)를 보면 모두 조선총독부 재판소 통역생의 서명날인이 없어 증거력을 갖지 못하며, 이와 같은 것들을 증거물건으로 인정하고 다른 증거물건과 함께 공판시말서에 기재하는 한, 그것과 함께 한 묶음으로 기재된 다른 증거물건 전부도 역시 증거물건의 효력을 갖는지 여부가 불명하여 결국 원심 공판시말서는 증거물건의 기재를 결여한 것과 마찬가지로 무효에 속하므로 위에서 언급한 증거력이 없는 증거를 채용하였는지의 여부를 물을 필요조차 없다. 위 공판에 기초하여 선고된 판결은 따라서 위법을 면할 수 없다고 생각된다고 하였다.

이에 대해 고등법원은, 원심이 읽어 들려 준 증거 중에 통역생의 서명날인이 결여되어 무효인 조서가 있다 하더라도 조서를 무효로 함에 그치고 이를 읽어 들려 준 취지를 기재한 공판시말서까지 무효로 귀결된다고 할 이유는 없으므로 원판결은 위법하지 않다고 판시하였다. 결국 추가이유 두 가지는 변호사로서의 자질을 의심하지 않을 수 없는 어처구니없거나 또는 한가한 주장에 불과하다.

그리고 이 사건의 내용과는 직접 관련이 없는 사안이기는 하나, 이 사건 판결문을 통해서 당시 사회상을 엿볼 수 있는 흥미로운 점이 몇 가지 있다. 하나는, 이○○ 등의 피고가 애당초 전북 익산군 목천포에 사는 박창렬의 배를 타고 가려던 곳은 전남 지도군(智島郡) 고군산도였다. 그것도 땔감을 사러 가려 했다는 것인데 육지에서 거꾸로 섬으로 땔감을 사러 갔다는 것이다. 익산 지역이 산이 그다지 없는 평야지대여서 그렇기도 하겠지만 그 당시에는 배로 땔감을 사러갈 정드로 고군산도에 나무가 많았다는 의외의 사실을 알 수 있게 해주었다.

그리고 익산군 목천포를 출발한 배가 당시 배로 고군산도까지 얼마나 걸리는 거리였는지 알 수 없지만 첫째 날은 익산군 동자포, 둘째 날은 전남 만경군 돌산저에 묵고 셋째 날 도중에 피해자들이 탄 배를 만난 것이다. 피해 선박의 소유주는 화물을 실은 자신의 배는 선원들을 시켜서 보내고 자신은 기선으로 먼저 와서 기다렸다고 하였다. 자신의 배는 범선이었다는데 기선과 비교하면 같은 거리를 행해하는 데 걸리는 시간은 상당한 차이가 났을 것으로 추정할 수 있고 이 사건의 피고인들이 탔던 배는 따로 범선이라는 표현이 없지만 속도에 있어서는 크게 차이가 나지 않았던 것으로 보인다. 이러한 사안들을 종합하여 보면 현재로서는 당시 지명의 위치를 정확히 잡기 힘들기는 하지만 주변 가까운 섬과의 왕래나 감각들을 이해하는 데 도움이 될 것이다.

찾아보기

ㄱ

가중주의 177, 178, 180, 268, 336
간음치상 255, 256, 258
간인부녀 244, 248
간통 249, 264, 265, 266, 267, 269, 272, 273, 274, 275, 276
강간 247, 248, 250, 251, 253, 256, 260, 261, 337
강낭콩 148, 149, 150
강도살인 352, 354, 357, 358
견련범 116, 123, 177, 178, 179, 180, 335, 336, 337
견련죄 113, 116, 117, 123, 127, 128, 129, 130, 140, 177, 329, 335
경합범 178, 179, 268
계속의 뜻 264
계속의 의사 32, 37, 60, 82, 83, 99, 102, 109, 127, 128, 129, 130, 135, 320, 334, 353
계속할 범의 86, 165, 167
계속할 의사 37, 107, 157, 329, 330, 332, 353
곡척 43, 44
공갈 344, 346, 348, 349
공매조서 170, 186, 187, 190, 191, 193
공문서위조 174, 175, 179, 202, 208
공유의 비극 155
공유지 155, 293
관념적 경합범 178
관문서위조 186, 187, 193
구발 107, 178, 265, 268, 269, 272, 283
권형(權衡) 67

ㄴ

노름 152, 310
농촌공동체 155
뇌물 319, 323

ㄷ

대저울 32, 33, 37, 38, 68, 69, 75, 76, 78, 81, 85, 92, 93

도굴　283, 284, 285

도기(度器)　82

도량형　34, 35, 49, 55, 71, 96, 97, 106, 126, 129

도량형기　34, 35, 36, 41, 49, 50, 52, 54, 64, 67, 68, 69, 71, 72, 73, 74, 76, 77, 78, 80, 85, 87, 90, 93, 96, 97, 108, 114, 121, 133, 142, 143

도박　151, 152, 153, 296, 297, 298, 299, 300, 301, 302, 303, 305, 306, 307, 309, 310

도박개장죄　302, 306, 309, 310, 311

도벌　292, 293

독직　319, 322

되　39, 42, 45, 46, 49, 50, 51, 53, 59, 60, 112, 113, 115, 116, 121, 122, 134, 137, 140

ㅁ

말(枡)　63, 64, 99, 100, 121, 124, 125, 132, 133, 143

모살　274, 276, 278

모인(冒認)　154, 155

문서위조　330, 334, 337

미성년자에 대한 간음　261

ㅂ

방화　290, 337, 340, 341

병과주의　180, 269

병합죄　162, 171, 174, 176, 177, 178, 179, 180, 236, 268, 269, 315, 316, 321, 326, 329, 330, 336, 337, 358

보쌈　28, 29

부대상고　195, 197, 198, 199, 200, 275, 278, 279, 324, 331, 332, 333, 335

부대소송　162

분묘발굴　282, 283

ㅅ

사기　85, 111, 114, 115, 127, 128, 129, 130, 139, 140, 164, 173, 175, 176, 210, 211, 212, 215, 337, 349

사기취재　33, 114, 122, 123, 127, 129, 148, 156, 162, 172, 180, 181, 182, 195, 196, 199, 202, 207, 210, 214, 218, 324, 326, 327, 329, 330, 334

사모　153

사모행동거지　151, 152

사문서위조　199, 200, 326, 328

사칭　151, 152, 153, 270, 272

삼림 방화　290, 291

삼림개간　290

삼림령 위반　292, 293

36계 151, 152, 153
상상적 경합범 178, 179, 180, 268, 269
소년범죄 316
소년법 316, 317
수단과 결과의 관계 162, 171, 174, 176, 177, 326, 329
수죄 구발 196, 268
수죄론 178
수죄병발 206
실체적 경합범 179, 268, 269

ㅇ

아편 제조 236, 237, 239
아편연 236, 237
야반도주 267, 271
약인사건 26
약탈혼 29
양기(量器) 47, 48, 63, 64, 65, 111, 112, 113, 114, 115, 116, 119, 120, 121, 122, 124, 125, 134, 135, 138, 139, 140, 141
어음위조 214, 215, 218
연속범 258, 259, 330, 334, 354
외국지폐 위조 229, 231
의사를 계속 258, 259, 273, 357
인율비부 224, 227, 301

ㅈ·ㅍ

자 44, 82
자율적 규율 155
재가금지 29
저울 32, 34, 55, 56, 57, 58, 61, 62, 76, 77, 78, 80, 84, 85, 87, 91, 93, 94, 95, 96, 97, 101, 102, 105, 110, 128, 130, 145
저울변조 33
풍수지리설 287

ㅎ

협박 261, 344, 345, 346, 347, 349, 357
형기(衡器) 67, 84, 86, 87, 89, 92, 101, 104, 109, 124, 127, 128, 129, 130, 131, 137, 140, 144
혼인위반 266, 267, 269
화폐위조 219, 223, 232, 233
횡령 123, 157, 163, 165, 172, 173, 175, 176, 177, 188, 189, 190, 191, 193, 314, 315, 316, 318, 319, 320, 322, 324, 325, 326, 327, 328, 330, 331, 332, 333, 334, 335, 344
훼기 286, 287
흡수주의 178, 180, 268, 269, 336

이홍락

동국대학교 대외교류연구원 연구교수
전주의료복지사회적협동조합 이사장
(전)한일장신대학교 교수

한국경제사가 전공이며 주요 논저로는『한국근대경제사 연구의 성과』,『한국사·14-식민지시기의 사회경제』,『아시아 소수민족 연구 – 해외 디아스포라 한인을 중심으로』,『근대동아시아 외교문서 해제(일본편)』(권7·권16·권25),「식민지기 조선내 미곡유통」,「내재적 발전론 비판에 대한 반비판」,「다산 정약용과 생명경제」,「민족경제론의 현재적 의의」등이 있고『전체주의의 시대경험』(藤田省三),『우리끼리 만들어서 쓰는 돈』(西部 忠) 등의 번역서가 있다.